Sachs/Kamphausen · Leitfaden Außenwirtschaft

Rudolf Sachs
Rudolf E. Kamphausen

Leitfaden Außenwirtschaft

6. Auflage

GABLER

Die Deutsche Bibliothek – CIP-Einheitsaufnahme

Sachs, Rudolf:
Leitfaden Außenwirtschaft / Rudolf Sachs ; Rudolf E. Kamphausen. – 6. Aufl. – Wiesbaden : Gabler, 1996
ISBN 3-409-61007-3
NE: Kamphausen, Rudolf E.:

Der Gabler Verlag ist ein Unternehmen der Bertelsmann Fachinformation.

Lektorat: Brigitte Stolz-Dacol

Satz: Publishing Service Helga Schulz, Dreieich
Druck und Bindung: Wilhelm & Adam, Heusenstamm
Printed in Germany

ISBN 3-409-61007-3

Vorwort

Unternehmen stehen heute globalen Märkten gegenüber, einer Welt, die zunehmend Deregulierung zum politischen Ziel erhoben hat und sich andererseits in großen Wirtschaftsblöcken zusammenfindet. Information und Kommunikation sind grenzenlos. Dies erfordert internationale Ausrichtung der Unternehmen, und dies setzt aktuelle und präzise Kenntnis außenwirtschaftlicher Zusammenhänge voraus. Hier ist Exporttechnik ein wichtiger Kenntnis- und Erfahrungsbereich: Vertreterrecht, Zahlungsbedingungen, Vertragsabschlüsse, Lieferklauseln, Versicherungsverträge, Finanzierung. Dies ist Basis für jeden, der Zugang zu ausländischen Märkten sucht. Darüber hinaus ist Wissen über makroökonomische Zusammenhänge von Außenhandel und Außenwirtschaft hilfreich, über internationale Finanzmärkte, über Währungssysteme, über Außenwirtschaftspolitik, aber auch über Instrumente außenwirtschaftlicher Förderung durch Staat und Institutionen, Kontaktadressen.

Eine wichtige Quelle für die Erschließung von Wettbewerbsvorteilen stellt die Handhabung von Bezugsquellen dar. Dabei geht es um Sourcing-Strategie, also um die Frage, ob Eigenfertigung oder Fremdbezug. Reduzierung von Fertigungstiefe läßt die Beschaffungstiefe zunehmen. Dabei nutzen die Unternehmen weltweit günstigste Märkte. Global Sourcing bedeutet internationale Marktbearbeitung.

Veränderungen in den Rahmenbedingungen des internationalen Wettbewerbs, wie z. B. die Reduzierung von Markteintrittsbarrieren im Rahmen der WTO, EU und NAFTA, begünstigen auch grenzüberschreitende Kooperationen zur Risikoteilung, zum Cost-Sharing, zur Verkürzung von Entwicklungs- und Markteinführungszeiten und nicht zuletzt zur Internationalisierung.

Wenn dieser Leitfaden in nunmehr 6. Auflage mittelständische Unternehmen ansprechen will, so ist Praxisnähe unabdingbar. Dies macht die Publikation auch für Studierende der Wirtschaftswissenschaften und der Rechtswissenschaften wertvoll, weil Einstieg und Überblick in verständlicher Sprache mit zuverlässigen Inhalten vermittelt werden. So ist ein „Leitfaden Außenwirtschaft" entstanden, der Praxis und Lehre befruchtet und zusammenführt, der Geschäft und Kenntnisse vermittelt.

Helgo Alberts
Stellvertretender Hauptgeschäftsführer
Industrie- und Handelskammer
für München und Oberbayern

Einleitung zur 6. Auflage

Die Neuauflage bot Anlaß zu einer umfassenden Überarbeitung. Schwerpunkte waren u.a. das neue Zahlungsbilanzschema der Bundesbank, die Incoterms 1990, das UN-Kaufrecht, die Entwicklungen in der Europäischen Union und die Pläne zur Schaffung einer Europäischen Wirtschafts- und Währungsunion.

Die Abschnitte 3 und 4 von Kapitel VIII, das Kapitel XVII sowie Teil A des Kapitels XVIII wurden von R.E. Kamphausen, die übrigen Kapitel von R. Sachs bearbeitet. Zum Ausgleich für notwendige Erweiterungen wurden an anderen Stellen Straffungen vorgenommen. Der Anhang wurde durch eine Adressenliste und ein Literaturverzeichnis ergänzt.

Das Buch wendet sich sowohl an den Praktiker als auch an den Lernenden. Da es sich eingehend mit der Technik der Exportabwicklung befaßt, dürfte es besonders mittelständischen Betrieben, die Zugang zu ausländischen Märkten suchen, nützliche Hinweise geben. Natürlich können im Rahmen dieses Buches nur generelle Informationen vermittelt werden; betriebsspezifische Probleme sind mit den Industrie- und Handelskammern, den Banken und den jeweils sonst in Frage kommenden Stellen zu klären.

Dem Lernenden bietet das Buch eine knappe, aber umfassende Darstellung der Außenwirtschaft in gemeinverständlicher Form. Es eignet sich daher als Arbeitsunterlage für den wirtschaftskundlichen Unterricht an Schulen, für die betriebliche Aus- und Weiterbildung sowie für das Selbststudium. Außerdem gibt das Buch Studenten der Wirtschaftswissenschaften die Möglichkeit, sich mit der Praxis der Außenwirtschaft vertraut zu machen.

Der besondere Dank der Verfasser gilt der Außenwirtschaftsabteilung der Industrie- und Handelskammer für München und Oberbayern (Dipl.-Volksw. Helgo Alberts, Dr. Arnold Krempl, Dipl.-Volksw. Helmut Finkenwirth, Dipl.-Volksw. Wolfgang Hoeckle, Dipl.-Kfm. Inge Schifferer und Dipl.-Verwaltungswissenschaftlerin Susanne Weiß), die das Buch von Anfang an betreut und auch die Vorbereitung der 6. Auflage mit Rat und Tat unterstützt hat. Den folgenden Stellen schulden die Verfasser ebenfalls Dank für Informationen und wertvolle Hinweise:

AKA Ausfuhrkredit-Gesellschaft mbH, Frankfurt am Main; Allianz-Versicherungs-AG, München (Anton Hoyer); Bundesministerium der Finanzen, Bonn; Bundesministerium für Verkehr, Bonn; Bundesministerium für Wirtschaft, Bonn; Bundesstelle für Außenhandelsinformation, Köln; C&L Treuarbeit Deutsche Revision AG, Hamburg; Deutsche Bahn AG, Zentralbereich Konzernkommunikation, Frankfurt am Main (Michael Adam, Sprecher Güterverkehr); Deutsche Lufthansa AG, Frachtleitung München (Robert Hamburger); Hermes Kreditversicherungs-AG, Außenstelle München; International Monetary Fund, Washington, D.C.; Internationale Handelskammer, Deutsche Gruppe, Köln (Dr. Henning von Boehmer); Kreditanstalt für Wiederaufbau, Frankfurt am Main (Dr. Peter Sickenberger); Landesverband Bayerischer Spediteure e.V., München (Stephan Stalz), Presse- und Informationsamt der Bundesregierung, Bonn.

Rudolf Sachs
Rudolf E. Kamphausen

Inhaltsverzeichnis

I. Außenhandel und Außenwirtschaft; Handels- und Zahlungsbilanz; Terms of trade

1. Außenhandel und Außenwirtschaft

Als *Außenhandel* bezeichnet man die *Ausfuhr (Export)* und die *Einfuhr (Import) von Waren* (sichtbare Ausfuhr und Einfuhr). Der Begriff *Außenwirtschaft* umfaßt neben dem Außenhandel auch die „unsichtbaren" Transaktionen mit dem Ausland (Dienstleistungen, Erwerbs- und Vermögenseinkommen, Übertragungen) und den Kapitalverkehr.

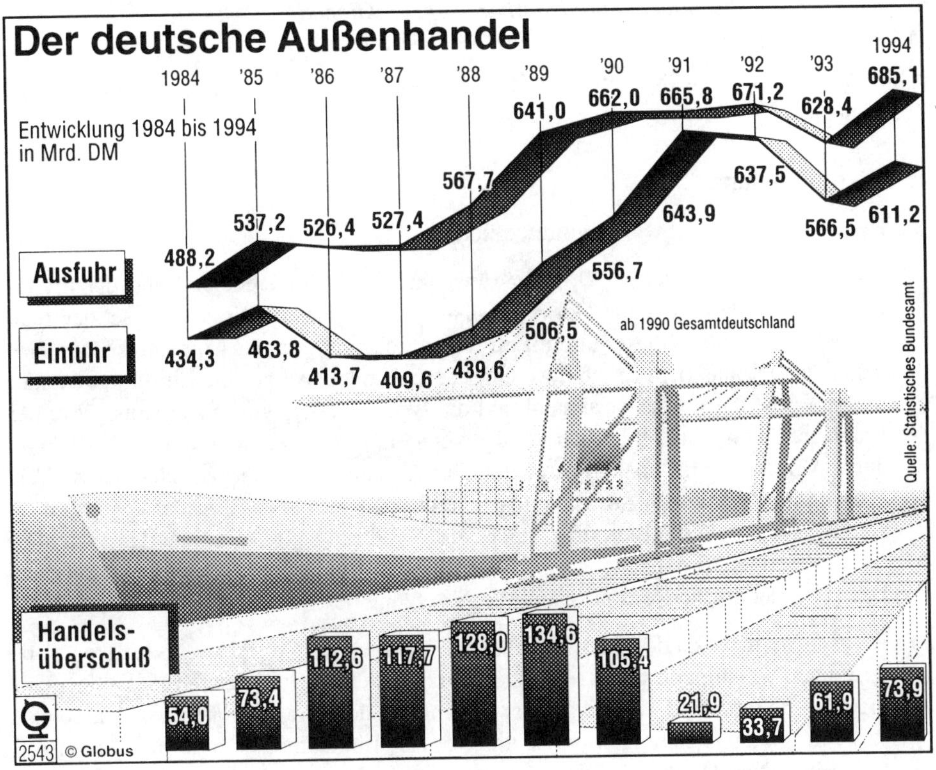

2. Handels- und Zahlungsbilanz

Die *Handelsbilanz* ist die Gegenüberstellung von Warenausfuhr und -einfuhr. Bei einem *Ausfuhrüberschuß* spricht man von einer *aktiven,* bei einem *Einfuhrüberschuß* von einer *passiven Handelsbilanz.* Die *Zahlungsbilanz* erfaßt alle wirtschaftlichen Transaktionen zwischen dem In- und Ausland.

3. Die Zahlungsbilanz der Bundesrepublik Deutschland

Das Schema der *deutschen Zahlungsbilanz* wurde 1995 auf der Grundlage der 1993 veröffentlichten 5. Auflage des „Balance of Payments Manual" des Internationalen Währungsfonds geändert und der Systematik der Volkswirtschaftlichen Gesamtrechnung (VGR) angepaßt. Auf diese Weise wurde auch den veränderten wirtschaftlichen Bedingungen, vor allem der dynamischen Entwicklung der internationalen Kapitalmärkte, der Ausbreitung derivativer Finanzprodukte und der zunehmenden Bedeutung des Dienstleistungsverkehrs Rechnung getragen.

Die wichtigsten Teilbilanzen der deutschen Zahlungsbilanz sind:

a) *Leistungsbilanz*
b) *Vermögensübertragungsbilanz*
c) *Kapitalbilanz*
d) *Saldo der statistisch nicht aufgliederbaren Transaktionen*
e) *Veränderungen der Auslandsaktiva der Bundesbank*

Der Saldo der Teilbilanzen a), b) und c) wird durch den Saldo aus d) und e) rechnerisch ausgeglichen.

a) Leistungsbilanz

Die Leistungsbilanz wird wie folgt untergliedert:

aa) *Außenhandel (Spezialhandel),* unter Einschluß der Lohnveredelung und der Ergänzungen zum Warenverkehr. Der Spezialhandel errechnet sich in der Weise, daß man vom Generalhandel (dieser umfaßt im wesentlichen alle in das Erhebungsgebiet eingehenden und aus dem Erhebungsgebiet ausgehenden Waren) die Einfuhr auf Lager und die Ausfuhr aus Lager abzieht und die Einfuhr aus Lager hinzurechnet. Bei der Lohnveredelung handelt es sich um die Veredelung für fremde Rechnung[1]; sie kann aktiv (Veredelung im Inland im Auftrag einer ausländischen Firma) oder passiv (Veredelung im Ausland im Auftrag einer inländischen Firma) sein. Außer der Lohnveredelung wird auch die Lieferung von Schiffs- und Flugzeugbedarf bei den Warenlieferungen erfaßt. Ergänzungen zum Warenverkehr sind hauptsächlich der Lagerverkehr auf inländische Rechnung und die Absetzung der Rückwaren.

ab) *Dienstleistungen.* Zu den Dienstleistungen zählen vor allem Reiseverkehr, Transportleistungen, Leistungen von Banken und Versicherungen (im letzteren Fall jedoch nur die Wertschöpfung, d. h. Verwaltungsleistungen und Erträge), Patente und Lizenzen sowie Regierungsleistungen (einschließlich der Einnahmen von ausländischen militärischen Dienststellen für Warenlieferungen und Dienstleistungen). Andere Dienstleistungen sind Ingenieur- und sonstige technische Dienstleistungen, Forschung, Entwicklung, Leistungen von Handelsvertretern, Rechtsanwälten usw., Bauleistungen, Montagen und Ausbesserungen. Der Transithandel wird ebenfalls den Dienstleistun-

---

1 Die Veredelung für eigene Rechnung wird demgegenüber als Eigenveredelung bezeichnet. Diese kommt nur in der Form der aktiven Eigenveredelung vor (inländische Firma kauft Vorprodukte im Ausland, be- oder verarbeitet sie in der Bundesrepublik und exportiert sie anschließend).

gen zugerechnet. Dabei handelt es sich um Außenhandelsgeschäfte, bei denen ein Transithändler Waren im Ausland kauft und diese an einen Abnehmer im Ausland (meist in einem dritten Land) verkauft. (Der Transithandel darf nicht mit dem Transit- oder Durchfuhrverkehr, d. h. der Durchfuhr von ausländischen Waren, verwechselt werden.)

ac) *Erwerbs- und Vermögenseinkommen.* Die Erwerbs- und Vermögenseinkommen umfassen Einkommen aus unselbständiger Arbeit und Kapitalerträge. Diese Position entspricht der Position gleichen Namens in der VGR. Bei den Kapitalerträgen werden nur Zahlungen erfaßt, die eindeutig Ertragscharakter haben, also keine Kurs- oder Bewertungsgewinne. Laufzeitbedingte Wertsteigerungen bei Nullkuponanleihen werden jedoch nicht als Kursgewinne, sondern als zinsähnliche Erträge angesehen.

ad) *Laufende Übertragungen.* Zu den Laufenden Übertragungen gehören z. B. Beiträge zu internationalen Organisationen, Zahlungen an die EU und Leistungen der EU, Entwicklungshilfe, Renten und Pensionen sowie Gastarbeiterüberweisungen, wobei zwischen privaten und öffentlichen Laufenden Übertragungen unterschieden wird. Die Laufenden Übertragungen enthalten auch den größten Teil der Versicherungsprämien, nämlich die reinen Risikoprämien (Nettoprämien), sowie Schadensleistungen und Rückvergütungen.

b) Vermögensübertragungen

Beispiele für Vermögensübertragungen sind Schuldenerlasse, Erbschaften sowie Schenkungen und Vermögensmitnahmen von Aus- bzw. Einwanderern. Hier wird ebenfalls zwischen privaten und öffentlichen Übertragungen unterschieden.

c) Kapitalverkehr

Der Kapitalverkehr wird wie folgt untergliedert:

ca) *Direktinvestitionen, Beteiligungskapital, reinvestierte Gewinne, übrige Anlagen.* Übrige Anlagen sind Grundbesitz, langfristige Kredite sowie kurz- und langfristige Handelskredite an verbundene Unternehmen. In dieser Position werden also Anlagen zusammengefaßt, die ein unternehmerisches Engagement beinhalten, wobei auf die Unterscheidung zwischen lang- und kurzfristigen Transaktionen verzichtet wird.

cb) *Wertpapieranlagen.* Diese umfassen Dividendenwerte, Investmentzertifikate (einschließlich Anteile an Geldmarktfonds), festverzinsliche Wertpapiere, Geldmarktpapiere und Finanzderivate.

cc) *Kredite.* Hier handelt es sich um Kredite, die von Banken, Unternehmen und Privatpersonen sowie öffentlichen Stellen vergeben werden, wobei jeweils zwischen langfristigen und kurzfristigen Krediten unterschieden wird.

cd) *Sonstige Kapitalanlagen.* Darunter fallen insbesondere Kapitalbeteiligungen des Bundes an internationalen Organisationen. Da bei der Lebensversicherung die Spar- bzw. Kapitalansammlungskomponente überwiegt, werden die Nettoprämien und Versicherungsleistungen in diesem Bereich ebenfalls bei den Kapitalanlagen erfaßt.

d) Saldo der statistisch nicht aufgliederbaren Transaktionen (Restposten)

Durch diesen Saldo werden die nicht erfaßten Posten und statistischen Ermittlungsfehler ausgeglichen.

e) Veränderung der Netto-Auslandsaktiva der Bundesbank

Die Netto-Auslandsaktiva sind die *Währungsreserven und sonstigen Auslandsaktiva der Bundesbank, abzüglich der Auslandsverbindlichkeiten.* Die Währungsreserven bestehen aus Gold, Devisen (hauptsächlich US-Dollar), die Reserveposition im Internationalen Währungsfonds (Ziehungsrechte in der Reservetranche) und Sonderziehungsrechte sowie Forderungen an das Europäische Währungsinstitut (EWI). Die Veränderung der Netto-Auslandsaktiva wird zu Transaktionswerten ausgewiesen. (Die Änderung zu Bilanzkursen, einschließlich der Neubewertung am Jahresende, wird nachrichtlich genannt.)

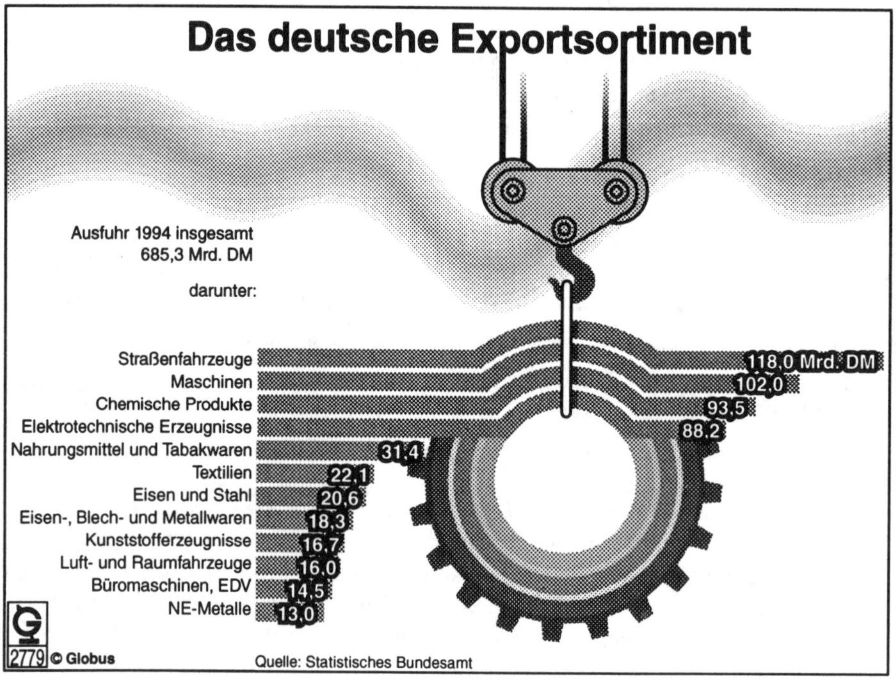

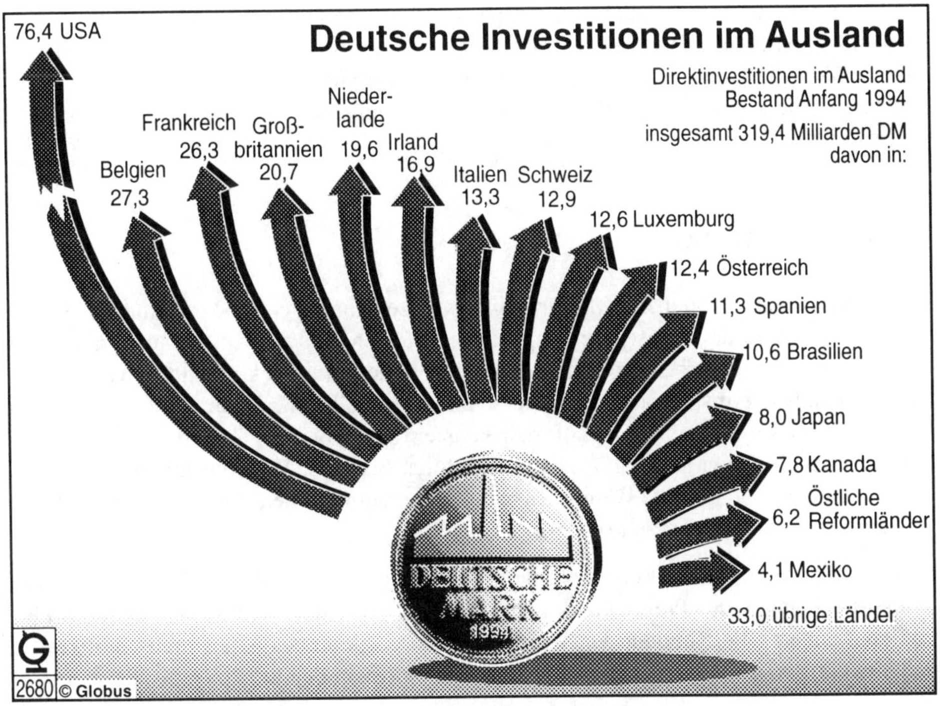

4. Erhebungsgebiet; Änderungen bei der Erhebung

Das Erhebungsgebiet für die Zahlungsbilanzstatistik wurde im Juli 1990 um das Gebiet der ehemaligen DDR erweitert. Da auf dem Europäischen Binnenmarkt innergemeinschaftliche Lieferungen nicht mehr an der Grenze kontrolliert werden, wurde die statistische Erfassung des deutschen Handels mit den anderen EU-Staaten an der Grenze durch eine direkte Befragung der beteiligten Unternehmen ersetzt. Der Handel mit Drittländern wird im wesentlichen in der gleichen Weise erfaßt wie zuvor.

5. Zahlungsbilanzgleichgewicht

Rechnerisch befindet sich die Zahlungsbilanz stets im Gleichgewicht. Wirtschaftlich gesehen besteht jedoch nur dann ein *Zahlungsbilanzgleichgewicht,* wenn sich die Forderungen und Verpflichtungen gegenüber dem Ausland in etwa die Waage halten und die Netto-Auslandsaktiva der Zentralbank mehr oder weniger unverändert bleiben. Ein *Zahlungsbilanzungleichgewicht* liegt vor, wenn die Forderungen an das Ausland die Verpflichtungen gegenüber dem Ausland übersteigen oder umgekehrt *(aktive* bzw. *passive* Zahlungsbilanz).

Die Hauptursachen von Leistungsbilanzüberschüssen und -defiziten sind unterschiedliche Entwicklungen bei der Wettbewerbsfähigkeit, den „terms of trade“ und den Preisen (unterschiedliche Inflationsraten, Über- und Unterbewertung von Währungen). Diese Ungleichgewichte können durch Kapitalbewegungen vergrößert, vermindert oder kompensiert werden.

6. Terms of trade

Als *„terms of trade“* oder *Austauschrelationen* bezeichnet man das Verhältnis der Preise der Exportgüter zu den Preisen der Importgüter. Steigen die Exportpreise und/oder fallen die Importpreise, so verbessern sich die terms of trade; im umgekehrten Fall verschlechtern sie sich. Die terms of trade geben Aufschluß über die Kaufkraft der Ausfuhrerlöse. Im Falle einer Verbesserung der terms of trade kann ein Land mit dem Erlös der gleichen Ausfuhrmenge mehr Güter aus dem Ausland einführen. Bei einer Verschlechterung der terms of trade muß es eine größere Warenmenge ausführen, um mit dem Erlös die gleiche Menge Einfuhrwaren bezahlen zu können.

Das Statistische Bundesamt ermittelt die terms of trade der Bundesrepublik Deutschland einmal im Rahmen der Preisstatistik anhand der Indices der Ausfuhr- und Einfuhrpreise und zum anderen im Rahmen der Außenhandelsstatistik anhand der Durchschnittswerte der Ausfuhr und Einfuhr, wobei es die folgenden Formeln benutzt:

$$\frac{\text{Ausfuhrpreisindex}}{\text{Einfuhrpreisindex}} \times 100$$

$$\frac{\text{Ausfuhrdurchschnittswert-Index}}{\text{Einfuhrdurchschnittswert-Index}} \times 100$$

II. Absatz- und Beschaffungsformen; Warenbörsen

1. Indirekter und mittelbarer Export

Obwohl „indirekt" und „mittelbar" Synonyme sind, handelt es sich hier um verschiedene Vorgänge. Als *indirekten Export* bezeichnet man den Export über einen im Inland ansässigen Exporthändler sowie die Lieferung von Vorprodukten an die inländische Exportindustrie (z. B. die Lieferung von Blechen an den exportierenden Straßenfahrzeugbau).

Der *indirekte Export* gestaltet sich für den Hersteller im wesentlichen wie ein normales Inlandsgeschäft, da ihm der Exporthändler die mit der Ausfuhr zusammenhängenden Arbeiten, Kosten und Risiken abnimmt. Die Lieferung über einen Exporthändler kann daher für einen Hersteller rationeller sein als der direkte Export. Dies gilt nicht nur für kleinere und mittlere Unternehmen. Auch größere Hersteller arbeiten zur Ergänzung ihres Direktexports mit Exporthändlern zusammen.

Ein *mittelbarer Export* liegt vor, wenn Ausfuhrwaren über ein drittes Land in das Land des Endabnehmers gelangen oder in einem anderen Land als dem Ausfuhrland hergestellt worden sind. So verkauft z. B. eine deutsche Firma ihre Produkte an einen Transithändler in Land A, der sie dann an einen Abnehmer in Land B weiterverkauft, oder eine deutsche Firma, die in Land A eine Kaffeeplantage besitzt, verkauft Kaffee an einen Kunden in Land B. (Der mittelbare Export spielt in der Bundesrepublik nur eine untergeordnete Rolle.)

2. Exporthändler und Exportvertreter

Exporthändler kaufen Produkte inländischer Hersteller – die Palette reicht von Konsumgütern bis zu vollständigen Produktionsanlagen – und setzen diese über ihre eigene Vertriebsorganisation im Ausland ab. Zum Teil führen sie Lieferungen nicht als Eigenhändler, sondern auf Rechnung des Herstellers durch. Außerdem ergänzen sie ihr Sortiment durch den Zukauf ausländischer Waren, die dann wieder exportiert werden.

Die Exporthändler haben ihren Sitz vor allem in den großen Seehäfen, aber auch an den Standorten der Exportindustrie. Sie sind meist Länderspezialisten, die ein bestimmtes Absatzgebiet bearbeiten. Neben der gebietsmäßigen Spezialisierung gewinnt auch die Spezialisierung auf bestimmte Waren immer mehr an Bedeutung, da vor allem beim Geschäft mit technischen Erzeugnissen besondere Warenkenntnisse erforderlich sind. Bei diesen Erzeugnissen muß der Exporthändler auch für Kundendienst, Reparaturen und Ersatzteilvorräte sorgen.

Die *Exportvertreter* betätigen sich als Vermittler von Geschäften zwischen inländischen Herstellern und Exporthändlern. Sie arbeiten als Handelsvertreter auf Provisionsbasis und haben ihren Sitz meist in den Hafenstädten, wo sie Musterlager unterhalten.

3. Direkter Export

Beim *direkten Export* handelt es sich um die Ausfuhr von Waren durch den Hersteller selbst. Der direkte Export setzt eine gute Kenntnis des Auslandsmarktes und unmittelbare Geschäftsbeziehungen zu ausländischen Abnehmern voraus. Im Betrieb des Herstellers müssen die organisatorischen Voraussetzungen für die Exportabwicklung gegeben sein. Speziell für kleinere und mittlere Direktexporteure kann sich der Anschluß an eine Exportgemeinschaft empfehlen. Häufig ergibt sich für den Direktexporteur die Notwendigkeit, mit Absatzmittlern im Ausland zusammenzuarbeiten oder eigene Auslandsniederlassungen zu errichten.

a) Exportabteilung

Betriebe, die direkt exportieren, benötigen eine *Exportabteilung*. Wenn der Export nur einen verhältnismäßig geringen Teil des Gesamtumsatzes ausmacht, bildet die Exportabteilung einen Teil der Verkaufsabteilung (eingegliederte Exportabteilung). Bei größerem Auslandsumsatz tritt neben die für das Inlandsgeschäft zuständige Verkaufsabteilung eine separate Exportabteilung. Größere Unternehmen gliedern die Exportabteilung bisweilen aus und wandeln sie in eine selbständige Exportfirma (Tochtergesellschaft) um. Diese hat ihren Sitz entweder am Ort der Muttergesellschaft oder einem Seehafenplatz, kauft die Erzeugnisse der Muttergesellschaft und verkauft sie an ihre ausländischen Abnehmer.

b) Exportgemeinschaften

Durch die Bildung von *Exportgemeinschaften (Exportgenossenschaften, Exportringen)* versuchen Klein- und Mittelbetriebe, die mit der Ausfuhr verbundenen Kosten zu mindern. Es gibt Exportgemeinschaften, die ihre Tätigkeit auf die Beratung der Mitglieder, gemeinsame Marktforschung und Werbung sowie den gemeinsamen Einsatz von Auslandsvertretern beschränken, und solche, die darüber hinaus alle bei der Exportabwicklung anfallenden Arbeiten übernehmen. (Die Exportgemeinschaften dürfen nicht mit Exportkartellen verwechselt werden. Bei letzteren handelt es sich um Absprachen von Herstellern der gleichen Branche zur Beschränkung des Wettbewerbs auf dem Auslandsmarkt.)

c) Absatzmittler im Direktexport

In der Praxis werden häufig alle *Absatzmittler im Ausland* als „Auslandsvertreter" bezeichnet, ohne Rücksicht darauf, ob sie – rechtlich gesehen – Reisende, Handelsvertreter, Kommissionäre oder Eigenhändler sind. Der Auslandsvertreter kann auch in mehreren dieser Eigenschaften gleichzeitig tätig sein.

Der *Reisende* ist ein Angesteller im Außendienst mit der Aufgabe, im Namen seines Arbeitgebers Geschäfte zu vermitteln und abzuschließen. Für die Entgegennahme von Zahlungen benötigt er eine besondere Vollmacht *(Inkassovollmacht)*. Wie jeder Angestellte erhält der Reisende ein Gehalt. Sein Entgelt kann auch aus einem festen Teil *(Fixum)* und einer *Umsatzprovision* bestehen. Darüber hinaus hat er Anspruch auf Ersatz seiner Spesen (entweder fester Tagessatz oder Vergütung der nachgewiesenen Auslagen).

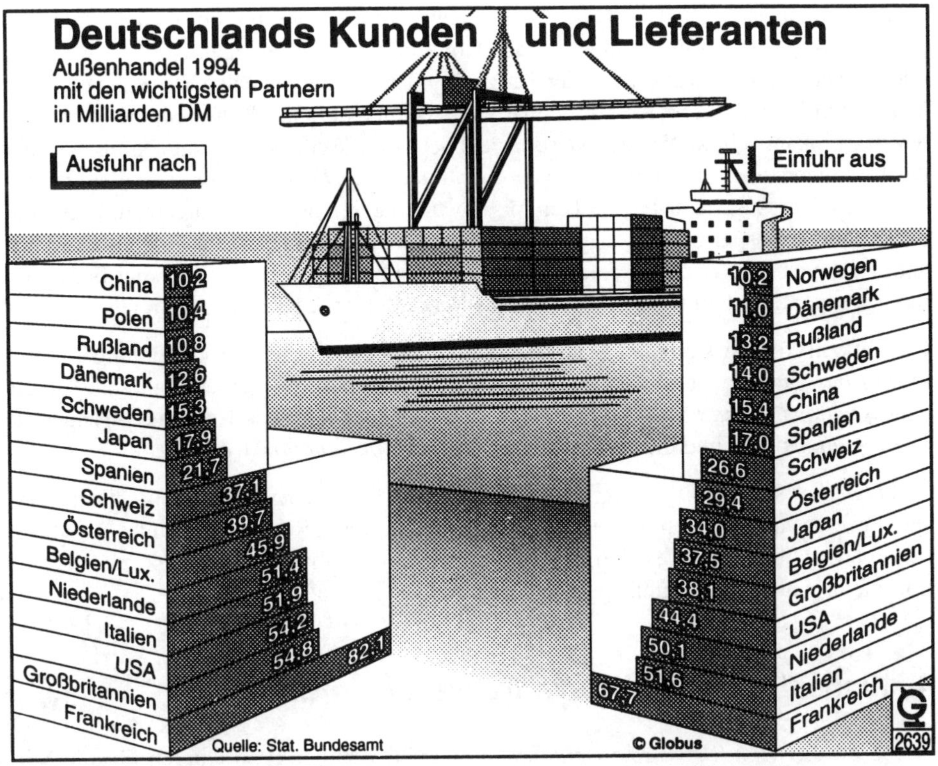

Auslandsreisende müssen die erforderlichen Sprachkenntnisse besitzen und mit den Besonderheiten des betreffenden Marktes – vor allem mit der Mentalität und den Handelsgepflogenheiten der dortigen Kaufleute – bestens vertraut sein.

Handelsvertreter nach § 84 HGB ist, „wer als selbständiger Gewerbetreibender ständig damit betraut ist, für einen anderen Unternehmer Geschäfte zu vermitteln oder in dessen Namen abzuschließen". Der Handelsvertreter kann demnach *Vermittlungs-* oder *Abschlußvertreter* sein. Für seine Tätigkeit erhält er eine *Vermittlungs-* bzw. *Abschlußprovision.* Der Alleinvertreter hat außerdem Anspruch auf Provision für Direktgeschäfte, die der Unternehmer innerhalb seines Verkaufsgebiets abschließt. Wird der Handelsvertreter mit dem Rechnungsinkasso beauftragt, so steht ihm eine *Inkassoprovision* zu. Eine *Delkredereprovision* kann er verlangen, wenn er das Delkredere (d. h. die Haftung für den Eingang der Zahlung) übernimmt.

Der Handelsvertreter im Ausland hat sehr vielseitige Aufgaben. Neben seiner Vermittlungs- bzw. Verkaufstätigkeit befaßt er sich auch mit der Werbung, berät seine Kunden, beobachtet die Marktentwicklung, führt das Inkasso von Außenständen durch, vermittelt bei Streitigkeiten usw. Vertreter von Herstellern technischer Erzeugnisse müssen auch in der Lage sein, den Wartungs-, Reparatur- und Ersatzteildienst zu übernehmen.

Kommissionär nach § 383 HGB ist, „wer es gewerbsmäßig übernimmt, Waren oder Wertpapiere für Rechnung eines anderen (des Kommittenten) im eigenen Namen zu kaufen oder zu verkaufen". Nach der Art der Tätigkeit unterscheidet man also Einkaufs- und Verkaufskommissionäre. Der Kommissionär hat Anspruch auf eine *Provision,* die in Prozenten des Einkaufs- bzw. Verkaufswerts berechnet wird. Wenn der Verkaufskommissionär das Delkredere übernimmt, steht ihm darüber hinaus eine *Delkredereprovision* zu. Zur Sicherung seiner Ansprüche hat der Kommissionär ein gesetzliches Pfandrecht, d. h. er kann das Kommissionsgut bis zur Zahlung seiner Provision zurückbehalten, soweit es in seinem Besitz ist oder er durch Traditionspapiere darüber verfügen kann. Ferner berechtigt ihn das sog. „Selbsteintrittsrecht", selbst als Verkäufer bzw. Käufer aufzutreten.

Der Verkaufskommissionär im Ausland, der für einen inländischen Exporteur tätig ist, wird meist *Konsignatar* genannt. Das Kommissionsgeschäft bezeichnet man in diesem Fall als *Konsignationsgeschäft,* den Kommittenten als *Konsignanten,* das Kommissionslager als *Konsignationslager* und die Kommissionsware als *Konsignationsware.*

Eigenhändler sind für eigene Rechnung tätig. Ein deutscher Exporteur kann einem selbständigen ausländischen Importeur das Alleinverkaufsrecht für ein bestimmtes Absatzgebiet übertragen. Meist wird dabei ein Mindestumsatz vereinbart, den der Importeur als Vertragshändler garantieren muß.

4. Einheitliches Handelsvertreterrecht in Europa

Durch die *EG-Handelsvertreterrichtlinie* vom 18. Dezember 1986 wurden für alle Mitgliedstaaten verbindliche Mindestbestimmungen in diesem Bereich geschaffen. Die Umsetzung in deutsches Recht erfolgte durch ein Gesetz, das am 1. Januar 1990 in Kraft trat. Seit dem 1. Januar 1994 gelten die neuen Regelungen auch für Altverträge.

Da sich die Richtlinie der Kommission weitgehend am deutschen Vertreterrecht orientierte, ergaben sich für Deutschland nur verhältnismäßig geringfügige Änderungen. (Das einheitliche Handelsvertreterrecht gilt nicht nur in der Europäischen Union, sondern darüber hinaus im gesamten Europäischen Wirtschaftsraum.)

5. Auslandsniederlassungen

Auslandsniederlassungen können rechtlich selbständige Tochtergesellschaften oder rechtlich unselbständige Zweigniederlassungen (Filialen) sein. Die selbständigen Vertriebsgesellschaften und die unselbständigen Verkaufsbüros befassen sich ausschließlich mit dem Vertrieb, zu dem neben der reinen Verkaufstätigkeit auch die Marktbeobachtung, Werbung und Kundenbetreuung gehört. Beim Vertrieb technischer Erzeugnisse muß ein Wartungs-, Reparatur- und Ersatzteildienst zur Verfügung stehen. Meist ist ein Auslieferungslager vorhanden, das es der Niederlassung ermöglicht, die Kunden prompt zu beliefern. (Neben den Auslandsniederlassungen mit Vertriebsaufgaben gibt es auch solche mit Produktions- und Beschaffungsaufgaben.)

6. Fertigung im Ausland und Kooperation

a) Eigenfertigung

Statt seine Erzeugnisse zu exportieren, kann der Hersteller auch einen Fertigungs- oder Montagebetrieb im Ausland errichten, und zwar entweder als rechtlich selbständige Tochtergesellschaft oder als rechtlich unselbständiges Zweigwerk. Durch die *Eigenfertigung* oder *Montage im Ausland* werden Einfuhrbelastungen in der Regel vermieden oder reduziert (nur die vom Stammhaus bezogenen Teile sind zu verzollen). Außerdem können die im Gastland bestehenden Standortvorteile (z. B. niedrigere Löhne, vom ausländischen Staat gewährte steuerliche oder sonstige Vergünstigungen) genutzt werden. Darüber hinaus wirkt sich auch die Marktnähe positiv aus (engerer Kontakt zum Kunden, kürzere Lieferzeiten, bessere Marktübersicht).

Andererseits sind zur Errichtung einer Produktionsstätte im Ausland erhebliche Kapitalinvestitionen erforderlich. Derartige Investitionen sind stets mit Risiken verbunden, wobei den politischen Risiken (s. XII/2) in vielen Ländern besondere Bedeutung zukommt.

Für das Gastland hat die Errichtung von Fabrikationsstätten durch ausländische Unternehmen den Vorteil, daß Arbeitsplätze geschaffen, die Industriestruktur verbessert und die eigene Exportleistung erhöht wird. Das Interesse eines ausländischen Staates an einer solchen Fertigung ist um so größer, je mehr inländische Arbeitskräfte beschäftigt werden und je höher der *„local content"* (d. h. der Anteil der in diesem Land gefertigten Teile) ist. An einer einfachen Montage von importierten Teilen *(„Screwdriver-Montage")* ist das Gastland im allgemeinen weit weniger interessiert.

b) Lizenzfertigung

Als Alternative zur Eigenfertigung im Ausland bietet sich die *Lizenzfertigung* an. Hier schließt der inländische Hersteller mit einem ausländischen Partner, der über die notwendigen Fertigungsanlagen verfügt und darüber hinaus in der Lage ist, den Vertrieb der Lizenzerzeugnisse zu übernehmen, einen *Lizenzvertrag*. Aufgrund des Vertrages überläßt der *Lizenzgeber* dem *Lizenznehmer* seine Konstruktionszeichnungen, Fertigungsverfahren, Patente, Warenzeichen usw. sowie seine in der Fertigung gesammelte Erfahrung (Know-how).

Der Lizenznehmer zahlt an den Lizenzgeber eine *Lizenzgebühr,* die entweder als fester Betrag pro Stück oder als bestimmter Prozentsatz vom Verkaufspreis errechnet wird. Lizenzverträge sehen meist eine jährliche Mindestlizenzzahlung vor.

In vielen Fällen stellt der Lizenzgeber dem Lizenznehmer vorübergehend Fachleute zur Verfügung und/oder bildet Betriebsangehörige des Lizenznehmers in seinem Werk aus. Eventuell gewährt der Lizenzgeber dem Lizenznehmer finanzielle Hilfe in Form von Darlehen oder beteiligt sich am Unternehmen des Lizenznehmers. (Der Lizenznehmer kann auch eine Tochtergesellschaft des Lizenzgebers sein.)

Es ist für den Lizenzgeber wichtig, die Qualität der Lizenzproduktion laufend zu überwachen, da mangelhafte Qualität dem Ruf des Lizenzgebers – nicht nur im Land des Lizenznehmers – schweren Schaden zufügen kann. Die *Qualitätskontrolle* wird entweder von einem Beauftragten des Lizenzgebers an Ort und Stelle vorgenommen oder sie erfolgt in der Weise, daß der Lizenznehmer Ausfallmuster sendet. Die Kontrollfunktion des Lizenzgebers erstreckt sich oft auch auf die Fertigung, den Kundendienst und die Lizenzabrechnung. So kann der Lizenznehmer verpflichtet sein, einem vom Lizenzgeber beauftragten Wirtschaftsprüfer Einblick in alle Unterlagen zu geben, die im Zusammenhang mit dem Lizenzgeschäft stehen.

c) Kooperation

Kooperation ist die Zusammenarbeit zwischen rechtlich selbständigen Firmen, die nur insoweit auf ihre wirtschaftliche Selbständigkeit verzichten, als dies zur Erreichung des Kooperationszwecks erforderlich ist. Bereiche der Zusammenarbeit, durch die die Wettbewerbsfähigkeit der beteiligten Unternehmen gesteigert werden soll, sind z. B. Forschung und Entwicklung, Produktion, Werbung und Vertrieb, wobei die Spanne vom bloßen Informations- und Erfahrungsaustausch bis zur gemeinsamen Durchführung einer oder mehrerer Funktionen reicht. Neben der Kooperation inländischer Firmen (z. B. im Rahmen einer Exportgemeinschaft) gibt es *grenzüberschreitende Kooperationen,* bei denen die Kooperationspartner z. B. Lizenzen vergeben (evtl. gegenseitig – sog. *„cross-licensing“*) oder gemeinsam ein Unternehmen *(„Joint-Venture“)* in einem der beiden Partnerländer oder einem dritten Land errichten. (Im weiteren Sinne bezeichnet Joint Venture neben der Gemeinschaftsgründung alle Formen der grenzüberschreitenden Zusammenarbeit, einschließlich der Lizenzvergabe.)

d) EWIV

Durch die Verordnung (EWG) Nr. 2137/85 des Rates vom 25. Juli 1985 wurde eine neue, auf Gemeinschaftsrecht basierende juristische Person zur Erleichterung und Förderung grenzüberschreitender Kooperationen in der Gemeinschaft geschaffen – die *Europäische Wirtschaftliche Interessenvereinigung (EWIV).* Sie kann von zwei oder mehr Gesellschaften oder natürlichen Personen gegründet werden, die in verschiedenen Ländern der Gemeinschaft ansässig sind. Die EWIV selbst muß ihren Sitz innerhalb der Gemeinschaft haben. Ihre Tätigkeit muß im Zusammenhang mit der wirtschaftlichen Tätigkeit ihrer Mitglieder stehen und darf nur eine Hilfstätigkeit dazu bilden. Die Vereinigung hat nicht den Zweck, Gewinn für sich selbst zu erzielen; die erzielten Gewinne gelten als Gewinne der Mitglieder und sind von diesen zu versteuern. Gründung oder Auflösung einer EWIV muß im Amtsblatt der Europäischen Gemeinschaften veröffentlicht werden.

D	F	GB
Europäische Wirtschaftliche Interessenvereinigung EWIV	Groupement européen d'intérêt économique GEIE	European Economic Interest Grouping EEIG

Gründung:

- Mindestens: Zwei Unternehmen aus zwei EU-Mitgliedsstaaten
- Registrierung: Handelsregister Abteilung A
- Sitz: Mitgliedsstaat der Gemeinschaft
- Gründungsvertrag: Name, Sitz, Unternehmensstand
- Organe: Mitgliedergremium (eine Stimme pro Mitglied)
  Geschäftsführung (ein oder mehrere Geschäftsführer)
- Haftung: Mitglieder uneingeschränkt und gesamtschuldnerisch

Verbote:

- Konzernleitungsverbot: Keine Leitung oder Kontrolle über Mitglieder!
- Holdingverbot: Keine Anteile an Mitgliedsunternehmen halten!
- Größenverbot: Nicht über 500 Mitarbeiter!

7. Indirekter und mittelbarer Import

Man spricht von einem *indirekten Import,* wenn ausländische Ware von einem im Inland ansässigen Importhändler oder aus dem inländischen Konsignations- bzw. Auslieferungslager eines ausländischen Exporteurs bezogen wird. Der indirekte Import ist – wie der indirekte Export – ein Geschäft zwischen im Inland ansässigen Partnern; der Käufer der Importware braucht sich nicht um die Einfuhrabwicklung zu kümmern.

Als *mittelbar* bezeichnet man eine Einfuhr, wenn die Einfuhrware in einem anderen Land als dem Herstellungsland gekauft oder in einem anderen Land als dem Einkaufsland hergestellt wurde. Damit ist nicht notwendigerweise ein Umweg der Ware verbunden. Wenn z. B. eine deutsche Firma saudisches Erdöl bei einem US-Ölkonzern kauft, geht das Öl auf direktem Weg von Saudi-Arabien in die Bundesrepublik, lediglich die Verbuchung erfolgt in den USA. Die Bundesrepublik bezieht vor allem Rohstoffe über andere Länder, speziell über solche, in denen internationale Rohstoffbörsen und multinationale Unternehmen ihren Sitz haben.

8. Importhändler

Importhändler kaufen Waren im Ausland und vertreiben sie für eigene Rechnung im Inland. Daneben können sie auch als Handelsvertreter oder Konsignatare für ausländische Exporteure tätig sein. Sie sind vorwiegend Warenspezialisten, die bestimmte Waren aus verschiedenen Lieferländern beziehen. Der Importhandel als selbständige Handelsstufe beliefert den Großhandel. Daneben gibt es Importhändler, die gleichzeitig Großhändler sind *(Importgroßhändler).*

9. Direkter Import

Als *direkten Import* bezeichnet man die Einfuhr von Waren direkt aus dem Ausland. Direktimporte werden von Industrie- und Handelsunternehmen sowie von Einkaufsgemeinschaften des Handels durchgeführt. Industrieunternehmen kaufen ausländische Rohstoffe, Maschinen und Fertigprodukte (zur Ergänzung des eigenen Lieferprogramms); Handelsbetriebe kaufen ausländische Fertigwaren (evtl. über ihre Einkaufsgemeinschaften) und verkaufen sie an ihre inländischen Abnehmer.

Ein Direktimporteur kann Geschäfte unmittelbar mit dem ausländischen Exporteur oder durch Vermittlung eines im Einfuhrland ansässigen Absatzmittlers des Exporteurs abschließen. In den Hansestädten bezeichnet man die dort ansässigen Vertreter überseeischer Exporteure als *„CIF-Agenten“*, da die durch sie vermittelten Geschäfte in der Regel auf CIF-Basis abgewickelt werden.

Größere Direktimporteure arbeiten in den Ländern, aus denen sie regelmäßig Waren beziehen, mit *Einkaufskommissionären* zusammen oder errichten dort eigene Einkaufsbüros. Einkaufskommissionäre erhalten vom Kommittenten sog. *„Indents“*, durch die sie angewiesen werden, bestimmte Waren zu beschaffen und an den Kommittenten *(Indentgeber)* zu liefern. Beim *„open indent“* überläßt der Indentgeber die Auswahl der Bezugsquelle dem Kommissionär *(Indentnehmer)*, beim *„closed indent“* schreibt er ihm die Bezugsquelle vor. Über eigene Einkaufsbüros im Ausland verfügen z. B. Großbetriebe des Einzelhandels, wie Waren- und Versandhäuser.

10. Makler

Makler (Handelsmakler) nach § 93 HGB ist, „wer gewerbsmäßig für andere Personen, ohne von ihnen aufgrund eines Vertragsverhältnisses ständig damit betraut zu sein, die Vermittlung von Verträgen über Anschaffung oder Veräußerung von Waren oder Wertpapieren, über Versicherungen, Güterbeförderungen, Bodmerei, Schiffsmiete oder sonstige Gegenstände des Handelsverkehrs übernimmt“. Für seine Tätigkeit hat der Makler Anspruch auf *Maklerlohn (Courtage)*, der fällig wird, sobald durch seine Tätigkeit ein Geschäft zustande gekommen ist. Wenn nichts anderes vereinbart ist, muß der Maklerlohn von jedem der beiden Vertragspartner zur Hälfte entrichtet werden. Über das abgeschlossene Geschäft hat der Makler unverzüglich eine Schlußnote auszustellen.

Die Warenmakler im Außenhandel sind vor allem im Importgeschäft tätig, wo sie Geschäfte zwischen Importeuren und nachgeordneten Handelsstufen im Einfuhrland sowie Geschäfte zwischen inländischen Importeuren und ausländischen Exporteuren vermitteln. Sie führen auch Warenversteigerungen (Auktionen) durch.

11. Auktionen

Bei einer *Auktion* werden Waren an den Meistbietenden verkauft. Auf diese Weise können größere Warenpartien rasch abgesetzt werden. An vielen Handelsplätzen finden regelmäßig Auktionen internationaler Handelswaren statt (z. B. Baumwolle, Wolle, Felle, Häute, Kaffee, Tee, Tabak, Südfrüchte).

Die zur Versteigerung gelangende Ware braucht nicht *fungibel* zu sein (als fungibel oder vertretbar bezeichnet man eine Ware von so gleichmäßiger Beschaffenheit, daß einzelne Stücke oder Mengen gegeneinander ausgetauscht werden können). Die Ware muß am Ort der Versteigerung verfügbar sein, damit sie von Kaufinteressenten besichtigt werden kann. Wenn eine Versteigerung der Gesamtpartie en bloc nicht möglich ist, teilt sie der Auktionator (Versteigerer) in Teilpartien (Lose) auf, die dann bei der Versteigerung einzeln aufgerufen werden.

Es gibt zwei Methoden der Versteigerung, nämlich die *Zuschlags-* und die *Abschlagsmethode.* Bei der *Zuschlagsmethode* geben die Interessenten Gebote ab, wobei jedes Gebot so lange gültig ist, bis es durch ein höheres ersetzt wird. Der Zuschlag erfolgt zum Höchstgebot. Der Verkäufer kann einen Mindestpreis festsetzen, der dann vom Auktionator als Anfangspreis (Ausrufpreis) genannt wird.

Wenn die *Abschlagsmethode („Dutch auction")* angewandt wird, setzt der Versteigerer die Ware mit einem hohen Ausrufpreis ein, der so lange gesenkt wird, bis ein Interessent den Preis akzeptiert. In großen Auktionshallen werden besondere, mit einer Preisskala versehene Uhren verwendet. Der Zeiger der Uhr bewegt sich von der Spitze der Skala nach unten; sobald ein Interessent bereit ist, den angezeigten Preis zu akzeptieren, stoppt er die Uhr durch Knopfdruck. Gleichzeitig leuchtet seine Platznummer auf der Uhr auf und zeigt dadurch dem Auktionator, wer der Käufer ist. Für die Übernahme und Bezahlung der Ware gelten die Usancen des jeweiligen Auktionsplatzes.

12. Warenbörsen

Warenbörsen sind Börsen, an denen Rohstoffe gehandelt werden. Die wichtigsten internationalen Warenbörsen befinden sich in *Chicago, New York* und *London.*

Die Voraussetzung für den börsenmäßigen Handel mit Rohstoffen ist die *Fungibilität.* Diese wird dadurch geschaffen, daß für die Produkte verschiedener Provenienzen (Herkunftsländer) Qualitätsklassen, sog. „Standards", aufgrund bestimmter Merkmale festgelegt werden. Die Produkte des gleichen Standards sind untereinander austauschbar, also fungibel.

Man unterscheidet *Kassa-* und *Terminmärkte* (*spot* und *futures markets*). Auf dem Kassamarkt, auch Lokomarkt genannt, wird effektive Ware gehandelt. Vor dem Kauf ist die Besichtigung der Ware und die Entnahme von Proben möglich. Waren der verschiedensten Standards können auf diese Weise gehandelt werden; Mindestmengen sind nicht vorgeschrieben. Der Preis, der sich auf dem Kassamarkt herausbildet, wird als Kassapreis *(Lokopreis)* notiert.

Auf dem *Terminmarkt* werden Kontrakte gehandelt, die zu einem künftigen Zeitpunkt zu erfüllen sind. Die Kontrakte lauten auf eine bestimmte Mindestmenge *(Schluß),* oder ein Mehrfaches davon, sowie auf bestimmte Standardqualitäten. Warentermingeschäfte werden als Preissicherungsgeschäfte oder zum Zweck der Spekulation abgeschlossen, wobei der Spekulant die Funktion des Risikoträgers übernimmt. Die Erfüllung der Kontrakte erfolgt nicht durch die Abnahme oder Lieferung effektiver Ware, sondern durch ein Gegengeschäft. Ein Kauf wird also durch einen Verkauf und ein Verkauf durch einen Kauf glattgestellt. (Wird kein Gegengeschäft getätigt, ist die gekaufte Ware abzunehmen bzw. die verkaufte Ware zu liefern. Dies kommt jedoch in der Praxis sehr selten vor.) Der *Terminpreis,* der weitgehend von positiven oder negativen Zukunftserwartungen bestimmt wird, kann über oder unter dem Kassapreis liegen, wobei die Differenz als *Aufschlag (Report)* oder *Abschlag (Deport)* bezeichnet wird.

Die Geschäfte an den Warenbörsen werden durch Makler (Broker) abgeschlossen, die Börsenmitglieder sind und die Aufträge ihrer Kunden ausführen.

Zweck und Durchführung eines *Preissicherungsgeschäfts* sollen durch das folgende Beispiel erläutert werden: Eine Baumwollspinnerei deckt sich mit Baumwolle (Lokoware) ein, um diese zu Baumwollgarnen zu verarbeiten. Der Preis der Garne steigt und fällt mit dem Rohstoffpreis, so daß die Baumwollspinnerei bei Anziehen des Preises für Rohbaumwolle einen zusätzlichen Gewinn erzielt, bei einem Rückgang des Baumwollpreises jedoch einen Verlust erleidet. Um einen Verlust zu vermeiden, verkauft die Baumwollspinnerei zum gleichen Zeitpunkt, an dem sie das Kassageschäft abschließt, Terminkontrakte über die gleiche Menge und zu einem Fälligkeitstermin, der in etwa dem Zeitpunkt entspricht, bis zu dem die Herstellung der Garne voraussichtlich abgeschlossen sein wird. Die Terminkontrakte werden von einem Spekulanten gekauft, der ein Steigen der Baumwollpreise erwartet. Steigt der Baumwollpreis tatsächlich, kann die Baumwollspinnerei die Garne teurer verkaufen, gleichzeitig muß sie aber das Terminengagement („Leerverkauf") zu einem höheren Preis glattstellen. Der Verlust aus dem Termingeschäft wird durch den Gewinn aus dem Garnverkauf in etwa ausgeglichen. Der Spekulant hingegen, der à la hausse spekuliert hat, erzielt einen Gewinn.

Im umgekehrten Fall, wenn der Baumwollpreis fällt, muß die Baumwollspinnerei ihre Garne billiger verkaufen, hat aber andererseits den Vorteil, daß sie das Terminengagement zu einem niedrigeren Preis glattstellen kann. Bei der Baumwollspinnerei halten sich auch hier wieder Gewinn und Verlust die Waage, wohingegen dem Spekulanten, der sich „verspekuliert" hat, ein Verlust entsteht.

Zur technischen Abwicklung der Termingeschäfte sind den Börsen meist *Clearingstellen* angeschlossen, die dem Verkäufer gegenüber die Zahlung und dem Käufer gegenüber die Lieferung garantieren. Bei Abschluß eines Kontrakts müssen Verkäufer und Käufer einen bestimmten Prozentsatz des Wertes als zinsfreie Garantiesumme *(Einschuß)* bei der Clearingstelle deponieren. Die Kontrakte werden täglich neu bewertet und die Differenz zum Vortage dem Einschußkonto gutgeschrieben bzw. belastet. Wenn ein bestimmtes Deckungsminimum unterschritten wird, fordert der Makler den Kunden zur Nachzahlung auf. Erfolgt diese Zahlung nicht, wird der Kontrakt liquidiert. Für die Differenz zwischen dem alten und dem neuen Warenpreis muß der Kunde aufkommen.

III. Marktforschung, Werbung; Messen und Ausstellungen

1. Markterkundung und Marktforschung

Durch *Markterkundung* und *Marktforschung* beschafft sich der Exporteur die Informationen, die er für eine erfolgreiche Tätigkeit auf dem Auslandsmarkt benötigt. Bei der *Markterkundung* handelt es sich um eine nicht systematisch betriebene Untersuchung des Marktes, z. B. durch Auswertung von Vertreterberichten oder durch Gespräche und Korrespondenz mit ausländischen Partnern. Die systematische *Marktforschung* wird meist durch ein Markt- und Meinungsforschungsinstitut durchgeführt, wobei man zwischen *Marktanalyse* (Untersuchung der Marktverhältnisse zu einem gegebenen Zeitpunkt) und *Marktbeobachtung* (laufende Beobachtung der Marktentwicklung) unterscheidet.

Bei Einschaltung eines *Markt- und Meinungsforschungsinstituts* findet zunächst eine Beratung zwischen dem Institut und dem Auftraggeber statt, bei der die Problemstellung besprochen und die Durchführung der Arbeit geplant wird. Der nächste Schritt ist das Sammeln der Daten, die notwendig sind, um die vom Auftraggeber gestellten Fragen beantworten zu können. Dabei werden sowohl Primär- wie Sekundärdaten beschafft. *Primärdaten* sind Daten, die speziell zu dem jeweiligen Zweck auf dem betreffenden Markt (z. B. durch Befragungen) erhoben werden; *Sekundärdaten* sind solche, die man z. B. aus den veröffentlichten Statistiken, Presse- und Marktberichten gewinnt. Die Auswertung von Sekundärmaterial bezeichnet man als *„desk research" (Schreibtischforschung)*, die Beschaffung von Primärdaten als *„field research" (Feldforschung)*. Die auf diese Weise gewonnenen Daten werden ausgewertet und dem Auftraggeber für seine Produktions-, Absatz- und Werbeplanung zur Verfügung gestellt.

Die institutionelle Marktforschung erstreckt sich auf das Produkt, den Verbraucher, den Vertrieb und die Werbung.

Vor allem muß festgestellt werden, ob sich das Produkt und seine Verpackung zum Verkauf auf dem ausländischen Markt eignen, und welche Änderungen eventuell notwendig sind, damit das Produkt Anklang bei den ausländischen Käufern findet. Zu diesem Zweck werden u. a. *Markttests* durchgeführt, bei denen das Erzeugnis zunächst auf einem Teilmarkt *(Testmarkt)* angeboten wird. Wichtig ist auch der Vergleich mit den Konkurrenzerzeugnissen, die Ermittlung der im Einfuhrland erhobenen Zölle und Abgaben und die Feststellung der dort für die betreffenden Erzeugnisse geltenden Vorschriften (z. B. Kennzeichnungsvorschriften für Lebensmittel, Sicherheitsvorschriften für Elektrogeräte).

Im Rahmen einer *Verbraucheranalyse* werden die Wünsche und Vorstellungen der Verbraucher, ihre Einkaufs- und Konsumgewohnheiten, Vorurteile usw. untersucht. Dies geschieht in der Weise, daß der Marktforscher nach bestimmten Methoden eine Anzahl von Personen auswählt, die einen repräsentativen Querschnitt der jeweiligen Verbrauchergruppe bilden, und ihnen Fragebogen zusendet oder sie mündlich bzw. telefonisch durch

Interviewer befragen läßt. Als *Consumer-Panel-Methode* bezeichnet man regelmäßige Befragungen einer bestimmten Anzahl ausgewählter Haushalte, die Aufschluß über das typische Verbraucherverhalten geben sollen. Durch Anwendung psychoanalytischer Verfahren werden auch die psychologischen Faktoren erforscht, die die Kaufentscheidung des Verbrauchers beinflussen *(Motivforschung)*. Die Verbraucherforschung befaßt sich aber nicht nur mit dem privaten Konsumenten, sondern auch mit dem Wiederverkäufer und dem industriellen Abnehmer.

Wichtig ist außerdem die Feststellung des günstigsten Absatzweges. Eventuell ist auch zu klären, ob es für den Betrieb zweckmäßiger wäre, anstelle des Direktexports den Weg der Montage, Eigen- oder Lizenzfertigung im Absatzland zu wählen. Im Bereich der Werbung muß festgestellt werden, welche Werbemittel und Werbeträger auf dem betreffenden Markt zur Verfügung stehen, welche von diesen sich für den vorgesehenen Zweck am besten eignen, wie die Werbung gestaltet werden soll usw.

2. Auslandswerbung

Auch beim Exportgeschäft hängt der Verkaufserfolg weitgehend von einer geschickten Werbung und Public Relations-Arbeit ab. Als *Werbung* bezeichnet man die Bemühungen eines Unternehmens, seine Erzeugnisse oder Dienstleistungen bekannt zu machen und bei potentiellen Kunden eine positive Einstellung dazu hervorzurufen. Zweck der *Public Relations (Öffentlichkeitsarbeit)* ist es, das Unternehmen selbst bekannt zu machen und sein Ansehen in der Öffentlichkeit zu erhöhen.

Die *Auslandswerbung* wird entweder durch die Werbeabteilung des Exportunternehmens (eventuell mit Unterstützung eines Werbeberaters) oder durch eine Werbeagentur durchgeführt. Auch Unternehmen mit eigener Werbeabteilung nehmen die Dienste von Werbeagenturen in Anspruch. Die deutschen Werbeagenturen führen die Auslandswerbung direkt oder über ihre Niederlassungen im Ausland bzw. ausländische Agenturen durch. Umgekehrt gibt es auch viele ausländische Agenturen, die in der Bundesrepublik über Niederlassungen verfügen. Wichtig bei der Auslandswerbung ist die enge Zusammenarbeit des Exporteurs mit seinen ausländischen Vertretern, Händlern oder Niederlassungen.

Bei der Planung der Auslandswerbung müssen vor allem folgende Gesichtspunkte berücksichtigt werden:

- die Art des Erzeugnisses
- der Werbeetat, d. h. die für die Auslandswerbung bereitstehenden Mittel
- der zu erfassende Käuferkreis (Verbraucher, Wiederverkäufer, industrielle Abnehmer)
- die besonderen Gegebenheiten des Absatzmarktes, vor allem die Mentalität der Abnehmer, Tier- und Farbsymbolik, religiöse Tabus usw.
- die im Ausland für die Werbung geltenden Vorschriften

Wenn deutsche Erzeugnisse auf einem ausländischen Markt eingeführt werden sollen, ist es oft zweckmäßig, der *Individualwerbung* durch die einzelnen Firmen eine *Gemeinschaftswerbung* vorausgehen zu lassen, bei der die Unternehmen einer Branche für das gemeinsame Erzeugnis werben.

Im Jahre 1937 stellte die Internationale Handelskammer Richtlinien für die Werbung *(„International Code of Advertising Practice")* auf, die inzwischen mehrmals revidiert worden sind. Dieser Verhaltenskodex wurde von Organisationen der Werbewirtschaft in zahlreichen Ländern übernommen. Ähnliche Richtlinien der ICC gibt es auch für die Bereiche Marketing, Marktforschung und Verkaufsförderung.

3. Messen und Ausstellungen

Messen und *Ausstellungen* sind zeitlich begrenzte Veranstaltungen, die meist in regelmäßigem Turnus am gleichen Ort stattfinden.

Auf *Messen,* zu denen grundsätzlich nur Fachbesucher Zutritt haben, werden aufgrund von Mustern Geschäfte mit Wiederverkäufern, gewerblichen Verbrauchern und Großabnehmern geschlossen *(Mustermessen). Konsumgütermessen* können an bestimmten Messetagen auch für Endverbraucher als Besucher bzw. Direktkäufer geöffnet sein. *Branchenmessen,* wie z. B. die Nürnberger Spielwarenmesse und die Offenbacher Lederwarenmesse, geben einen Überblick über das Angebot eines Wirtschaftszweigs; die *Mehrbranchenmessen,* wie z. B. die Hannover Messe, fassen das Angebot mehrerer Wirtschaftszweige zusammen. Messen mit erheblicher Beteiligung ausländischer Aussteller werden als *internationale Messen* bezeichnet.

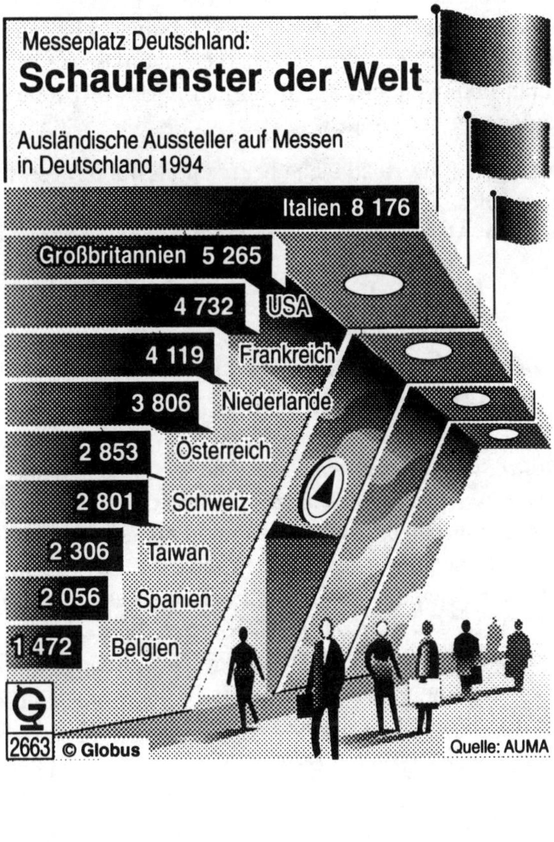

Ausstellungen wenden sich an ein breites Publikum und dienen vorwiegend der Information. Sie bieten ein repräsentatives Angebot einzelner oder mehrerer Wirtschaftszweige (Fachausstellungen und allgemeine Ausstellungen). Oft werden sie thematisch auf bestimmte Bedarfsbereiche (Ernährung, Wohnen) oder Verbraucherzielgruppen (Hobbybastler, Kinder) abgestellt. Die Unterscheidung zwischen Messen und Ausstellungen ist nicht immer eindeutig.

4. AUMA

Der *Ausstellungs- und Messeausschuß der deutschen Wirtschaft e.V. (AUMA)* in Köln ist die Spitzenorganisation der deutschen Wirtschaft für das Ausstellungs- und Messewesen. Er hat die Aufgabe, die Belange der deutschen Wirtschaft auf diesem Gebiet im In- und Ausland zu wahren und zu fördern.

Der AUMA informiert über alle wichtigen inländischen und ausländischen Messen und Ausstellungen. Er berät Firmen, Verbände, Kammern und Behörden in allen Fragen des Ausstellungs- und Messewesens und hält Kontakt mit einschlägigen Stellen und Organisationen des Auslandes.

Der beim AUMA bestehende *„Arbeitskreis für Auslandsmessebeteiligungen“,* in dem neben den Verbänden und Spitzenorganisationen der Wirtschaft sowie den Industrie- und Handelskammern auch die zuständigen Bundesbehörden (z. B. das Bundesministerium für Wirtschaft, das Bundesministerium für Ernährung, Landwirtschaft und Forsten, das Bundesministerium für wirtschaftliche Zusammenarbeit und das Auswärtige Amt) vertreten sind, wählt die Veranstaltungen aus, die alljährlich in das offizielle deutsche Auslandsmesseprogramm aufgenommen werden.

In einer Datenbank werden Informationen über mehr als 4000 Messen und Ausstellungen weltweit gespeichert. Diese Daten werden im *AUMA-Handbuch International* veröffentlicht. Daneben sind vom AUMA noch weitere Publikationen und sonstiges Informationsmaterial erhältlich.

5. Auslandsmesseförderung des Bundes, der Bundesländer und der Europäischen Union

Im Rahmen des *Auslandsmesseprogramms* wird die Beteiligung deutscher Firmen an ausgewählten Auslandsmessen aus Bundesmitteln gefördert. Die Fördermittel werden für die Organisation und Durchführung der amtlichen Beteiligungen und für die Veranstaltung eigener deutscher Ausstellungen im Ausland eingesetzt. Mit der organisatorischen, technischen und finanziellen Abwicklung der offiziellen Beteiligungen werden *Durchführungsgesellschaften* (z. B. *IMAG Internationaler Messe- und Ausstellungsdienst GmbH,* München, *und NOWEA International GmbH,* Düsseldorf) beauftragt. Für Firmen, die im Rahmen einer offiziellen Beteiligung ausstellen (meist in Form einer Firmengemeinschaftsausstellung), ergeben sich durch die Bundesförderung erhebliche Kostenersparnisse; direkte Zahlungen an Aussteller erfolgen jedoch nicht.

Ergänzend zur Messeförderung des Bundes bieten die Bundesländer exportinteressierten Firmen – überwiegend kleinen und mittelständischen Unternehmen – Unterstützung an. So fördert z. B. das Land Bayern im Rahmen seines *„Mittelständischen Messeprogramms"* Gemeinschaftsbeteiligungen an Messen und Ausstellungen (vorwiegend Veranstaltungen im Ausland, unter besonderer Berücksichtigung schwieriger, „nicht-traditioneller" Märkte) im Rahmen einer amtlichen Beteiligung über ein messespezifisches Leistungspaket zu einem erheblich ermäßigten Beteiligungsbeitrag. Beteiligen sich Bund und ein Bundesland (oder mehrere Bundesländer) an der gleichen Veranstaltung, so beschränkt sich die Förderung der Länder auf Maßnahmen, die durch die Bundesförderung nicht abgedeckt sind.

Die EU-Kommission stellt in begrenztem Umfang finanzielle Mittel für die Teilnahme von Firmen aus den Mitgliedstaaten an EU-Gemeinschaftsausstellungen oder -beteiligungen zur Verfügung.

IV. Einrichtungen im Dienste der Außenwirtschaft

A. In der Bundesrepublik

1. Bundesstelle für Außenhandelsinformation

Die *Bundesstelle für Außenhandelsinformation (BfAI)* in Köln gehört zum Bereich des Bundeswirtschaftsministeriums. Ihr Verwaltungsrat setzt sich aus Vertretern der zuständigen Ministerien, der obersten Landesbehörden für Wirtschaft, der Spitzenverbände der Wirtschaft und der Gewerkschaften zusammen. Den Vorsitz führt der Vertreter des Auswärtigen Amtes.

Die BfAI hat die Aufgabe, Informationen über außenwirtschaftlich relevante Tatbestände und Vorgänge zu beschaffen, auszuwerten und sie Behörden, Kammern, Verbänden, Firmen usw. zugänglich zu machen. Zur Beschaffung von Informationen benutzt die BfAI folgende Quellen:

- ein eigenes Korrespondentennetz
- das wirtschaftliche Berichtsmaterial der Botschaften, Konsulate und Handelsförderungsstellen der Bundesrepublik Deutschland
- Nachrichtenagenturen und Marktforschungsinstitute
- in- und ausländische Zeitungen und Zeitschriften
- nationale und internationale Organisationen

Die aus diesen Quellen gewonnenen Informationen werden in Form von Publikationen, Dokumentationen und Einzelauskünften an Firmen weitergegeben.

Die Hauptpublikation ist die Zeitung *„Nachrichten für den Außenhandel" (NfA),* die zusammen mit der *VWD-Vereinigte Wirtschaftsdienste GmbH* herausgegeben wird. Die Informationen in den NfA werden durch Beilagen ergänzt. Außerdem gibt die BfAI Markt-, Rechts- und Zollinformationen, Informationen über ausländische Ausschreibungen, Dokumentationsreihen und verschiedene Broschüren heraus. Die BfAI ist die amtliche Verbindungsstelle der Bundesrepublik zur WTO.

2. Industrie- und Handelskammern

Die deutschen *Industrie- und Handelskammern* – in Hamburg und Bremen Handelskammern genannt – sind Körperschaften des öffentlichen Rechts mit Pflichtmitgliedschaft, die die Interessen der gewerblichen Wirtschaft vertreten. Die Spitzenorganisation der Industrie- und Handelskammern in der Bundesrepublik ist der *Deutsche Industrie- und Handelstag (DIHT)* in Bonn.

Die Aufgaben der Industrie- und Handelskammern auf dem Gebiet der Außenwirtschaft sind sehr vielseitig. Im Rahmen ihres Auskunftsdienstes erteilen die Kammern Auskünfte u.a. über

- Handels- und Zollabkommen
- deutsche Ausfuhr- und Einfuhrbestimmungen
- ausländische Ausfuhr-, Einfuhr- und Devisenbestimmungen
- Warenbegleitpapiervorschriften
- Zollbestimmungen und -verfahren
- Reise- und Visabestimmungen
- ausländisches Wirtschaftsrecht, ausländische Gerichtsbarkeit, Vollstreckbarkeit deutscher Urteile im Ausland, Anwälte im Ausland, ausländisches Schiedsgerichtswesen
- in- und ausländisches Niederlassungsrecht
- Fragen des ausländischen gewerblichen Rechtsschutzes, insbesondere Patent-, Musterschutz- und Lizenzfragen
- Finanzfragen im Außenwirtschaftsverkehr (internationaler Zahlungs- und Kapitalverkehr, Exportfinanzierung und Exportkreditversicherung)

Durch verschiedene Veröffentlichungen (Kammerzeitschriften, Merkblätter, Broschüren, Rundschreiben) unterrichten die Kammern ihre Mitgliedsfirmen regelmäßig über Entwicklungen im Außenwirtschaftsbereich, neue Vorschriften, Messen und Ausstellungen, Angebote und Nachfragen von ausländischen Firmen usw.

Das Veranstaltungsprogramm der Kammern umfaßt regelmäßige Veranstaltungen, die sich mit verschiedenen außenwirtschaftlichen Fragen beschäftigen:

- Vorträge über außenwirtschaftliche Themen
- Abhaltung von Sprechtagen mit Angehörigen des auswärtigen Dienstes der Bundesrepublik und des Auslandes, mit ausländischen Außenhandelsorganisationen sowie mit Geschäftsführern deutscher Auslandshandelskammern
- Abhaltung von Außenwirtschafts- und Zollseminaren, Fremdsprachenkursen und anderen Weiterbildungsveranstaltungen
- Fachinformationsreisen ins Ausland

Die Kammern sind behilflich bei der Anbahnung von Geschäftsbeziehungen, insbesondere durch

- Auskünfte über die Anschriften der amtlichen Vertretungen des In- und Auslandes, der Auslandshandelskammern und sonstiger Institutionen
- Vermittlung von Warenangeboten und -nachfragen aus dem Ausland
- Vermittlung in- und ausländischer Vertreterfirmen
- Kooperationsvermittlung
- Nachweis in- und ausländischer Bezugsquellen
- Beratung in Fragen deutscher Direktinvestitionen im Ausland
- Beratung in Fragen internationaler Ausschreibungen
- Einholung von Auskünften über ausländische Firmen
- Auskünfte über Messen und Ausstellungen im In- und Ausland
- Mitwirkung am Messeförderungsprogramm des jeweiligen Bundeslandes
- Auskünfte in Fragen der Auslandswerbung

- Hilfestellungen bei der Eintreibung von Forderungen
- Vermittlung bei Meinungsverschiedenheiten zwischen in- und ausländischen Firmen

Die 1990 gegründete *IHK-Gesellschaft zur Förderung der Außenwirtschaft und der Unternehmensführung mbH* in Berlin hat die Aufgabe, die wirtschaftlichen Beziehungen vor allem zu den mittel- und osteuropäischen Staaten zu fördern.

Ferner unterstützen die Kammern ihre Mitgliedsfirmen bei Behörden des In- und Auslandes, z. B. der Zollverwaltung. Im Rahmen ihres Bescheinigungsdienstes stellen sie Ursprungszeugnisse und Carnets aus und beglaubigen Handelsrechnungen und andere Warenbegleitpapiere.

Schließlich vertreten die Kammern die außenwirtschaftlichen Gesamtinteressen der Bundesrepublik direkt oder durch den DIHT. Kammerpolitische Aufgaben sind u.a.:

- Mitwirkung bei der Abfassung von deutschen Gesetzen und Verordnungen sowie von EU-Verordnungen, die den Außenwirtschaftsverkehr betreffen
- Anträge, Anregungen und Kritik zu Fragen der Außenwirtschafts- und Zollpolitik
- Vorschläge zur Ausgestaltung der Europäischen Union
- Förderung der deutschen Auslandshandelskammern
- Beteiligung an den Arbeiten der Internationalen Handelskammer

Der europäische Dachverband der Industrie- und Handelskammern ist *Eurochambres,* dem die Spitzenorganisationen der europäischen Kammern, darunter auch der DIHT, angehören.

3. Ländervereine

Die *Ländervereine – Afrika-Verein, Australien-Neuseeland-Südpazifik-Verein, Ibero-Amerika-Verein, Nah- und Mittelost-Verein, Ostasiatischer Verein, Ost- und Mitteleuropa-Verein* – sind nach deutschem Vereinsrecht gegründete eingetragene Vereine, deren Zweck die Förderung der Wirtschaftsbeziehungen der Bundesrepublik Deutschland mit den betreffenden Wirtschaftsgebieten ist. Die Mitgliedschaft in diesen Vereinen, die alle ihren Sitz in Hamburg haben, steht Firmen und Einzelpersonen offen.

Die Ländervereine beraten ihre Mitglieder, unterstützen sie bei der Suche nach Partnern und informieren sie mittels Mitgliederrundschreiben und anderer Publikationen. Sie vertreten ihre Mitglieder in Fachausschüssen, bei Messen und Konferenzen, in nationalen und internationalen Gremien sowie gegenüber deutschen und ausländischen Behörden. Der von den Ländervereinen geschaffene *Technisch-Wirtschaftliche Dienst (TWD)* unterstützt Unternehmen in der Bundesrepublik und in Entwicklungsländern bei der Anbahnung von Kooperationen.

4. Sonstige Einrichtungen

Zu den in der Bundesrepublik bestehenden Einrichtungen im Dienste der Außenwirtschaft gehört auch der *AUMA,* die *AKA Ausfuhrkredit-Gesellschaft mbH* und die *Kreditanstalt für Wiederaufbau.*

B. Im Ausland

1. Die diplomatischen und konsularischen Auslandsvertretungen

Die Pflege der Beziehungen zu ausländischen Staaten ist nach dem Grundgesetz Aufgabe des Bundes. Der *Auswärtige Dienst* besteht aus dem *Auswärtigen Amt* und den *diplomatischen* und *konsularischen Auslandsvertretungen.* Zu letzteren gehören die Botschaften, die Generalkonsulate und Konsulate und die Vertretungen der Bundesrepublik Deutschland bei internationalen Organisationen. Manche Botschafter sind in mehreren Staaten akkreditiert. Soweit dies für die Unterstützung der diplomatischen und berufskonsularischen Vertretungen bei der Erfüllung ihrer Aufgaben notwendig ist, werden an bestimmten Orten *Honorarkonsuln* ernannt. Dabei handelt es sich um ehrenamtlich tätige Personen, die aufgrund ihrer langjährigen Berufserfahrung über gute Kontakte im Gastland verfügen und mit den Verhältnissen in ihrem Amtsbezirk besonders vertraut sind. Sie sind jedoch nicht zu allen konsularischen Amtshandlungen befugt.

Die Aufgaben einer Botschaft auf außenwirtschaftlichem Gebiet werden vom *Wirtschaftsreferenten* wahrgenommen. Dieser beobachtet die laufende wirtschaftliche Entwicklung im Gastland und unterrichtet darüber das Auswärtige Amt, das wiederum wichtige Informationen an die Fachministerien und andere Stellen, darunter die *Bundesstelle für Außenhandelsinformation,* weiterleitet. In Entwicklungsländern koordiniert der Wirtschaftsreferent häufig auch die Projekte der Kapitalhilfe und der technischen Hilfe. Aufgaben der praktischen Wirtschaftsförderung übernehmen die Botschaften nur in Ländern, in denen keine deutschen Auslandshandelskammern bestehen.

Die *Generalkonsulate* und *Konsulate* sowie auch die *Konsularabteilungen* (Konsularreferate) der Botschaften haben vielfältige Aufgaben. Dazu gehören Beglaubigungen, Beurkundungen, Zeugenvernehmungen, Zustellungen, die Mitwirkung bei Nachlaßangelegenheiten, die Rechtshilfe in Strafsachen, die Ausstellung von Reisepässen für eigene Staatsangehörige und die Erteilung von Sichtvermerken für Ausländer. In ausländischen Hafenorten befassen sich die konsularischen Vertretungen auch mit der An- und Abmusterung von Seeleuten, der Schlichtung von Streitigkeiten zwischen Kapitän und Schiffsbesatzung und der Überprüfung der Seetüchtigkeit deutscher Schiffe. Bei der Beschädigung eines Schiffes oder seiner Ladung nehmen sie Verklarungen auf, um auf diese Weise den Sachverhalt zwecks Beweissicherung für ein späteres gerichtliches Verfahren festzustellen.

Wie ihre Kollegen von den Botschaften, so berichten auch die Wirtschaftsreferenten der Konsulate an das Auswärtige Amt über die wirtschaftlichen Verhältnisse in ihrem Gastland; außerdem kümmern sie sich um Messen, Verkehrswesen und Handelspolitik. Für die praktischen Dienstleistungen im Bereich der Geschäftsanbahnung und -abwicklung sind jedoch auch hier in erster Linie die deutschen Auslandshandelskammern zuständig.

2. Auslandshandelskammern, Delegierte und Repräsentanzen der Deutschen Wirtschaft

Deutsche Auslandshandelskammern bestehen in ca. 50 Ländern; sie werden von der Bundesregierung finanziell unterstützt und vom DIHT betreut. Sie unterscheiden sich von den deutschen Industrie- und Handelskammern dadurch, daß sie keine Körperschaften des öffentlichen Rechts, sondern privatrechtliche Vereinigungen nach dem Recht des Gastlandes sind. Ihnen gehören Einzelpersonen, Unternehmen und Organisationen aus der Bundesrepublik Deutschland und dem jeweiligen Partnerland als freiwillige Mitglieder an.

Delegiertenbüros und *Repräsentanzen der Deutschen Wirtschaft* werden in Ländern errichtet, in denen noch keine ausgeprägten marktwirtschaftlichen Strukturen bestehen, in denen die Gründung einer deutschen Auslandshandelskammer nicht möglich ist, oder in denen der Aufbau einer deutschen Auslandshandelskammer vorbereitet werden soll. Sie sind fachlich und organisatorisch ebenfalls dem DIHT unterstellt.

Die deutschen Auslandshandelskammern/Delegiertenbüros bieten im wesentlichen die gleiche Leistungspalette – bezogen auf das jeweilige Land – wie die deutschen Industrie- und Handelskammern. Im Gegensatz zu diesen gewähren sie jedoch auch Inkassohilfe und führen Schiedsgerichtsverfahren durch, sind aber andererseits nicht befugt, Ursprungszeugnisse und Carnets auszustellen und Beglaubigungen vorzunehmen.

3. Die Internationale Handelskammer

Die *Internationale Handelskammer* – engl.: *International Chamber of Commerce (ICC), franz.: Chambre de Commerce Internationale (CCI)* – wurde 1920 in Paris gegründet. Unternehmen, Wirtschaftsverbände und Kammern aus über 100 Ländern gehören ihr als Mitglieder an. Die Organe der *ICC* sind der Präsident, der von einem Vizepräsidenten unterstützt wird, der Council als oberstes Beschlußgremium, das Executive Board und das Generalsekretariat mit Sitz in Paris. Alle drei Jahre findet ein Weltkongreß der ICC statt; in kongreßfreien Jahren werden Jahreskonferenzen abgehalten. Außerdem veranstaltet die ICC zahlreiche Symposien und Seminare.

ICC-Landesgruppen bestehen in 57 Ländern. Sie entsenden Delegierte in die ICC-Fachkommissionen und sind im ICC-Council vertreten. Die 1925 gegründete Deutsche Gruppe der Internationalen Handelskammer hat ihren Sitz in Köln. Sie vertritt einerseits die Interessen der deutschen Wirtschaft gegenüber der ICC und andererseits die ICC in der Bundesrepublik. Die *Fachkommissionen* der ICC befassen sich mit allen wichtigen Fragen der Weltwirtschaft, z. B. der internationalen Handelspolitik und -praxis, den internationalen Währungsbeziehungen, Wettbewerbs- und Steuerrecht, Transport-, Energie- und Umweltfragen.

Neben ihrer Arbeit auf dem Gebiet der wirtschaftpolitischen Meinungsbildung (Stellungnahmen gegenüber den politischen Instanzen) befaßt sich die ICC auch mit der Wirtschafts- und Handelspraxis. Zu den wichtigsten Beiträgen der ICC zur Vereinheitlichung der internationalen Handelspraktiken gehören die *Incoterms,* die *Einheitlichen Richtlinien und Gebräuche für Dokumentenakkreditive*, die *Einheitlichen Richtlinien für Inkassi* und die *Carnets ATA*. Außerdem erarbeitet die ICC *freiwillige Verhaltensregeln,* z. B. Kodizes für Werbung und Umweltschutzleitsätze.

Bei der Wahrnehmung ihrer Aufgaben arbeitet die ICC eng mit internationalen Organisationen zusammen, z. B. den Vereinten Nationen und ihren Sonderorganisationen (u.a. Weltbank, Internationaler Währungsfonds), der WTO und der Europäischen Union. Bei den Vereinten Nationen hat die ICC den höchsten Konsultativstatus.

Unter den Sondergremien der ICC sind vor allem der *Schiedsgerichtshof* (siehe V/C/2) und das *Internationale Büro* der *Handelskammern* zu nennen. Das Büro fördert die Zusammenarbeit und den Erfahrungsaustausch zwischen den Handelskammern auf der ganzen Welt. Ein besonderes Anliegen ist die Weiterentwicklung des Kammersystems in den Entwicklungsländern. Außerdem befaßt sich das Büro mit der Verwaltung der Bürgschaftskette der Carnets ATA.

V. Geschäftsanbahnung, Verträge; Beilegung von Streitigkeiten; Kompensationsgeschäfte

A. Geschäftsanbahnung

1. Anknüpfung von Kontakten

Eine Firma, die im Ausland geschäftliche Kontakte anknüpfen will – sei es, daß sie einen Abnehmer oder Lieferanten, einen Vertreter oder eine Vertretung, einen Lizenznehmer oder Lizenzgeber sucht – hat folgende Möglichkeiten, einen geeigneten Geschäftspartner ausfindig zu machen:

- Anfrage bei einer Stelle in der Bundesrepublik, die sich mit dem Firmennachweis oder der Vermittlung von Geschäftsverbindungen befaßt. Zu diesen Stellen gehören die Industrie- und Handelskammern, die Ländervereine, die Fachverbände, die Banken, die offiziellen ausländischen Vertretungen und die im eigenen Land ansässigen ausländischen Handelskammern.
- Anfrage bei einer Stelle im Ausland. Hier kommen vor allem in Frage: die deutschen Auslandshandelskammern, die Handelsförderungsstellen der deutschen Botschaften, die ausländischen Handelskammern und Wirtschaftsorganisationen.
- Inserate in Zeitungen und Zeitschriften, vor allem Fach- und Exportzeitschriften
- Besuch von internationalen Messen und Ausstellungen

In vielen Ländern gibt es *Adressenbüros,* die gegen Zahlung einer Gebühr Listen mit den Namen und Anschriften möglicher Kaufinteressenten zusammenstellen. Die Namen und Anschriften von Lieferfirmen finden sich nach Branchen geordnet in den Branchenverzeichnissen der Fernsprechbücher, den Branchenadressbüchern und den Bezugsquellenverzeichnissen. Ausländisches Informationsmaterial dieser Art liegt u. a. bei den Industrie- und Handelskammern, den Fachverbänden und den offiziellen Vertretungen der betreffenden Länder zur Einsichtnahme auf.

2. Einholung von Auskünften

Eine Firma, die mit einem möglichen Geschäftspartner im Ausland bekannt geworden ist, will meist vor Eingehen einer vertraglichen Bindung zunächst einmal feststellen, ob der Geschäftspartner kreditwürdig ist, ob er die notwendigen charakterlichen und fachlichen Voraussetzungen erfüllt usw. Dies geschieht durch *Einholung einer Auskunft.* Wer eine Auskunft über einen ausländischen Partner benötigt, kann sich an folgende Stellen wenden:

- die von der ausländischen Firma genannten Handels- und Bankreferenzen
- die Hausbank der auskunftsuchenden Firma, die die Auskunft über ihre Auslandsniederlassung oder eine ausländische Korrespondenzbank beschafft
- internationale Handelsauskunfteien (z. B. *Dun & Bradstreet*)
- die Industrie- und Handelskammern sowie die Auslandshandelskammern
- Vertreter, Niederlassungen und Geschäftsfreunde im Ausland
- die ausländische Firma selbst, die die erbetenen Informationen auf dem Weg der Selbstauskunft direkt zur Verfügung stellen kann.

3. Ausschreibungen

Eine *Ausschreibung* ist eine meist von einer öffentlichen Stelle gemachte Ankündigung, daß eine bestimmte Lieferung oder Leistung in Auftrag gegeben werden soll, verbunden mit der Aufforderung zur Abgabe von Angeboten. Die Ausschreibung kann sich an eine unbeschränkte oder eine beschränkte Anzahl von Unternehmen richten (öffentliche bzw. beschränkte Ausschreibung). Manchmal ist eine Vorqualifikation erforderlich, bei der nur die Firmen zur eigentlichen Ausschreibung zugelassen werden, die bestimmte grundlegende Voraussetzungen erfüllen.

Eine deutsche Firma, die über ihre ausländische Vertretung, die Industrie- und Handelskammer oder eine andere Stelle bzw. aus einer Außenhandelspublikation von einer ausländischen Ausschreibung erfahren hat, muß sich zunächst die Ausschreibungsunterlagen besorgen, aus denen die Einzelheiten der Ausschreibung, wie z. B. die zu liefernden Waren oder durchzuführenden Arbeiten, der Lieferungs- bzw. Fertigstellungstermin, die kommerziellen Bedingungen, Angebotsschluß usw., hervorgehen. Diese werden oft in einer Broschüre *(Lastenheft)* zusammengefaßt. (Eine detaillierte Aufstellung durchzuführender Bauarbeiten bezeichnet man als Leistungsverzeichnis.) Diese Unterlagen erhält die interessierte Firma entweder von der ausschreibenden Stelle direkt, von einer Bank oder von dem beratenden Ingenieurbüro *(Consulting Engineers)*, das mit der Gesamtplanung beauftragt ist und als Treuhänder des Auftraggebers die Ausschreibung durchführt.

Firmen, die sich an ausländischen Ausschreibungen beteiligen, müssen meist durch ihre Bank eine *Bietungsgarantie* stellen lassen. Die Bietungsgarantie, deren Höhe meist zwischen 1 % und 5 % des Objektwertes liegt, soll der ausschreibenden Stelle die Gewähr dafür geben, daß die anbietende Firma im Falle des Zuschlags, d. h. der Auftragserteilung, zu ihrem Angebot steht.

Zum festgesetzten Termin werden die Angebote von der ausschreibenden Stelle geöffnet und geprüft. Die Firma, die das günstigste Angebot abgegeben hat, erhält den Zuschlag und muß dann ihre Bank beauftragen, die Bietungsgarantie durch eine *Lieferungs- oder Leistungsgarantie* zu ersetzen, die bis zu 20 % oder mehr der Vertragssumme gehen kann. Die Lieferungs- oder Leistungsgarantie dient als Sicherheit dafür, daß die mit der Lieferung der Ware bzw. Durchführung der Arbeiten beauftragte Firma ihre vertraglichen Pflichten ordnungsgemäß erfüllt. Sie sichert auch die Zahlung einer eventuell vereinbarten Konventionalstrafe.

4. Liberalisierung des öffentlichen Auftragswesens in Europa

Um eine gemeinschaftsweite Marktöffnung für öffentliche Aufträge zu erreichen, sind verschiedene EG-Richtlinien erlassen worden. Das Kernstück dieser Richtlinien ist die Pflicht zur Bekanntmachung von öffentlichen Ausschreibungen und Aufträgen im *Amtsblatt der EU*.

Die *Baukoordinierungsrichtlinie* regelt das Verfahren zur Vergabe öffentlicher Bauaufträge mit einem Mindestschwellenwert (ohne Mehrwertsteuer) von 5 Mio. ECU. Die *Lieferkoordinierungsrichtlinie* befaßt sich mit öffentlichen Lieferaufträgen (außer in den durch die Sektorenrichtlinie erfaßten Bereichen). Der Schwellenwert beträgt hier 200.000 ECU. Bei der *Dienstleistungsrichtlinie* geht es um die Liberalisierung des öffentlichen Auftragswesens in einigen Dienstleistungsbereichen (Schwellenwert: 200.000 ECU). Zur korrekten Einhaltung der Vergaberichtlinien ist die *Überwachungsrichtlinie (Rechtsmittelrichtlinie)* erlassen worden. Durch die *Sektorenrichtlinie* wurden die Sektoren Wasser- und Energieversorgung, Verkehr und Telekommunikation in das EU-Vergaberecht mit einbezogen. Auch hier gelten Schwellenwerte. Der Kontrolle der Auftragsvergabe in diesen Bereichen dient die *Sektorenüberwachungsrichtlinie*.

Aufgrund des EWR-Vertrags wurde das EU-Beschaffungsrecht auch von den EFTA-Staaten übernommen. Im Verhältnis zu Drittländern sieht es die nichtdiskriminierende Behandlung von Unternehmen in diesen Ländern vor, vorausgesetzt, daß EWR-Unternehmen dort ebenfalls keinen Benachteiligungen ausgesetzt sind *(Reziprozität)*.

B. Verträge

1. Vertragsabschlüsse mit ausländischen Partnern

Im Außenhandel werden – wie im Binnenhandel – *Kauf-, Werk-, Werklieferungs-* und *Dienstverträge* abgeschlossen; daneben gibt es aber auch Vertragsarten, die im Binnenhandel nicht vorkommen (z. B. *Seefrachtverträge, Akkreditiv-Verträge* und *Dokumenteninkassoverträge*). In *Außenhandelsverträgen* finden sich außerdem Klauseln, die im Inland nicht verwendet werden (Incoterms, Fremdwährungsklauseln usw.). Besonderheiten ergeben sich weiterhin daraus, daß der Vertragspartner seinen Geschäftssitz im Ausland hat (andere Sprache, Unterschiede im Rechtssystem und bei den Handelsbräuchen, räumliche Distanz usw.). Aus diesen Besonderheiten entstehen dem deutschen Vertragspartner Risiken, gegen die er sich absichern möchte.

Um Mißverständnisse (und die sich evtl. daraus ergebenden Streitigkeiten) zu vermeiden, ist es grundsätzlich empfehlenswert, Verträge mit ausländischen Partnern *schriftlich* abzuschließen.

Die meisten der im Bereich der Außenwirtschaft geschlossenen Verträge sind Kaufverträge über bewegliche Sachen, zu denen hier auch die Werklieferungsverträge[1] gerechnet werden. Bei einem Kaufvertrag im Außenhandel müssen sich die Vertragsparteien über folgende Punkte einig werden:

- Art, Beschaffenheit und Qualität der zu liefernden Ware
- Menge
- Verpackung und Markierung
- Preis und eventuelle Preisnachlässe
- Lieferzeit
- Lieferungsbedingungen
- Zahlungsbedingungen
- Erfüllungsort und Gerichtsstand (falls Streitigkeiten durch ein Vergleichs- oder Schiedsverfahren beigelegt werden sollen, die entsprechende Vergleichs- oder Schiedsklausel)
- sonstige Abmachungen, wie z. B. Eigentumsvorbehalt, die Verantwortlichkeit des Käufers für die Beschaffung der Importlizenz (falls erforderlich) usw.

Wie im Binnenhandel werden auch bei Außenhandelsgeschäften oft sog. *„Allgemeine Geschäftsbedingungen" (AGB)* angewandt. Die AGB gelten für einen Vertrag, sofern sie Vertragsbestandteil geworden sind. Dazu ist notwendig, daß der ausländische Vertragspartner den AGB zustimmt, nachdem er vom Inhalt derselben Kenntnis genommen hat. Letzteres ist nur möglich, wenn ihm die kompletten AGB in seiner Muttersprache oder einer anderen ihm geläufigen Sprache vorgelegt werden. Ein bloßer Hinweis auf die AGB in der Auftragsbestätigung – wie in Deutschland üblich – genügt nicht. Die Annahme durch den ausländischen Partner muß ausdrücklich erfolgen; Schweigen kann nicht als Zustimmung gedeutet werden.

Das in Abschnitt 3 besprochene UN-Kaufrecht enthält keine besonderen Bestimmungen über die AGB. Die Frage der Gültigkeit der AGB (z. B. nach dem deutschen AGB-Gesetz vom 9. Dezember 1976) liegt außerhalb seines Geltungsbereichs und ist daher nach den Regeln des internationalen Privatrechts (s. Abschnitt 2) zu klären.

Erfüllungsort und Gerichtsstand

Nach dem BGB ist der *Erfüllungsort* jeweils der Ort, an dem der Schuldner seine Leistung zu erbringen hat. Der Erfüllungsort für die Lieferung ist demnach der Sitz des Verkäufers, der Erfüllungsort für die Zahlung der Sitz des Käufers. Verkäufer und Käufer können sich aber auch auf einen gemeinsamen Erfüllungsort einigen. Nach UN-Kaufrecht ist – abweichend vom deutschen Recht – der Niederlassungsort des Verkäufers Erfüllungsort für die Zahlung, soweit keine andere Vereinbarung getroffen wurde.

Als *Gerichtsstand* bezeichnet man den Ort, an dem bei einem Rechtsstreit zu klagen ist. Der *allgemeine Gerichtsstand* ist der Sitz des Beklagten. Daneben gibt es *besondere Gerichtsstände,* zu denen auch der Gerichtsstand des Erfüllungsortes gehört.

---

1 § 651 BGB: Verpflichtet sich der Unternehmer, das Werk aus einem von ihm zu beschaffenden Stoffe herzustellen, so hat er dem Besteller die hergestellte Sache zu übergeben und das Eigentum an der Sache zu verschaffen. Auf einen solchen Vertrag finden die Vorschriften über den Kauf Anwendung.

Die Vertragsparteien können die Zuständigkeit eines deutschen oder ausländischen Gerichts vereinbaren. Für das Zustandekommen einer Gerichtsstandsvereinbarung ist das Recht maßgeblich, das nach den Regeln des internationalen Privatrechts gilt. Die Zulässigkeit einer Gerichtsstandsvereinbarung und ihre Wirkung auf die Zuständigkeit eines deutschen Gerichts werden jedoch ausschließlich durch das deutsche Recht bestimmt.

Wegen der Schwierigkeiten, die ein Prozeß im Ausland mit sich bringt, zieht die deutsche Seite in der Regel einen Gerichtsstand in der Bundesrepublik einem ausländischen Gerichtsstand vor. Die Vereinbarung eines deutschen Gerichtsstandes ist jedoch nur dann sinnvoll, wenn deutsche Urteile im Ausland vollstreckt werden können oder der ausländische Geschäftspartner Vermögenswerte in der Bundesrepublik besitzt, in die gegebenenfalls vollstreckt werden kann.

Die Vollstreckung deutscher Zivilurteile im Ausland wird durch eine Reihe von bilateralen und multilateralen Abkommen über die Anerkennung und Vollstreckung gerichtlicher Entscheidungen erleichtert, die die Bundesrepublik mit ausländischen Staaten abgeschlossen hat bzw. denen sie beigetreten ist. Der Zweck dieser Abkommen besteht darin, die vom Richter des Anerkennungslandes zu prüfenden Voraussetzungen zu verringern und auf diese Weise das Anerkennungsverfahren für ausländische gerichtliche Entscheidungen zu vereinfachen. So beschränkt das *„Europäische Übereinkommen über die gerichtliche Zuständigkeit und die Vollsteckung gerichtlicher Entscheidungen in Zivil- und Handelssachen" (EuGVÜ)* vom 27. September 1968 die richterliche Überprüfung auf die Möglichkeit einer Verletzung der sog. *„ordre public"*.

Eigentumsvorbehalt

Es ist für einen deutschen Exporteur wichtig zu wissen, daß der deutsche Eigentumsvorbehalt im Ausland seine Wirkung verliert. Eigentumsvorbehalt und *Sicherungsübereignung* werden durch das UN-Kaufrecht nicht geregelt und eignen sich daher kaum als Sicherungsmittel bei internationalen Warengeschäften.

2. Das anzuwendende Recht

Bei Verträgen mit ausländischen Partnern ist die Frage nach der *Rechtsordnung*, der der Vertrag unterliegen soll, von zentraler Bedeutung.

Soweit das UN-Kaufrecht nicht automatisch in Anwendung kommt bzw. die betreffenden Rechtsfragen außerhalb seines Anwendungsbereichs liegen, sind für die Wahl des Rechts, das für einen mit einem ausländischen Partner geschlossenen Vertrag gelten soll, die Regeln des internationalen Privatrechts (IPR) maßgebend. Die in Deutschland geltenden Normen des IPR sind im *„Einführungsgesetz zum Bürgerlichen Gesetzbuch" (EGBGB)* verankert.

Nach *Art. 27 EGBGB* können die Parteien das auf ihren Vertrag anzuwendende Recht frei bestimmen. Wenn sich die Parteien nicht darauf einigen können, ob das Recht des Verkäufer- oder Käuferlandes für den Vertrag gelten soll, haben sie die Möglichkeit, ihrem Vertrag das Recht eines dritten Landes zugrundezulegen, und zwar auch dann, wenn der vereinbarte Gerichtsstand nicht in diesem Lande liegt. Weitere Möglichkeiten sind, den Vertrag durch freie Vereinbarung dem UN-Kaufrecht auch in Fällen zu unterstellen, in denen es sonst nicht zur Anwendung käme, und/oder die Anwendung der Incoterms (s. VI/2) zu vereinbaren. Bei den Incoterms ist jedoch zu berücksichtigen, daß sie nur bestimmte Teile des Vertrages regeln (Kosten- und Risikotragung, Durchführung des Transports, Versicherung, Abwicklung der Ausfuhr- und Einfuhrformalitäten).

Eine *Rechtswahlklausel* in den AGB ist nur dann wirksam, wenn diese Vertragsbestandteil geworden ist.

Die Rechtswahl erfolgt nicht immer ausdrücklich; sie kann sich auch aus den Umständen ergeben. Eine stillschweigende Rechtswahl kann z. B in der Vereinbarung eines bestimmten Erfüllungsorts oder Gerichtsstands liegen. Vertragssprache, Ort des Vertragsabschlusses oder Vertragswährung gelten jedoch meist nicht als ausreichende Hinweise auf eine stillschweigende Rechtswahl.

Soweit eine Rechtswahl weder ausdrücklich noch stillschweigend getroffen wurde, kommt nach den deutschen Normen des IPR der *Art. 28 EGBGB* zur Anwendung, nach dem der Vertrag dem Recht des Staates unterliegt, mit dem er die engsten Verbindungen aufweist. Dies führt in der Regel dazu, daß der Vertrag der Rechtsordnung des Verkäuferlandes unterstellt wird. Aus deutscher Sicht bedeutet dies, daß bei Ausfuhrgeschäften überwiegend deutsches Recht, bei Einfuhrgeschäften überwiegend ausländisches Recht zur Anwendung kommt.

Das EGBGB regelt jedoch nicht alle in Kaufverträgen auftretenden Rechtsfragen. Außerdem handelt es sich dabei um deutsche Rechtsbestimmungen, die für Ausländer grundsätzlich nicht bindend sind. Zwar sind für die EU einheitliche Regelungen in dieser Hinsicht vorgesehen, aber außerhalb der EU können nationale Vorschriften, nach denen sich das auf den Kauf anzuwendende Recht ergibt, erheblich von den Bestimmungen des EGBGB abweichen.

Generell ist jedoch festzuhalten, daß in allen Fällen, in denen das IPR nach EGBGB oder im Ausland geltenden Normen in ein Land weist, das das UN-Kaufrecht übernommen hat, dieses Kaufrecht, das in den Vertragsstaaten zu einem Bestandteil des nationalen Rechts geworden ist, in Anwendung kommt. (Hier sind jedoch die von einzelnen Vertragsstaaten gemachten Vorbehalte zu berücksichtigen.)

3. UN-Kaufrecht

Das Übereinkommen der Vereinten Nationen vom 11. April 1980 über Verträge über den internationalen Warenkauf *(United Nations Convention on Contracts on the International Sale of Goods)*, das von der UN-Kommission für internationales Handelsrecht *(United Nations Commission on International Trade Law*, abgekürzt *UNCITRAL)* vorbereitet worden war, wurde im April 1980 auf einer Konferenz in Wien beschlossen. Es wird als *„UN-Kaufrecht“* oder *„UNCITRAL-Kaufrecht“* bezeichnet.

Das Übereinkommen wurde von der Bundesrepublik am 26. Mai 1981 in New York unterzeichnet. Nachdem der Deutsche Bundestag am 5. Juli 1989 ein entsprechendes Gesetz erlassen hatte, trat das UN-Kaufrecht am 1. Januar 1991 für die Bundesrepublik in Kraft. Es wurde somit in deutsches Recht umgesetzt und trat in seinem Geltungsbereich an die Stelle der Bestimmungen des BGB/HGB.

Das UN-Kaufrecht ist bereits von zahlreichen Staaten übernommen worden, wobei jedoch viele Länder Vorbehalte gemacht haben. Länder, die dem Haager Kaufrecht[1] beigetreten waren (dazu gehört auch die Bundesrepublik), mußten dieses bei Übernahme des UN-Kaufrechts kündigen.

Das Übereinkommen gliedert sich in vier Teile: Teil I Anwendungsbereich und allgemeine Bestimmungen, Teil II Abschluß des Vertrages, Teil III Warenkauf und Teil IV Schlußbestimmungen. Gemäß Art. 1, Abs. (1) findet das UN-Übereinkommen Anwendung auf Kaufverträge über Waren zwischen Parteien, die ihre Niederlassungen in verschiedenen Staaten haben,

a) wenn diese Staaten Vertragsstaaten sind oder
b) wenn die Regeln des internationalen Privatrechts zur Anwendung des Rechts eines Vertragsstaates führen.

Das UN-Kaufrecht stellt somit auf den Ort der Niederlassung der Vertragsparteien ab; ihre Staatsangehörigkeit ist ohne Bedeutung. Es wird auch nicht berücksichtigt, ob die Parteien Kaufleute oder Nichtkaufleute sind.

Nach Art. 2 des Zustimmungsgesetzes hat die Bundesrepublik die Anwendung von Art. 1, Abs. (1) b) ausgeschlossen, wenn das internationale Privatrecht in das Recht eines Vertragsstaates führt, der einen Vorbehalt nach Art. 95 gemacht, d. h. erklärt hat, daß Art. 1, Abs. (1) b) für ihn nicht verbindlich sei. Andere von Vertragsstaaten gemachte Vorbehalte betreffen die Teile II oder III. Soweit derartige Vorbehalte gemacht wurden, gelten die betreffenden Länder im Hinblick auf die Bestandteile des Übereinkommens, auf die sich die Vorbehalte beziehen, nicht als Vertragsstaaten. Vertragsstaaten können außerdem den räumlichen Geltungsbereich beschränken, indem sie die Anwendung auf bestimmte Gebietsteile oder Länder ausschließen.

Das UN-Kaufrecht regelt internationale Kaufverträge über Waren. Es findet jedoch keine Anwendung auf den Kauf von Waren, die erkennbar für den persönlichen Verbrauch bestimmt sind, auf Versteigerungen und Zwangsvollstreckungen, auf den Kauf von Wertpapieren und Zahlungsmitteln, sowie den Kauf von Schiffen, Luftfahrzeugen und elektrischer Energie. Es gilt jedoch für Werklieferungsverträge, soweit nicht ein wesentlicher Teil der für die Herstellung erforderlichen Stoffe vom Besteller bereitzustellen ist. Kaufverträge, bei denen die Erbringung von Dienstleistungen im Vordergrund steht, fallen nicht unter das Übereinkommen. Dies gilt auch für reine Tauschhandelsgeschäfte (jedoch nicht für Gegengeschäfte).

---

1 Das Haager Kaufrecht, das nur von wenigen Ländern ratifiziert wurde, basierte auf zwei 1964 geschlossenen Übereinkommen, dem „Haager Übereinkommen zur Einführung eines Einheitlichen Gesetzes über den internationalen Kauf beweglicher Sachen" und dem „Haager Übereinkommen zur Einführung eines Einheitlichen Gesetzes über den Abschluß von internationalen Kaufverträgen über bewegliche Sachen". Zur Umsetzung dieser Übereinkommen in deutsches Recht hat der Bundestag 1973 zwei Gesetze erlassen, die nun wieder aufgehoben worden sind (auch im Verhältnis zu Staaten, die das UN-Kaufrecht bisher nicht übernommen haben).

Sofern die Anwendungsvoraussetzungen gegeben sind, kommt das UN-Kaufrecht automatisch zur Anwendung. Es ist den Parteien jedoch freigestellt, das UN-Kaufrecht abzubedingen und stattdessen eine andere Rechtsordnung zu vereinbaren. Sie haben außerdem die Möglichkeit, die Geltung einzelner Artikel auszuschließen oder davon abweichende Vereinbarungen zu treffen. So können die Parteien z. B. auf die Incoterms verweisen, wobei dann die Bestimmungen der Incoterms die entsprechenden Regelungen des UN-Kaufrechts ersetzen. Andererseits ist es auch möglich, auf dem Weg der Rechtswahl das UN-Kaufrecht über seinen Anwendungsbereich hinaus als maßgebliches Recht zu bestimmen.

Soll das UN-Kaufrecht abbedungen werden, ist eine entsprechende Vereinbarung der Parteien erforderlich. Es muß dabei unmißverständlich klargestellt werden, daß das UN-Kaufrecht nicht zur Anwendung kommen soll, z. B. durch die Klausel: „Dieser Vertrag unterliegt den Vorschriften des deutschen BGB/HGB in der am 31.12.1990 geltenden Fassung. Die Bestimmungen des UN-Übereinkommens vom 11. April 1980 über den internationalen Warenkauf finden keine Anwendung." Lautet die Klausel jedoch „Dieser Vertrag unterliegt deutschem Recht", führt sie wieder auf das UN-Kaufrecht zurück, da dieses das gültige deutsche Recht für internationale Warenkaufgeschäfte darstellt.

Das UN-Kaufrecht regelt den Abschluß des Kaufvertrages, die aus ihm erwachsenden Rechte und Pflichten der Vertragsparteien und Rechtsbehelfe bei Vertragsverletzung, es regelt jedoch nicht allgemeine Rechtsfragen, wie z. B. die Gültigkeit des Vertrages, Eigentumsübergang und Vertragsstrafen. Für die Klärung dieser Fragen ist das internationale Privatrecht bzw. das danach anzuwendende Recht maßgebend.

Die Regelungen des UN-Kaufrechts sind vom angelsächsischen Recht beeinflußt und weisen daher z. T. erhebliche Unterschiede zum deutschen BGB/HGB auf. So können z. B. Angebote, soweit darin nicht ausdrücklich zum Ausdruck gebracht wird, daß sie unwiderruflich sind, bis zur Annahme durch den Käufer widerrufen werden. Unwesentliche Änderungen bei der Annahme führen zum Vertragsabschluß, soweit der Anbietende die fehlende Übereinstimmung nicht beanstandet. Die rechtlichen Möglichkeiten, die bei nicht ordnungsgemäßer Vertragserfüllung durch eine Partei der anderen Partei zustehen, werden *„Rechtsbehelfe" (remedies)* genannt. Außerdem steht letzterer das Recht auf Schadenersatz *(damages)* zu, das stets zusätzlich zu den Rechtsbehelfen gewährt wird, es sei denn, daß der Leistungsschuldner die Nichterfüllung seiner Pflichten nicht zu vertreten hat. Anders als im deutschen Recht berechtigt nur eine „wesentliche Vertragsverletzung" *(fundamental breach)* zur Aufhebung des Vertrages.

C. Beilegung von Streitigkeiten

1. Möglichkeiten der Beilegung

Wie bei allen Verträgen kommt es natürlich auch bei internationalen Verträgen gelegentlich vor, daß einer der beiden Vertragspartner der Meinung ist, der andere habe seine vertraglichen Pflichten nicht ordentlich erfüllt (z. B. durch Lieferung von Waren, die nicht der im Vertrag vereinbarten Qualität entsprechen), dies aber von der betreffenden Partei bestritten wird. Auch eine unterschiedliche Vertragsauslegung kann zu Meinungsverschiedenheiten zwischen den Parteien führen. In diesen Fällen haben die Parteien grundsätzlich drei Möglichkeiten, ihre Streitigkeiten beizulegen:

- Vergleich
- Schiedsverfahren
- Klage vor einem ordentlichen Gericht

Ein *Vergleich* ist die gütliche Regelung durch die Parteien selbst, die eventuell durch *Schlichtung* (Vermittlung eines Geschäftsfreundes, einer Handelskammer oder einer anderen Stelle) herbeigeführt wird. *Internationale Schlichtungsverfahren* sind das Vergleichsverfahren der Internationalen Handelskammer und das Schlichtungsverfahren nach den Bestimmungen der UNCITRAL-Schlichtungsordnung.

Bei einem *Schiedsverfahren* unterwerfen sich beide Parteien durch freie Vereinbarung dem Spruch eines oder mehrerer *Schiedsrichter.* Es empfiehlt sich, eine solche Vereinbarung bereits bei Vertragsschluß durch Aufnahme einer Schiedsklausel (Arbitrageklausel) in den Vertrag zu treffen. Es gibt *ständige Schiedsgerichte,* zu denen auch das Schiedsgericht der Internationalen Handelskammer gehört, und *Gelegenheitsschiedsgerichte,* die nur bei Bedarf zusammentreten.

Die Entscheidung im Schiedsverfahren wird *Schiedsspruch* genannt. In der Regel wird der Schiedsspruch von der unterlegenen Partei erfüllt, sobald er ihr zugestellt worden ist. Sollte sich die unterlegene Partei der Erfüllung des Schiedsspruchs entziehen wollen, so hat die obsiegende Partei zwei Möglichkeiten. Sie kann versuchen, durch Einschaltung geeigneter Stellen auf die unterlegene Partei einen moralischen Druck auszuüben, oder sie kann die Vollstreckung des Schiedsspruchs durch ein ordentliches Gericht beantragen. Die Vollstreckbarkeit ausländischer Schiedssprüche wird durch internationale Übereinkommen geregelt (*UN-Übereinkommen über die Anerkennung und Vollstreckung ausländischer Schiedssprüche* vom 10.6.1958, *Europäisches Übereinkommen über die internationale Handelsschiedsgerichtsbarkeit* vom 21.4.1961).

Die *Klage* ist beim zuständigen Gericht des allgemeinen oder vertraglich vereinbarten Gerichtsstands zu erheben. Vor Einreichung der Klage ist zu prüfen, ob der Streitwert entsprechend hoch ist, der Beklagte über entsprechende Vermögenswerte verfügt und ausreichende Erfolgsaussichten bestehen. Falls im Ausland geklagt werden soll, kann sich der Kläger durch die Industrie- und Handelskammer ausländische Rechtsanwälte nennen lassen, die Erfahrung bei der Vertretung deutscher Firmen besitzen. Der ausländische Anwalt und das ausländische Gericht verlangen meist einen Kostenvorschuß. Vor Erteilung einer Prozeßvollmacht an einen ausländischen Anwalt empfiehlt es sich, auch die vermutlichen Prozeßkosten und die Honorarfrage (evtl. Erfolgshonorar) zu klären.

Ein Vergleichs- oder Schiedsverfahren wird in der Praxis meist dem Verfahren vor einem ordentlichen Gericht vorgezogen, da es in kürzerer Zeit und mit geringeren Kosten abgewickelt werden kann als ein Prozeß und außerdem den Vorteil hat, daß anschließend eine Fortsetzung der Geschäftsbeziehungen möglich ist.

2. Schiedsgerichtshof der Internationalen Handelskammer

Das *Schiedsgerichtshof der Internationalen Handelskammer* spielt eine bedeutende Rolle bei der Beilegung von Streitigkeiten aus Verträgen zwischen Partnern verschiedener Nationalität. Die Internationale Handelskammer empfiehlt allen, die die Dienste des Schiedsgerichts in Anspruch nehmen wollen, folgende Schiedsklausel in ihre Verträge aufzunehmen: „Alle aus dem gegenwärtigen Vertrag sich ergebenden Streitigkeiten werden nach der Vergleichs- und Schiedsordnung der Internationalen Handelskammer von einem oder mehreren gemäß dieser Ordnung ernannten Schiedsrichtern endgültig entschieden.“ Das Vergleichs- und das Schiedsverfahren können unabhängig voneinander angewandt werden.

Die Partei, die eine Schlichtung nach der Vergleichsordnung wünscht, beantragt das Verfahren beim Sekretariat des Gerichtshofes. Dieses benachrichtigt die Gegenseite, und bittet diese innerhalb 14 Tagen mitzuteilen, ob sie zur Teilnahme am Schiedsverfahren bereit ist. Falls die Gegenseite diese Frist nicht einhält oder negativ antwortet, gilt der Schlichtungsantrag als abgelehnt. Stimmt die Gegenseite zu, ernennt der Generalsekretär des Schiedsgerichtshofs einen Schlichter, der das Schlichtungsverfahren durchführt. Dieses Verfahren endet, wenn die Parteien eine Vereinbarung schließen, eine Vereinbarung nicht zustande kommt, oder eine Partei bzw. beide Parteien entscheiden, das Schiedsverfahren nicht fortzuführen.

Das Schiedsverfahren wird ebenfalls beim Sekretariat des Gerichtshofs beantragt. Die Partei, die das Verfahren wünscht, reicht ihre Klage ein. Das Sekretariat sendet der Gegenpartei eine Abschrift der Klage; diese muß dann innerhalb 30 Tagen ihre Klageantwort einreichen, die dann dem Kläger zur Kenntnisnahme zugesandt wird. Falls der Beklagte Widerklage erheben will, muß er diese zusammen mit der Klageantwort einreichen. Durch die Vereinbarung des Schiedsverfahrens der ICC unterwerfen sich die Parteien der Schiedsgerichtsordnung. Besteht keine derartige Vereinbarung, findet das Schiedsverfahren nicht statt, wenn der Beklagte seine Klageantwort nicht innerhalb 30 Tagen einreicht oder das Verfahren ablehnt. Das Schiedsverfahren kann von einem Einzelschiedsrichter durchgeführt werden, der von den Parteien gemeinsam bestimmt oder vom Schiedsgerichtshof ernannt wird. Es besteht auch die Möglichkeit, daß jede Partei einen Schiedsrichter bestellt, wobei dann der dritte Schiedsrichter (als Vorsitzender des Schiedsgerichts) vom ICC-Gerichtshof ernannt wird. Der Schiedsrichter muß den Schiedsspruch in der Regel innerhalb 6 Wochen erlassen. Bei drei Schiedsrichtern wird der Schiedsspruch mit Stimmenmehrheit gefällt. Der Schiedsspruch ist endgültig. Das ICC-Schiedsgericht achtet darauf, daß die Vollstreckbarkeit des Schiedsspruchs gesichert ist.

3. Weltbank-Schiedsgerichtskonvention

Zur Gewährleistung eines ausreichenden Rechtsschutzes für deutsche Anleger, die Direktinvestitionen im Ausland, speziell in den Entwicklungsländern, getätigt haben, hat die Bundesrepublik Deutschland mit einer Reihe von Staaten *Investitionsförderungsverträge* (s. XIX/3) abgeschlossen.

Soweit derartige Investitionsförderungsverträge nicht bestehen, kann es für Investoren zweckmäßig sein, Schlichtungs- oder Schiedsverfahren nach der aufgrund einer Initiative der Weltbank geschlossenen *„Konvention zur Regelung von Investitionsstreitigkeiten zwischen Staaten und Staatsangehörigen anderer Staaten"* (Weltbank-Schiedsgerichtskonvention) zu vereinbaren, die 1966 in Kraft trat. Die Konvention schafft einen institutionellen Rahmen zur Schlichtung von Investitionsstreitigkeiten zwischen Vertragsstaaten und Angehörigen anderer Vertragsstaaten auf dem Vergleichs- oder Schiedswege. Das *„Internationale Zentrum zur Beilegung von Investitionsstreitigkeiten"* hat seinen Sitz bei der Weltbank und besteht aus einem Verwaltungsrat und einem Sekretariat. Vorsitzender des Verwaltungsrats ist der Weltbankpräsident. Das Zentrum hat verschiedene Musterklauseln vorgelegt, durch die in Verträgen zwischen Investoren und den Anlageländern Schlichtungs- und Schiedsverfahren nach der Weltbank-Schiedsgerichtskonvention vereinbart werden können.

D. Kompensationsgeschäfte

1. Arten von Kompensationsgeschäften

Es gibt grundsätzlich zwei Arten von *Kompensationsgeschäften (countertrade)* im Außenhandel: *direkte Tauschgeschäfte (barter)* und *Koppelungs-* oder *Verbundgeschäfte (linked purchases),* bei denen der Verkauf von Waren oder Dienstleistungen mit einem Kauf gekoppelt wird. Die klassische Form des *Koppelungsgeschäfts* ist das *Gegen-* oder *Parallelgeschäft (counterpurchase deal).* Bei diesem Geschäft verpflichtet sich der Exporteur, Waren vom Importeur in Höhe des Auftragswertes (oder eines Teils desselben) zu kaufen. Es werden zwei Verträge geschlossen, die separat voneinander zu erfüllen sind. Erfüllt der Exporteur die Gegenverpflichtung nicht in der vertraglich festgelegten Zeit oder Höhe, muß er die im Vertrag vereinbarte Strafe *(Pönale)* an den Importeur zahlen. Wenn eine *„Transfer-Klausel"* vereinbart wurde, hat der Exporteur die Möglichkeit, seine Kompensationsverpflichtung an einen Dritten, z. B. ein Handelshaus, zu übertragen, der die Gegenlieferung abnimmt und weiterverkauft. Dafür erhält der Dritte vom Exporteur einen sog. *„Stützungsbeitrag",* dessen Höhe sich nach der Absetzbarkeit der Kompensationsware richtet.

Eine Variante dieses Geschäfts ist der *Vorwegkauf (advanced compensation counterpurchase),* bei dem der Exporteur zunächst die vom Importeur zu liefernde Ware kauft oder deren Verkauf arrangiert. Der Gegenwert wird auf ein Treuhandkonto *(Escrow-Konto)* einbezahlt. Dann liefert der Exporteur an den Importeur und erhält – gegen Vorlage der vereinbarten Dokumente – die Zahlung aus dem Escrow-Konto. Das Escrow-Konto kann auch zur Remboursierung eines zugunsten des Exporteurs eröffneten Akkreditivs verwendet werden.

Gegengeschäfte im Rahmen von Großprojekten werden als *Offsetgeschäfte (offset agreements)* bezeichnet. Der Lieferant (z. B. einer Fabrikanlage) verpflichtet sich, mit dem Abnehmer entsprechende Gegenschäfte zu tätigen oder für diesen Lieferungen zu vermitteln. Ein Offset-Vertrag kann sowohl einen bestimmten local-content-Anteil (Lieferung von Teilen der Anlage durch den Abnehmer selbst oder andere Firmen im Käuferland) als auch Gegenkäufe vorsehen, die mit der Anlage nichts zu tun haben.

Rückkaufsgeschäfte (buy-back arrangements) sind mittel- oder langfristige Gegengeschäfte, bei denen der Exporteur Anlagen liefert und/oder technisches Know-how zur Verfügung stellt und Bezahlung in Form von Produkten erhält, die mit diesen Anlagen oder dieser Technologie hergestellt werden.

Ein Warenaustausch kann ferner aufgrund von Rahmenvereinbarungen durchgeführt werden. Solche Rahmenvereinbarungen werden entweder als *„Clearingabkommen"* zwischen Staaten bzw. staatlichen Stellen oder zwischen privaten Unternehmen *(„Privatclearing")* geschlossen; sie legen Art und Umfang der wechselseitigen Lieferungen für einen gewissen Zeitraum fest. Die einzelnen Lieferungen werden erfaßt und gegeneinander aufgerechnet.

2. Bedeutung der Kompensationsgeschäfte im internationalen Warenhandel

Die reinen Tauschhandelsgeschäfte sind weitgehend durch Koppelungsgeschäfte abgelöst worden. Durch den Zusammenbruch des RGW[1] haben Clearingabkommen zwischen Staaten ihre Bedeutung verloren. Nach wie vor spielen jedoch Kompensationsgeschäfte eine wichtige Rolle im Welthandel, besonders im Handel mit den früheren Ostblockländern und Entwicklungsländern, die auf diese Weise versuchen, Devisenschwierigkeiten und eine Ausweitung ihrer Leistungsbilanzdefizite zu vermeiden. Ein weiterer Grund, auf Koppelungsgeschäfte auszuweichen, ist eventuell auch das Bestreben, benötigte Importgüter im Tausch gegen einheimische Produkte zu beschaffen, die auf dem internationalen Markt nur schwer absetzbar sind. Wenn Industriestaaten untereinander Koppelungsgeschäfte abwickeln, so stehen meist Absatz- und Beschäftigungsüberlegungen im Vordergrund (Offset-Verträge). Ohne Offset ist es derzeit kaum möglich, Aufträge für Großprojekte (Flughäfen, Bohrinseln, Kraftwerke) in den westlichen Industriestaaten zu bekommen.

1 *Rat für gegenseitige Wirtschaftshilfe (COMECON),* die Wirtschaftsorganisation des ehemaligen Ostblocks

VI. Lieferungsbedingungen

1. Bedeutung der Lieferungsbedingungen

Die *Lieferungsbedingungen* – auch als *Lieferbedingungen* bezeichnet – regeln die Pflichten von Verkäufer und Käufer im Zusammenhang mit der Lieferung, vor allem die Verteilung der Kosten und den Gefahrenübergang. Darüber hinaus bilden sie die Basis für die Preiskalkulation. Bei der Kalkulation berücksichtigt der Verkäufer alle Kosten, die er aufgrund der vereinbarten Lieferungsbedingungen übernehmen muß.

2. Incoterms

Die im Außenhandel üblichen Lieferungsbedingungen, z. B. *CIF* und *FOB,* werden je nach Handelsbrauch unterschiedlich ausgelegt, wodurch zwischen Exporteur und Importeur leicht Mißverständnisse und Streitigkeiten entstehen können. Um den Außenhandelskaufleuten die Möglichkeit zu geben, diese Schwierigkeiten zu vermeiden, veröffentlichte die Internationale Handelskammer im Jahre 1936 Regeln für die einheitliche Auslegung der im internationalen Handel am häufigsten verwendeten Lieferklauseln: die *„International Commercial Terms",* kurz *„Incoterms"* genannt. Die Incoterms werden von Zeit zu Zeit revidiert, um sie der jeweiligen internationalen Handelspraxis anzupassen. Die derzeit gültige Fassung trat am 1. Juli 1990 in Kraft *(„Incoterms 1990").*

Die Incoterms haben rein privaten Charakter und gelten nur, wenn ihre Anwendung von Verkäufer und Käufer vereinbart wurde. Es steht den Parteien frei, diese Regeln ihren Verträgen zugrundezulegen; sie können auch Änderungen und Zusätze vereinbaren.

Incoterms 1990

Der Grund für die letzte Neufassung der Incoterms war der zunehmende Einsatz des elektronischen Datenaustausches und die veränderten Transporttechniken, insbesondere der multimodale Transport (s. IX/10). Die Incoterms 1990 bestehen aus 13 Klauseln, die in vier Gruppen eingeteilt werden. Die erste Gruppe (Gruppe E) besteht nur aus der Klausel *EXW,* bei der der Verkäufer dem Käufer die Ware auf seinem Gelände zur Verfügung stellen muß. Die zweite Gruppe (Gruppe F) umfaßt die Klauseln, bei denen der Verkäufer die Verpflichtung hat, die Ware einem vom Käufer benannten Frachtführer zu übergeben *(FCA, FAS, FOB).* Bei den Klauseln der dritten Gruppe (Gruppe C) muß der Verkäufer den Beförderungsvertrag schließen, übernimmt aber weder das Risiko noch die Kosten, die entstehen, nachdem die Ware dem Käufer am vereinbarten Lieferort zur Verfügung gestellt wurde *(CFR, CIF, CPT, CIP).* Die vierte Gruppe (Gruppe D) setzt sich aus den Klauseln zusammen, bei denen der Verkäufer Kosten und Risiko trägt, bis die Ware im Bestimmungsland eintrifft *(DAF, DES, DEQ, DDU, DDP).*

Die Klauseln der Incoterms 1990 werden nachstehend kurz definiert. Auf die Kurzdefinitionen folgt der volle Wortlaut der CIF-Klausel (offizielle Übersetzung des englischen Originaltextes der Publikation 460 der Internationalen Handelskammer), der mit freundlicher Genehmigung der Internationalen Handelskammer als Muster für die bei den Incoterms verwendete Darstellungsweise der Verkäufer- und Käuferpflichten hier abgedruckt wird.

a) Kurzdefinitionen

EXW Ex Works (... named place)
Ab Werk (... benannter Ort)

Der Verkäufer hat dem Käufer die Ware zum vereinbarten Zeitpunkt oder innerhalb der vereinbarten Frist auf seinem Gelände (Werk, Lager usw.) zur Verfügung zu stellen. Er trägt die Gefahren des Verlusts oder der Beschädigung der Ware sowie alle Kosten, bis die Ware dem Käufer in der genannten Weise zur Verfügung gestellt worden ist. Der Käufer hat die Ware abzunehmen, sobald sie ihm auf dem Gelände des Verkäufers zur Verfügung gestellt worden ist. Er trägt von diesem Zeitpunkt an die Gefahren des Verlusts oder der Beschädigung der Ware sowie alle anfallenden Kosten. Die Klausel sollte nur dann verwendet werden, wenn es dem Käufer möglich ist, die Exportformalitäten zu erledigen.

FCA Free Carrier (named place)
Frei Frachtführer (benannter Ort)

Der Verkäufer hat die Ware zum vereinbarten Zeitpunkt oder innerhalb der vereinbarten Frist dem vom Käufer benannten Frachtführer am benannten Ort oder an der benannten Stelle zu übergeben. Er trägt die Gefahren des Verlusts oder der Beschädigung der Ware und alle Kosten, bis die Ware dem Frachtführer übergeben worden ist. Der Käufer trägt die Gefahren des Verlusts oder der Beschädigung der Ware sowie alle anfallenden Kosten von dem Zeitpunkt an, in dem die Ware dem Frachtführer übergeben worden ist. Die Klausel kann für jede Beförderungsart, einschließlich des multimodalen Transports, verwendet werden. Als Frachführer gilt, wer sich durch Abschluß eines Beförderungsvertrags verpflichtet, die Beförderung der Ware per Schiene, Straße, See, Luft, Binnengewässer oder in einer Kombination dieser Transportarten durchzuführen bzw. durchführen zu lassen.

FAS Free Alongside Ship (named port of shipment)
Frei Längsseite Schiff (benannter Verschiffungshafen)

Der Verkäufer hat die Ware zum vereinbarten Zeitpunkt oder innerhalb der vereinbarten Frist Längsseite Schiff im benannten Verschiffungshafen zu liefern. Er trägt die Gefahren des Verlusts oder der Beschädigung der Ware sowie alle Kosten bis die Ware Längsseite Schiff geliefert worden ist. Der Käufer trägt die Gefahren des Verlustes oder der Beschädigung der Ware sowie alle anfallenden Kosten von dem Zeitpunkt an, in dem sie Längsseite Schiff geliefert worden ist. Diese Klausel, die nur für den See- oder Binnenschiffstransport in Frage kommt, sollte nur dann verwendet werden, wenn der Käufer die Exportformalitäten erledigen kann.

FOB Free on Board (named port of shipment)
Frei an Bord (benannter Verschiffungshafen)

Der Verkäufer hat die Ware zum vereinbarten Zeitpunkt oder innerhalb der vereinbarten Frist an Bord des Schiffes im benannten Verschiffungshafen zu liefern. Er trägt die Gefahren des Verlusts oder der Beschädigung der Ware sowie alle Kosten, bis die Ware die Schiffsreling überschritten hat. Der Käufer trägt die Gefahren des Verlusts oder der Beschädigung der Ware sowie alle anfallenden Kosten von dem Zeitpunkt an, in dem die Ware die Schiffsreling im benannten Verschiffungshafen überschritten hat. Diese Klausel eignet sich nur für den See- oder Binnenschiffstransport. Wenn die Schiffsreling keine praktische Bedeutung hat, wie bei Ro-Ro- und Containertransporten, empfiehlt sich die Anwendung der FCA-Klausel.

CFR Cost and Freight (named port of destination)
Kosten und Fracht (benannter Bestimmungshafen)

Der Verkäufer hat die Ware zum vereinbarten Zeitpunkt oder innerhalb der vereinbarten Frist an Bord des Schiffes im Verschiffungshafen zu liefern. Er trägt die Gefahren des Verlusts oder der Beschädigung der Ware sowie alle Kosten, bis die Ware die Schiffsreling im Verschiffungshafen überschritten hat; außerdem zahlt er die Fracht zum benannten Bestimmungshafen. Der Käufer trägt die Gefahren des Verlusts oder der Beschädigung der Waren sowie alle Kosten (außer der Fracht) von dem Zeitpunkt an, in dem die Ware die Schiffsreling im benannten Verschiffungshafen überschritten hat. Die Klausel eignet sich nur für den See- oder Binnenschiffstransport. Wenn die Schiffsreling keine praktische Bedeutung hat, wie bei Ro-Ro- und Containertransporten, empfiehlt sich die Anwendung der CPT-Klausel.

CIF Cost, Insurance and Freight (named port of destination)
Kosten, Versicherung, Fracht (benannter Bestimmungshafen)

Bei dieser Klausel hat der Verkäufer die gleichen Verpflichtungen wie bei CFR, er muß jedoch zusätzlich die Seetransportversicherung gegen die vom Käufer zu tragende Gefahr des Verlusts oder der Beschädigung der Ware während des Transports abschließen und die Versicherungsprämie zahlen. Soweit nichts anderes vereinbart wurde, ist der Verkäufer nur verpflichtet, eine Mindestversicherung abzuschließen, die den Kaufpreis zuzüglich 10% deckt und auf die Währung des Kaufvertrags lautet. Auch diese Klausel eignet sich nur für den See- oder Binnenschiffstransport. Wenn die Schiffsreling keine praktische Bedeutung hat, wie bei Ro-Ro- und Containertransporten, empfiehlt sich die Anwendung der CIP-Klausel.

CPT Carriage Paid to (named place of destination)
Frachtfrei (benannter Bestimmungsort)

Der Verkäufer hat die Ware zum vereinbarten Zeitpunkt oder innerhalb der vereinbarten Frist dem ersten Frachtführer zu übergeben. Er zahlt die Fracht bis zum Bestimmungsort, trägt aber die Gefahren des Verlusts oder der Beschädigung der Ware nur bis zur Übergabe der Ware an den Frachtführer. Der Käufer trägt die Gefahren des Verlusts oder der Beschädigung der Ware, sobald diese dem ersten Frachtführer übergeben worden ist, und übernimmt alle während des Transports anfallenden Kosten (außer der Fracht). Die Klausel kann für jede Beförderungsart, einschließlich des multimodalen Transports, verwendet werden.

CIP Carriage and Insurance Paid to (named place of destination)
Frachtfrei versichert (benannter Bestimmungsort)

Der Verkäufer hat hier die gleichen Verpflichtungen wie bei CPT, er muß jedoch zusätzlich die Transportversicherung gegen die vom Käufer zu tragende Gefahr des Verlusts oder der Beschädigung der Ware während des Transports abschließen und die Versicherungsprämie zahlen. Soweit nichts anderes vereinbart wurde, ist der Verkäufer nur verpflichtet, eine Mindestversicherung abzuschließen, die den Kaufpreis zuzüglich 10% deckt und auf die Währung des Kaufvertrags lautet. Auch diese Klausel kann für jede Beförderungsart, einschließlich des multimodalen Transports, verwendet werden.

DAF Delivered at Frontier (named place)
Geliefert Grenze (benannter Ort)

Der Verkäufer hat dem Käufer die Ware zum vereinbarten Zeitpunkt oder innerhalb der vereinbarten Frist an der benannten Stelle des benannten Grenzorts zur Verfügung zu stellen. Er trägt die Gefahren des Verlusts oder der Beschädigung der Ware sowie alle Kosten, bis die Ware dem Käufer in der genannten Weise zur Verfügung gestellt worden ist. Der Käufer hat die Gefahren des Verlusts oder der Beschädigung der Ware sowie die anfallenden Kosten von dem Zeitpunkt an zu tragen, in dem ihm die Ware an der Grenze zur Verfügung gestellt worden ist. Die Klausel ist hauptsächlich für den Eisenbahn- oder Straßentransport vorgesehen, sie kann jedoch für jede Transportart verwendet werden.

DES Delivered Ex Ship (named port of destination)
Geliefert ab Schiff (benannter Bestimmungshafen)

Der Verkäufer hat dem Käufer die Ware zum vereinbarten Zeitpunkt oder innerhalb der vereinbarten Frist an Bord des Schiffes im benannten Bestimmungshafen zur Verfügung zu stellen. Er trägt die Gefahren des Verlusts oder der Beschädigung der Ware sowie alle Kosten, bis die Ware dem Käufer in der genannten Weise zur Verfügung gestellt worden ist. Der Käufer trägt die Gefahren des Verlusts oder der Beschädigung der Ware sowie alle anfallenden Kosten, einschließlich der Kosten für die Löschung, von dem Zeitpunkt an, in dem ihm die Ware an Bord des Schiffes im benannten Bestimmungshafen zur Verfügung gestellt worden ist. Diese Klausel eignet sich nur für den See- oder Binnenschiffstransport.

DEQ Delivered Ex Quay (Duty Paid) (named port of destination)
Geliefert ab Kai (verzollt) (benannter Bestimmungshafen)

Der Verkäufer hat dem Käufer die Ware zum vereinbarten Zeitpunkt oder innerhalb der vereinbarten Frist am Kai des benannten Bestimmungshafens zur Verfügung zu stellen. Er trägt die Gefahren des Verlusts oder der Beschädigung der Ware sowie alle Kosten, bis die Ware dem Käufer in der genannten Weise zur Verfügung gestellt worden ist. Der Käufer hat die Gefahren des Verlustes oder der Beschädigung der Ware sowie alle anfallenden Kosten von dem Zeitpunkt an zu tragen, in dem ihm die Ware am Kai des benannten Bestimmungshafens zur Verfügung gestellt worden ist. Die Klausel kann nur für den See- oder Binnenschiffstransport verwendet werden.

DDU Delivered Duty Unpaid (named place of destination)
Geliefert unverzollt (benannter Bestimmungsort)

Der Verkäufer hat dem Käufer die Ware zum vereinbarten Zeitpunkt oder innerhalb der vereinbarten Frist am benannten Ort im Einfuhrland zur Verfügung zu stellen. Er trägt die Gefahren des Verlusts oder der Beschädigung der Ware sowie alle Kosten, bis die Ware dem Käufer in der genannten Weise zur Verfügung gestellt worden ist. Der Käufer trägt die Gefahren des Verlusts oder der Beschädigung der Ware sowie alle Kosten von dem Zeitpunkt an, in dem ihm die Ware am benannten Ort im Einfuhrland zur Verfügung gestellt worden ist. Diese Klausel ist für jede Transportart geeignet.

DDP Delivered Duty Paid (named place of destination)
Geliefert verzollt (benannter Bestimmungsort)

Der Verkäufer hat hier die gleichen Verpflichtungen wie bei DDU, muß aber zusätzlich auch noch die bei der Einfuhr anfallenden Zölle, Steuern und anderen Abgaben übernehmen. Auch diese Klausel eignet sich für jede Transportart.

b) Wortlaut der CIF-Klausel:

A DER VERKÄUFER HAT

A.1 Lieferung vertragsgemäßer Ware

Die Ware in Übereinstimmung mit dem Kaufvertrag zu liefern sowie die Handelsrechnung oder die entsprechende elektronische Mitteilung und alle sonstigen vertragsgemäßen Belege hierfür zu erbringen.

A.2 Lizenzen, Genehmigungen und Formalitäten

Auf eigene Gefahr und Kosten die Ausfuhrbewilligung oder andere behördliche Genehmigung zu beschaffen sowie alle Zollformalitäten zu erledigen, die für die Ausfuhr der Ware erforderlich sind.

A.3 Beförderungs- und Versicherungsvertrag

a) Beförderungsvertrag

Auf eigene Rechnung den Vertrag über die Beförderung der Ware auf dem üblichen Weg in der üblichen Weise bis zum benannten Bestimmungshafen in einem Seeschiff (bzw. gegebenenfalls einem Binnenschiff) der Bauart, die normalerweise für die Beförderung der im Vertrag genannten Ware verwendet wird, abzuschließen.

b) Versicherungsvertrag

Auf eigene Kosten die im Vertrag vereinbarte Transportversicherung zu beschaffen, die den Käufer oder eine andere Person mit einem versicherten Interesse[1] an den Gütern berechtigt, direkt beim Versicherer Ansprüche geltend zu machen, und dem Käufer die Ver-

1 Der englische Begriff *insurable interest* müßte im Deutschen als „versicherbares Interesse" wiedergegeben werden.

sicherungspolice oder einen sonstigen Nachweise über den Versicherungsschutz zu übermitteln.

Die Versicherung ist bei zuverlässigen Versicherern oder Versicherungsgesellschaften abzuschließen und muß mangels ausdrücklicher Vereinbarung von etwas Gegensätzlichem[2] mit der Mindestdeckung der Institute Cargo Clauses (Institute of London Underwriters) oder einem ähnlichen Bedingungswerk übereinstimmen. Die Dauer der Versicherung muß B.5 und B.4 entsprechen. Auf Verlangen des Käufers hat der Verkäufer auf Kosten des Käufers eine Versicherung gegen die Gefahren Krieg, Streik, Aufruhr und bügerliche Unruhen zu beschaffen, sofern dies möglich ist. Die Mindest-Versicherung muß den Kaufpreis zuzüglich 10% (d.h. 110%) decken und in der Währung des Kaufvertrags genommen werden.

A.4 Lieferung

Die Ware an Bord des Schiffs im Verschiffungshafen in dem vereinbarten Zeitpunkt oder innerhalb der vereinbarten Frist zu liefern.

A.5 Gefahrenübergang

Vorbehaltlich der Bestimmungen von B.5, alle Gefahren des Verlusts oder der Beschädigung der Ware solange zu tragen, bis sie die Schiffsreling im Verschiffungshafen überschritten hat.

A.6 Kostenteilung

Vorbehaltlich der Bestimmungen von B.6

- alle die Ware betreffenden Kosten solange zu tragen, bis sie gemäß A.4 geliefert worden ist, sowie die Fracht- und alle anderen aus A.3 entstehenden Kosten sowie die Kosten der Verladung der Ware an Bord und alle Ausladungskosten im Entladungshafen zu tragen, sofern sie von regulären Schiffahrtsgesellschaften beim Abschluß des Beförderungsvertrags erhoben werden;
- die Kosten der für die Ausfuhr notwendigen Zollformalitäten sowie alle Zölle, Steuern und andere öffentliche Abgaben zu tragen, die bei der Ausfuhr der Ware anfallen.

A.7 Benachrichtigung des Käufers

Den Käufer in angemessener Weise zu benachrichtigen, daß die Ware an Bord des Schiffs geliefert worden ist, sowie jede andere Nachricht zu geben, die der Käufer benötigt, um erforderliche Maßnahmen zur Übernahme der Ware treffen zu können.

A.8 Liefernachweis, Transportdokument oder entsprechende elektronische Mitteilung

Mangels anderer Vereinbarung auf eigene Kosten dem Käufer unverzüglich das übliche Transportdokument für den vereinbarten Bestimmungshafen zu beschaffen.

2 Eine bessere Übersetzung wäre: „soweit nicht ausdrücklich anders bestimmt“

Dieses Dokument (z. B. ein begebbares Konnossement, ein nichtbegebbarer Seefrachtbrief oder ein Dokument des Binnenschiffstransports) muß über die vertraglich vereinbarte Ware lauten, ein innerhalb der für die Verschiffung vereinbarten Frist liegendes Datum tragen, den Käufer berechtigen, die Herausgabe der Ware am Bestimmungsort von dem Frachtführer zu verlangen, und mangels anderer Vereinbarung dem Käufer ermöglichen, die Ware während des Transports an einen nachfolgenden Käufer durch Übertragung des Dokuments (begebbares Konnossement) oder durch Mitteilung an den Frachtführer zu verkaufen.

Besteht ein solches Transportdokument aus mehreren Originalausfertigungen, muß dem Käufer der vollständige Satz übergeben werden. Wenn das Transportdokument einen Hinweis auf einen Chartervertrag enthält, so muß der Verkäufer außerdem ein Exemplar dieser Urkunde übergeben.

Wenn sich Verkäufer und Käufer auf elektronische Datenkommunikation geeinigt haben, kann das in den vorstehenden Absätzen erwähnte Dokument durch eine entsprechende Mitteilung im elektronischen Datenaustausch (EDI message) ersetzt werden.

A.9 Prüfung – Verpackung – Kennzeichnung

Die Kosten der Prüfung (wie Qualitätsprüfung, Messen, Wiegen und Zählen) zu tragen, die für die Lieferung der Ware gemäß A.4 erforderlich ist.

Auf eigene Kosten für eine Verpackung zu sorgen (sofern es nicht handelsüblich ist, die in dem Vertrag beschriebene Ware unverpackt zu verschiffen), die für den von ihm besorgten Transport der Ware erforderlich ist. Die Verpackung ist in geeigneter Weise zu kennzeichnen.

A.10 Sonstige Verpflichtungen

Dem Käufer auf dessen Verlagen, Gefahr und Kosten bei der Beschaffung aller anderen als in A.8 genannten Dokumente oder entsprechender elektronischer Mitteilungen, die im Verschiffungs- und/oder Ursprungsland ausgestellt oder abgesendet werden und die der Käufer zur Einfuhr der Ware und gegebenenfalls zur Durchfuhr durch ein drittes Land benötigt, jede Hilfe zu gewähren.

B DER KÄUFER HAT

B.1 Zahlung des Kaufpreises

Den Preis vertragsgemäß zu zahlen.

B.2 Lizenzen, Genehmigungen und Formalitäten

Auf eigene Gefahr und Kosten die Einfuhrbewilligung oder andere behördliche Genehmigung zu beschaffen sowie alle erforderlichen Zollformalitäten für die Einfuhr der Ware und gegebenenfalls für ihre Durchfuhr durch ein drittes Land zu erledigen.

B.3 Beförderungsvertrag

Keine Verpflichtung.

B.4 Abnahme

Anzuerkennen, daß die Ware in Übereinstimmung mit A.4 übergeben wird, und die Ware dem Frachtführer im Bestimmungshafen abzunehmen.

B.5 Gefahrenübergang

Alle Gefahren des Verlusts oder der Beschädigung der Ware von dem Zeitpunkt an zu tragen, in dem sie die Schiffsreling im benannten Verschiffungshafen überschritten hat.

Sollte er die Benachrichtigung gemäß B.7 unterlassen, alle Gefahren des Verlusts oder der Beschädigung der Ware von dem für die Verschiffung vereinbarten Zeitpunkt oder vom Ablauf der hierfür vereinbarten Frist zu tragen, vorausgesetzt, daß die Ware in geeigneter Weise konkretisiert, d. h. als der für den Käufer bestimmte Gegenstand abgesondert oder auf andere Art kenntlich gemacht worden ist.

B.6 Kostenteilung

Vorbehaltlich der Bestimmungen von A.3, alle die Ware betreffenden Kosten von dem Zeitpunkt an zu tragen, in dem sie gemäß A.4 geliefert worden ist und, sofern diese Kosten nicht von regulären Schiffahrtsgesellschaften beim Abschluß des Beförderungsvertrags erhoben worden sind, alle während des Transports bis zur Ankunft im Bestimmungshafen anfallenden, die Ware betreffenden Kosten, einschließlich der Kosten für die Löschung und die Leichterung sowie die Kaigebühren zu tragen.

Sollte er die Benachrichtigung gemäß B.7 unterlassen, von dem für die Verschiffung vereinbarten Zeitpunkt oder vom Ablauf der hierfür vereinbarten Frist an alle dadurch entstehenden zusätzlichen Kosten zu tragen, vorausgesetzt, daß die Ware in geeigneter Weise konkretisiert, d. h. als der für den Käufer bestimmte Gegenstand abgesondert oder auf andere Art kenntlich gemacht worden ist.

Alle Zölle, Steuern und andere öffentliche Abgaben sowie die Kosten der Zollformalitäten, die bei der Einfuhr der Ware und gegebenenfalls bei der Durchfuhr durch ein drittes Land anfallen, zu tragen.

B.7 Benachrichtigung des Verkäufers

Wenn er berechtigt ist, den Zeitpunkt für die Verschiffung der Ware und/oder den Bestimmungshafen festzulegen, den Verkäufer in angemessener Weise davon zu benachrichtigen.

B.8 Liefernachweis, Transportdokument oder entsprechende elektronische Mitteilung

Das Transportdokument gemäß A.8 anzunehmen, wenn es mit dem Kaufvertrag übereinstimmt.

B.9 Prüfung der Ware

Mangels anderer Vereinbarung die Kosten von Warenkontrollen vor der Verladung (preshipment inspection) zu tragen, mit Ausnahme behördlich angeordneter Kontrollen des Ausfuhrlands.

B.10 Sonstige Verpflichtungen

Alle Kosten und Gebühren für die Beschaffung der in A.10 genannten Dokumente oder entsprechender elektronischer Mitteilungen zu tragen und diejenigen des Verkäufers zu erstatten, die diesem bei der Hilfeleistung hierfür entstanden sind.

Dem Verkäufer auf dessen Verlagen die für die Versicherung der Ware erforderlichen Auskünfte zu erteilen.

Der vollständige Text der INCOTERMS ist zu beziehen beim Vertriebsdienst der ICC, Kolumbastraße 5, 50667 Köln, Pub. Nr. 460.

3. US-Lieferklauseln

Da die Incoterms nach der Revision 1980 auch die Billigung der Handelskammer der Vereinigten Staaten und anderer mit dem internationalen Handel befaßten US-Organisationen gefunden haben, ist ihr Bekanntheitsgrad in den USA gestiegen. Trotzdem verwenden viele amerikanische Unternehmen auch im Auslandsgeschäft weiterhin die *US-Lieferklauseln.* Es sind dies die *„Revised American Foreign Trade Definitions“*, eine revidierte Fassung der 1919 aufgestellten *„American Foreign Trade Definitions“*, die 1941 von der Handelskammer der Vereinigten Staaten zusammen mit dem *National Council of American Importers* und dem *National Foreign Trade Council* herausgebracht wurde. Die US-Lieferklauseln weichen in vielen Punkten von den Incoterms ab. So gibt es z. B. 6 verschiedene FOB-Klauseln, von denen nur eine – *F.O.B. Vessel (named port of shipment)* – „frei an Bord“ eines Schiffes bedeutet. Vier sind Verladeklauseln, z. B. *F.O.B. (named inland carrier at named inland point of departure)*, und Nr. 6 – *F.O.B. (named inland point in country of importation)* – ist eine Ankunftsklausel.

VII. Verpackung und Markierung

1. Wahl der Verpackung

Bei der Auswahl einer *geeigneten Exportverpackung* sind vor allem die folgenden Gesichtspunkte von Bedeutung:

- *Art, Beschaffenheit, Gewicht und Abmessungen der Versandgüter.* Handelt es sich um feste, pulverförmige, flüssige oder gasförmige Güter? Sind die Güter zerbrechlich, korrosionsempfindlich, feuergefährlich, ätzend oder explosiv? Sind sie besonders schwer oder sperrig?
- *Transportart und Transportweg.* Mit welchen Transportmitteln wird die Beförderung durchgeführt? Erfolgt die Beförderung im kombinierten Verkehr unter Verwendung von Paletten oder Containern? Wie lange ist der Transportweg? Welche klimatischen Bedingungen herrschen während des Transports? Muß die Sendung häufig umgeschlagen werden? Sind Zwischenlagerungen notwendig?
- *Gegebenheiten im Bestimmungsland.* Wie sind die dort herrschenden klimatischen Bedingungen? Welche Umschlags- und Lagereinrichtungen stehen zur Verfügung? Wie sind die Transportverhältnisse?

Bestimmte Güter benötigen keine Verpackung, z. B. Schüttgut wie Getreide und Kohle, mit Tankern befördertes Rohöl und Automobile, die auf Spezialschiffen transportiert werden. Manchmal genügt auch eine teilweise Verpackung. So werden z. B. bei bestimmten Schwergütern nur die empfindlichen Teile durch Holzverschläge, Holzdeckel u. dgl. geschützt. Bei containerisierter Ladung, die von Haus zu Haus befördert wird, genügt meist eine leichte Verpackung.

2. Seemäßige Verpackung

Als *seemäßig* bezeichnet man eine Verpackung, die das Transportgut gegen die bei einem Seeversand normalerweise vorkommenden Beanspruchungen schützt. Ein *Seeversand* durchläuft in der Regel die folgenden Phasen:

- Lagerung des verpackten Gutes beim Hersteller bis zum Versand
- Transport zum Seehafen mit Bahn und/oder Lkw
- Lagerung im Schuppen des Seehafens
- Umschlag auf das Seeschiff
- Seereise zum Bestimmungshafen
- Löschung im Bestimmungshafen und Weitertransport bis zum endgültigen Bestimmungsort (eventuell Lagerung im Bestimmungshafen und beim Empfänger)

Bei allen diesen Phasen treten für die Exportgüter verschiedenartige Belastungen auf, z. B. durch Stapeldruck, Klimaeinflüsse, Seewassereinwirkung, rauhe Behandlung beim Umschlag usw. Dazu kommt noch die Gefahr der Beraubung, d. h. der Entwendung von

Waren durch gewaltsame Öffnung eines Verpackungsbehälters, und die ungünstigen Lösch-, Lagerungs- und Transportbedingungen in manchen überseeischen Ländern.

Seemäßige Verpackung muß so beschaffen sein, daß sie den Überseegütern ausreichenden Schutz vor Beschädigung und Beraubung gibt. Gleichzeitig sollte sie aber so leicht und raumsparend wie möglich sein, da sie sonst frachtverteuernd wirkt. Schwere Verpackung kann auch eine höhere Zollbelastung zur Folge haben. Dies ist dann der Fall, wenn im Einfuhrland der Zoll aufgrund des Bruttogewichts berechnet wird. Die Kostenfrage spielt bei der Verpackung natürlich ebenfalls eine wichtige Rolle. Hohe Verpackungskosten verteuern die Ware und beeinträchtigen ihre Wettbewerbsfähigkeit. Einsparungen bei der Verpackung dürfen jedoch nicht auf Kosten der Sicherheit der Güter gehen.

Bei der Verpackung von Exportgütern ist es für den Exporteur in jedem Falle wichtig, die ihm eventuell vom Importeur erteilten Verpackungsanweisungen sowie die behördlichen Vorschriften des Einfuhrlandes genau zu beachten. Für die Verpackung und Beförderung von gefährlichen Gütern, d. h. von explosiven, feuergefährlichen, giftigen, ätzenden und radioaktiven Stoffen, gelten besondere nationale und internationale Bestimmungen.

3. Innere und äußere Verpackung

Für die *innere Umschließung* der Güter werden Kraftpapier, Wellpappe, Kunststoff-Folien, Faltschachteln u. dgl. verwendet. Wichtig ist, darauf zu achten, daß die Güter in der äußeren Verpackung nicht hin- und herrutschen können. Freie Räume müssen daher mit Holzwolle, Papierwolle oder Formeinsätzen aus Pappe bzw. Schaumstoff ausgefüllt werden. Elektrogeräte schützt man z. B. durch Schaumstoff-Formteile, die den Abmessungen des betreffenden Geräts genau angepaßt sind. Die Verwendung von Heu und Stroh als Verpackungsmittel ist nach den Vorschriften vieler Länder verboten.

Als steife *äußere Verpackung* werden am häufigsten *Kisten, Lattenverschläge* und *Schachteln aus Vollpappe oder Wellpappe* verwendet.

Die typische *Exportkiste* ist die Vollholzkiste. Es gibt Vollholzkisten verschiedener Größen und Ausführungen. Besonders große und feste Vollholzkisten sind die sog. „Schwergutkisten" für Schwergüter, wie z. B. Werkzeugmaschinen. Neben den Vollholzkisten gibt es auch Sperrholz- und Spanplattenkisten. Zum Schutz des Versandgutes kann die Kiste z. B. mit Ölpapier oder bituminiertem Papier ausgeschlagen werden. Eine Stahlbandumreifung verleiht der Kiste zusätzliche Festigkeit. Größere Kisten müssen für Gabelstapler unterfahrbar und kranbar sein.

Latten- oder *Holzverschläge* können den Inhalt natürlich nicht in der gleichen Weise schützen wie Holzkisten. Sie kommen daher in erster Linie für verhältnismäßig unempfindliche Güter wie Badewannen, Waschbecken, Stahlrohre usw. in Frage. Aber auch empfindliche Güter wie Maschinen, Glas und Keramikwaren werden oft in Lattenverschlägen versandt; sie müssen jedoch entsprechend verpackt und gegen Stöße und Erschütterungen gesichert werden. Lattenverschläge werden meist mit einer Stahlbandumreifung versehen; auch sie müssen unterfahrbar und kranbar sein.

Neben den einfachen Pappschachteln, die z. B. für den Luftversand in Frage kommen, hat die moderne Verpackungsindustrie besonders feste *Versandbehälter aus Pappe* entwickelt, die den Beanspruchungen einer Seereise durchaus gewachsen sind. Man bezeichnet sie als Panzerkartons oder – je nach dem verwendeten Pappmaterial – als Vollpappekisten oder Wellpappekisten (Wellkisten). Die verwendeten Pappen sind naßfest imprägniert oder durch Kunststoffbeschichtung wasserabweisend gemacht und besitzen eine große Festigkeit. Zum Verschließen der Panzerkartons werden wasserfeste Klebestoffe und wasserundurchlässige, z. B. bituminierte, Klebestreifen verwendet. Stahlbänder, Kunststoffbänder und faserverstärkte Klebebänder können Schachteln und Kartons zusätzlichen Schutz geben.

Andere Außenverpackungen sind *Fässer* und *Drums, Hobbocks, Säcke* und *Ballen. Versandfässer* sind aus Holz oder Stahlblech und haben die charakteristische bauchige Form. *Drums* sind eiserne Trommeln mit geraden Seiten. Die früher häufig verwendeten Glasballons sind heute fast ausschließlich durch geeignete Kunststoffbehälter ersetzt worden. Bei den *Hobbocks* handelt es sich um rechteckige Gefäße aus Eisenblech, die u.a. für den Versand von Farben und Fetten verwendet werden. *Säcke* können aus Sackgewebe, z. B. Jute, Papier oder Kunststoff, sein. Die Papiersäcke für den Seeversand sind stets mehrfache Papiersäcke, d. h., sie bestehen aus mehreren Lagen Papier übereinander, von denen die äußeren Lagen wasserfest imprägniert sind. Verpackung in *Ballen* kommt hauptsächlich für Baumwolle, Schafwolle und Stoffe in Frage. Die Ballen werden mit Kraftpapier, Ölpapier, Folien, Sackleinwand usw. umhüllt und durch Stahlbänder gesichert. Säcke und Ballen müssen mit Handzipfeln versehen sein, damit man sie bequem anfassen kann. Auf diese Weise wird vermieden, daß die Stauer ihre Handhaken *(Schauerhaken)* benutzen und die Verpackung beschädigen.

4. Korrosionsschutz

Korrosionsempfindliche Packgüter müssen vor Korrosion geschützt werden. Die drei wichtigsten Methoden des *Korrosionsschutzes* sind die *Trockenmittelmethode,* die *Überzugsmethode* und die *VCI-Methode.*

Bei der *Trockenmittelmethode* werden die Packgüter in eine Folienhülle eingeschweißt, nachdem man vorher ein Trockenmittel beigegeben hat, durch das der Wasserdampf der Luft aufgesogen wird. (Die in einem luftdicht abgeschlossenen Raum enthaltene Luft kann auch durch ein nichtkorrosives Gas, z. B. Stickstoff, ersetzt werden.)

Die *Überzugsmethode* besteht darin, die zu schützenden Metalloberflächen mit einer Schicht von Fett, Öl oder Wachs zu überziehen, die durch Aufpinseln, Ausschwenken, Spritzen, Tauchen oder Übergießen aufgebracht wird. Eine ähnliche Methode ist das Kunststoff-Tauchverfahren. Bei diesem Verfahren werden z. B. chirurgische Instrumente oder Schneidwerkzeuge in eine flüssige Heißtauchmasse getaucht. Die Masse erstarrt an der Luft und bildet einen dünnen elastischen Film, der sich später leicht ablösen läßt.

Als *VCI-Methode* bezeichnet man die Verwendung von Papier oder Folien, die mit einer verdampfenden, korrosionshemmenden Substanz versehen sind (VCI = *volatile corrosion inhibitor*). Diese Substanz schlägt sich als Schutzschicht an den Metalloberflächen nieder. Man muß aber dafür sorgen, daß der Inhibitor nicht nach draußen entweicht, indem man z. B. das Packgut in Folie einschlägt (die jedoch nicht verschweißt zu werden braucht).

5. Paletten und Container

Paletten und *Container* werden im kombinierten Verkehr (s. IX/10) eingesetzt.

Paletten sind genormte, mit Füßen versehene Ladeplatten, die vor allem dazu verwendet werden, mehrere kleinere Kolli, z. B. Pappschachteln, zu einer größeren Einheit zusammenzufassen. Daneben werden auch schwere Einzelstücke (z. B. Motoren) auf Paletten transportiert, um die Handhabung zu erleichtern. Das Ladegut wird mit der Palette zu einer „palettierten" Einheit verbunden, die leicht durch einen Gabelstapler bewegt werden kann. Die Stapelfähigkeit beladener Flachpaletten hängt von der Ladung ab. Für Güter, die wegen ihrer Form oder Beschaffenheit nicht stapelbar sind, verwendet man im Eisenbahnverkehr Box- oder Gitterboxpaletten, die so konstruiert sind, daß sie übereinander gestapelt werden können.

Container sind genormte Mehrweg-Versandbehälter, d. h. Versandbehälter, die immer wieder verwendet werden können. Es gibt Container verschiedener Größen und Ausführungen. Die *International Standards Organization (ISO)* hat international einheitliche Containernormen geschaffen.

Der sog. „Standardcontainer" besteht aus einem steifen Stahlrahmen; das Dach und drei Seiten sind mit Stahlblech, Aluminiumblech oder Sperrholzplatten (beschichtet mit glasfaserverstärktem Kunststoff) verkleidet. An der Stirnseite befindet sich eine zweiflügelige Türe, deren Riegel plombiert werden können. Der Boden ist zusätzlich versteift; er wird entweder mit Holzbohlen oder versiegelten Sperrholzplatten abgedeckt.

Für Schüttgüter, Flüssigkeiten und Gase gibt es spezielle Schüttgutcontainer *(Bulkcontainer)* und Tankcontainer. Standard-, Schüttgut- und Tankcontainer bilden die Gruppe der geschlossenen Container; ihnen stehen die bedingt offenen Container, bei denen das Dach und/oder die Seiten durch Planen ersetzt sind, und die offenen Container *(„Flats")* gegenüber. Container mit besonderen Zusatzeinrichtungen sind die wärmeisolierten Container, die temperierten Container (in denen die Güter beheizt, gekühlt oder tiefgekühlt werden) und die belüfteten Container.

Die Containerladung muß so verstaut werden, daß sie sich nicht verschieben kann. Zwischenräume werden durch aufblasbare Gummikissen oder auf andere Weise ausgefüllt. Schwere Einzelstücke, wie z. B. Maschinen, müssen sorgfältig verkeilt und verzurrt werden. Falls erforderlich, setzt man sie auf eine Bohlenkonstruktion, um einen Gewichtsausgleich zu erreichen.

6. Kollo-Markierung

Eine sorgfältige *Markierung der Kolli* ist notwendig, damit die Sendung ihren Bestimmungsort auf dem vorgeschriebenen Weg erreicht, kein Teil der Sendung fehlgeleitet wird oder verlorengeht, und die Sendung eine sachgemäße Behandlung erfährt. Wie bei der Verpackung müssen auch bei der Beschriftung die Anweisungen des Importeurs und die Vorschriften des Einfuhrlandes genau beachtet werden.

Die Markierung wird auf mindestens zwei Seiten des Kollos angebracht. Man verwendet dafür Schablonen und eine wasserfeste Farbe. Die Größe der Markierungen sollte mindestens 5 cm, bei großen Kolli 12-14 cm betragen.

Eine vollständige Markierung besteht aus den folgenden Angaben:

- Kennmarke des Empfängers
- Auftragsnummer
- Nummer des Kollos und Gesamtzahl der Kolli, wenn die Sendung aus mehreren Packstücken besteht
- Bestimmungshafen (soll die Sendung über den Bestimmungshafen hinaus weiterbefördert werden, so ist der Bestimmungsort via Bestimmungshafen anzugeben)
- Gewichtsangabe (bei Kolli über 1000 kg vorgeschrieben)
- Abmessungen (bei größeren Kolli)
- Hinweise für sachgerechte Behandlung (Anschlagsymbole, Vorsichtsmarkierungen)

7. Verpackungs- und Markierungsvorschriften

Auskunft über die in den einzelnen Ländern geltenden Verpackungs- und Markierungsvorschriften geben neben den ausländischen Importeuren u.a. die offiziellen Vertretungen des betreffenden Landes, die Industrie- und Handelskammern, die Banken und die internationalen Speditionen. Diese Vorschriften sind auch in den *„Konsulats- und Mustervorschriften"* – kurz *„K und M"* genannt – enthalten. Die Konsulats- und Mustervorschriften sind ein von der Handelskammer Hamburg herausgegebenes Export-Nachschlagewerk, das jährlich erscheint und jeweils bis zur Neuauflage durch Nachträge auf dem laufenden gehalten wird.

VIII. Dokumente

1. Versand- und Versicherungsdokumente, Begleit- und sonstige Papiere

Die *Versand-* und *Versicherungsdokumente (Spediteur-Übernahmebescheinigung, Frachtbrief* und *Frachtbriefdoppel, Konnossement* und *Ladeschein, Versicherungspolice* und *-zertifikat)* werden in den Kapiteln IX und X besprochen. Die Begleitpapiere *(Rechnungen, Ursprungs-* und *Präferenznachweise* sowie einige andere Papiere) sind Gegenstand dieses Kapitels. Die Versand-, Versicherungs- und Begleitpapiere spielen im Außenhandel eine wichtige Rolle, da sie den Versand der Ware bescheinigen bzw. die Ware repräsentieren, einen Versicherungsanspruch belegen oder für die Einfuhrabfertigung benötigt werden.

Neben den genannten Dokumenten gibt es noch eine Reihe von Papieren, die zur Erfüllung von Förmlichkeiten bei der Lieferung von Waren in das Ausland und beim Warenbezug aus dem Ausland erforderlich sind. Zur Vereinfachung dieser Förmlichkeiten wurde das *Einheitspapier* (s. XVIII/3/c) eingeführt.

2. Rechnungen

Rechnungen im Außenhandel sind die *Handelsrechnung,* die *Proforma-Rechnung,* die *Zollfaktura* und die *Konsulatsfaktura.*

Die *Handelsrechnung (Handelsfaktura)* wird üblicherweise auf dem Rechnungsvordruck des Exporteurs ausgestellt. Dabei müssen die Vorschriften des Einfuhrlandes beachtet werden. Nach diesen Vorschriften kann verlangt sein: die Angabe bestimmter Einzelheiten, eine bestimmte Anzahl von Ausfertigungen, die Unterschrift des Exporteurs, eine bestimmte Erklärung des Exporteurs (z. B. Ursprungserklärung, Erklärung der Authentizität oder Richtigkeit der Rechnung), die Beglaubigung der Rechnung durch die Industrie- und Handelskammer und/oder die Legalisierung (konsularische Beglaubigung) durch ein Konsulat des Einfuhrlandes.

Die *Proforma-Rechnung* ist eine nur „der Form halber" ausgestellte Rechnung, die z. B. dann verwendet wird, wenn eine normale Handelsrechnung nicht in Frage kommt, wie im Falle von Konsignations- und Mustersendungen. Außerdem können Angebote in der Form einer Proforma-Rechnung abgegeben werden; der Kaufinteressent erhält auf diese Weise genaue Angaben über den Betrag, den er beim Kauf der betreffenden Ware aufwenden muß. Eventuell benötigt der Importeur eine Proforma-Rechnung zur Beantragung einer Einfuhrlizenz. Soll die Zahlung durch Akkreditiv erfolgen, so informiert die Proforma-Rechnung den Importeur über die Höhe des zu eröffnenden Akkreditivs.

Zollfakturen und *Konsulatsfakturen* sind spezielle Rechnungen für Zollzwecke, die auf besonderen Vordrucken auszustellen sind. Letztere müssen von einem Konsulat des Einfuhrlandes legalisiert werden. Durch die Einführung der Zollwertbemessung nach dem Transaktionswert verloren die Zollfakturen an Bedeutung; sie werden nur noch von wenigen Ländern verlangt. Auch die Konsulatsfakturen sind weitgehend abgeschafft worden.

3. Beglaubigung von Handelsrechnungen und sonstigen dem Außenwirtschaftsverkehr dienenden Bescheinigungen

Handelsrechnungen können grundsätzlich nur dann beglaubigt werden, wenn die Beglaubigung von ausländischen Behörden allgemein vorgeschrieben ist. Beglaubigungen können auch dann vorgenommen werden, wenn Unterlagen (z. B. Akkreditiv) vorgelegt werden, aus denen sich die Notwendigkeit der Beglaubigung ergibt.

Inhalt und Anzahl der Rechnungen richten sich grundsätzlich nach den einschlägigen ausländischen Vorschriften. Die Rechnungen müssen mindestens die folgenden Angaben enthalten:

- Absender,
- Empfänger,
- Bestimmungsland,
- Warenbezeichnung und Preis.

Sie müssen rechtsverbindlich unterschrieben sein.

Rechnungen und sonstige Bescheinigungen können nur dann von der Kammer beglaubigt werden, wenn der Antragsteller der Kammer gegenüber ausdrücklich und schriftlich auf Firmenbriefbogen die Richtigkeit seiner Angaben versichert. Der Text dieser Erklärung ist bei der Beglaubigungsstelle erhältlich. Die Gültigkeit der Erklärung ist auf zwei Jahre begrenzt.

Von jeder Handelsrechnung und dergleichen verbleibt eine original unterschriebene Durchschrift bei der Kammer. Auf ihr werden Ort und Datum der Bescheinigung oder Erklärung und das Namenszeichen des Unterzeichnenden angebracht. Außerdem wird vermerkt, welche Unterlagen für die Prüfung des Warenursprungs oder anderer Angaben vorgelegen haben.

Das Datum der Handelsrechnung soll grundsätzlich mit dem Tag der Ausstellung übereinstimmen. Vordatierungen sind grundsätzlich unzulässig. Sind ausgestellte Rechnungen verlorengegangen, so können auf Antrag weitere Ausfertigungen unter dem ursprünglichen Datum von der Industrie- und Handelskammer ausgestellt werden.

Ist das Ursprungsland auf der Handelsrechnung angegeben, gelten für die Prüfung des Ursprungs die für die Ausstellung von Ursprungszeugnissen niedergelegten Bestimmungen.

4. Ursprungs- und Präferenznachweise

a) Ursprungsregeln

Die Behörden vieler Staaten verlangen, daß die Waren, die in ihr Hoheitsgebiet eingeführt werden sollen, von Ursprungszeugnissen oder beglaubigten Handelsrechnungen begleitet sind. Diese Dokumente werden aus sehr unterschiedlichen Gründen gefordert: sie spielen eine Rolle bei der Anwendung von Vorzugszöllen und Antidumping-Maßnahmen oder dienen der Preiskontrolle, der Überwachung von mengenmäßigen Einfuhrbeschränkungen und ähnlichen Zwecken.

Die Kammer stützt sich bei der Bestätigung von Ursprungszeugnissen und bei der Beglaubigung von Exportrechnungen auf

§ 1 Absatz 3 des Gesetzes zur vorläufigen Regelung des Rechts der Industrie- und Handelskammer vom 18. Dezember 1956, wonach den Kammern die Ausstellung von Ursprungszeugnissen und anderen dem Wirtschaftsverkehr dienenden Bescheinigungen obliegt, und auf das am

6. Juni 1970 von der Vollversammlung der Kammer beschlossene Statut für die Ausstellung von Ursprungszeugnissen und anderen dem Außenwirtschaftsverkehr dienenden Bescheinigungen.

Um sicherzustellen, daß die Ursprungszeugnisse und Beglaubigungen ihren Wert im internationalen Handelsverkehr behalten und daß ihre internationale Anerkennung gewährleistet bleibt, verfahren die deutschen Kammern nach einheitlichen Grundsätzen.

b) Ausstellung von Ursprungszeugnissen

Auf Antrag kann die Kammer Ursprungszeugnisse ausstellen und Rechnungen beglaubigen. Der Antragsteller muß als Absender im Ursprungszeugnis genannt bzw. der Aussteller der Rechnung sein und eine gewerbliche Niederlassung oder Wohnsitz im Kammerbezirk haben.

Der Antragsteller ist verpflichtet, die zur Prüfung seiner Angaben erforderliche mündliche und schriftliche Auskunft zu erteilen und die Einsichtnahme in seine Geschäftsunterlagen zu gestatten.

Die Kammer muß die Bestätigung eines Ursprungszeugnisses oder die Beglaubigung einer Rechnung ablehnen, wenn sie die Unterlagen und Auskünfte nicht für ausreichend hält oder wenn die Auskunft oder Einsichtnahme verweigert wird.

Die vorgeschriebenen Vordrucke sind bei der Kammer erhältlich. Dabei handelt es sich um

- Ursprungszeugnis
- Antrag auf Ausstellung eines Ursprungszeugnisses, nachstehend kurz Antrag genannt, roter Vordruck
- Durchschrift – gelber Vordruck

Je ein Ursprungszeugnis und ein Antrag bilden einen Formularsatz. Wird das Ursprungszeugnis in mehreren Ausfertigungen benötigt, so müssen (außer diesem Satz) gelbe Durchschriften in der erforderlichen Anzahl verwendet werden.

Der Antragsteller hat die vorgeschriebenen Vordrucke vollständig auszufüllen und der Kammer einzureichen. Der Antrag ist vom Antragsteller mit Orts- und Datumsangabe zu versehen und rechtsverbindlich zu unterzeichnen. Unterschriftsproben der zeichnungsberechtigten Personen müssen der Kammer vorliegen.

Ursprungszeugnis und Antrag dürfen weder Rasuren noch Übermalungen aufweisen. Nachträgliche Änderungen auf bereits beglaubigten Ursprungszeugnissen müssen vom Antragsteller unterschrieben und von der IHK gegengezeichnet werden. Unmittelbar unter der letzten Eintragung ist ein waagerechter Schlußstrich zu ziehen. Leerfelder sind durch Streichungen unbrauchbar zu machen.

Zusätzliche Angaben sind nur insoweit zulässig, als sie den Wert oder die Menge der Waren, das Akkreditiv und die Einfuhrlizenz betreffen. Weitergehende Angaben (wie nachstehend aufgeführt) dürfen auf der Vorderseite des Ursprungszeugnisses nicht erscheinen, z. B.:

- Herstellererklärung (Name des Herstellers)
- Angaben über zusätzliche Eigenschaften der exportierten Waren
- Einzelpreisangaben
- Angaben über „pure origin“ oder „pure national origin“ oder „wholly domestic origin“

Diese Angaben können nur auf der Rückseite des Ursprungszeugnisses gemacht und von der Industrie- und Handelskammer beglaubigt werden. Nicht beglaubigt werden können Angaben über die Ausfuhrgenehmigung gemäß den deutschen bzw. amerikanischen Kontrollvorschriften.

Neuausfertigungen können erst dann bestätigt oder beglaubigt werden, wenn die vorher bestätigten Ursprungszeugnisse oder beglaubigten Rechnungen der Kammer zurückgegeben sind. Ist die Rückgabe nicht möglich, so müssen die Hintergründe schriftlich erklärt werden; in diesem Fall werden die neuen Dokumente von der Kammer mit dem Vermerk „Neuausfertigung“ versehen.

c) Bestimmung des Ursprungs

Maßgebend für die *Bestimmung des Ursprungs der Waren* sind die Vorschriften nach der Verordnung (EWG) Nr. 2913/92 des Rates vom 12.10.92 zur Festlegung des Zollkodex der Gemeinschaften und den zu ihrer Durchführung ergangenen Rechtsakten, so vor allem der Verordnung (EWG) Nr. 2454/93 des Kommission mit Durchführungsvorschriften zum Zollkodex, in der jeweils gültigen Fassung.

Danach gilt u. a. folgendes:

Waren, die vollständig in einem Land gewonnen oder hergestellt wurden, haben ihren Ursprung in diesem Land.

Eine Ware, an deren Herstellung zwei oder mehrere Länder beteiligt sind, hat ihren Ursprung in dem Land, in dem die letzte wesentliche und wirtschaftlich gerechtfertigte Be-

oder Verarbeitung stattgefunden hat, die in einem dazu eingerichteten Unternehmen vorgenommen worden ist und zur Herstellung eines neuen Erzeugnisses geführt hat oder eine bedeutende Herstellungsstufe darstellt.

d) Ursprungsbezeichnung

Für Waren, die ihren Ursprung in den Mitgliedstaaten der Europäischen Gemeinschaften haben, ist nur folgende Ursprungsbezeichnung zulässig:

- *„Bundesrepublik Deutschland (Europäische Gemeinschaft)“*

bzw. die entsprechende Bezeichnung für die übrigen Mitgliedstaaten.

Wahlweise kann auch folgende verwendet werden:

- *„Europäische Gemeinschaft“*.

Diese Bezeichnung muß verwendet werden, wenn der Ursprung der Waren erst durch mehrere in verschiedenen Mitgliedstaaten ausgeführte Be- oder Verarbeitungsvorgänge begründet ist.

Für Waren mit Ursprung außerhalb der Europäischen Gemeinschaft ist nur die offizielle Bezeichnung des Ursprungslandes anzugeben.

Die vorgenannten Bezeichnungen können auch in einer anderen Sprache angewandt werden.

e) Angaben über die Herstellung in eigenem oder fremdem Betrieb

Im Antrag ist durch Streichung kenntlich zu machen, ob die Waren im eigenen Betrieb in der Bundesrepublik Deutschland oder in einem anderen Betrieb hergestellt worden sind.

Ergibt sich aus dem Antrag, daß die Waren *„im eigenen Betrieb“* in der Bundesrepublik Deutschland hergestellt wurden, so wird die Kammer aus ihrer Kenntnis des Produktionsprogrammes den Warenursprung in der Regel bescheinigen können. Die Kammer ist bemüht, Zweifelsfälle schnell und unbürokratisch zu klären, z. B. durch telefonische Rückfragen oder durch einen Besuch im Betrieb des Ausstellers.

Ergibt sich aus dem Antrag oder ist der Kammer bekannt, daß die Waren *„in einem anderen Betrieb“* hergestellt sind, so muß der Antragsteller auf Verlangen der Kammer Unterlagen beibringen, aus denen sich der Ursprung der Waren ergibt. Dafür kommen in Betracht:

- Von inländischen Herstellern ausgestellte Rechnungen und Lieferscheine, wenn sie erkennen lassen, daß die Waren in deren eigenen Betrieben in der Bundesrepublik Deutschland hergestellt worden sind, oder Lieferanten-Erklärungen.
- von anderen EU-Mitgliedstaaten Lieferanten-Erklärungen nach VO (EWG) 3351/83
- von Staaten bzw. Staatengruppen, mit denen die EU ein Präferenzabkommen geschlossen hat, die entsprechenden Präferenznachweise (EUR.1, Ursprungszeugnis Form A)
- von Drittländern Ursprungszeugnisse, die von dazu berechtigten Stellen beglaubigt sind.

Antragsteller müssen grundsätzlich beachten, daß Ursprungszeugnisse öffentliche Urkunden sind, die strengen Formvorschriften unterliegen und deshalb kein Ermessensspielraum von den Industrie- und Handelskammern eingeräumt werden kann.

f) Präferenzen/Ursprungsnachweise

Mit dem Beitritt kündigten die neuen Mitgliedstaaten ihre bestehenden Präferenzsysteme mit dritten Ländern auf und übernahmen uneingeschränkt das *Präferenzsystem der Zwölfergemeinschaft*.

Österreich, Schweden und Finnland kündigten auch ihre Mitgliedschaft in der EFTA auf und wurden EU-Vertragspartei im Europäischen Wirtschaftsraum – EWR –, der künftig einerseits aus den fünfzehn Gemeinschaftsländern und andererseits aus Norwegen, Island und Liechtenstein gebildet wird.

Nach den bisherigen Bestimmungen der Beitrittsländer mit präferentiell verbundenen Drittländern ausgestellte Ursprungsnachweise werden nach dem Beitritt in den Beitrittsländern anerkannt.

Beispiele:

- Präferenzabkommen Österreich – Israel,
- Präferenzabkommen Finnland – Estland.

Voraussetzungen:

- Ursprungsnachweis und Beförderungspapier müssen spätestens am Tag vor dem Beitritt ausgestellt werden
- Ursprungsnachweis muß bis spätestens vier Monate nach dem Beitritt im Bestimmungsland vorgelegt werden.

Diese Waren erwerben nicht die Ursprungseigenschaft nach den Ursprungsregeln der EU, auch wenn sie nach dem Beitritt in den zollrechtlich freien Verkehr übergeführt worden sind.

Ursprungswaren der neuen Mitgliedstaaten sind nach dem Beitritt in der erweiterten EU als Ursprungswaren im Warenverkehr mit solchen Drittländern zu behandeln, mit denen die EU in der derzeitigen Zusammensetzung Präferenzabkommen geschlossen hat oder mit denen eine autonome Präferenzregelung nach der Zollkodex-Durchführungsverordnung besteht. Die Ursprungseigenschaft in der erweiterten EU ist jedoch entsprechend nachzuweisen (Lieferantenerklärung für Waren mit Ursprungseigenschaft).

Vor dem Beitritt aus den neuen Mitgliedstaaten in die Zwölfergemeinschaft eingeführte Waren werden ebenfalls als Ursprungswaren i.S.d. vorstehenden Absatzes behandelt, wenn für sie – ggf. nachträglich – die Ursprungseigenschaft der EU gem. dem Abkommen über den Europäischen Wirtschaftsraum – Stand bis zum Beitrittstermin – bzw. des Freihandelsabkommens zwischen der Zwölfergemeinschaft und den EFTA-Staaten (einschließlich Schweiz) nachgewiesen wird. Dieser Nachweis kann mit einer nachträglich ausgestellten Warenverkehrsbescheinigung EUR.1, einer äquivalenten Erklärung auf einem Handelsdokument oder einer Lieferantenerklärung geführt werden, soweit in diesen Nachweisen definitiv der Ursprung in einem der neuen Mitgliedstaaten bescheinigt wird. Erklärungen über den Ursprung „im EWR" reichen nicht aus, da der Ursprung unter dieser Bezeichnung auch in Norwegen oder Island liegen könnte.

Warenverkehrsbescheinigungen – Übersicht:

Warenverkehr im EWR:

- Sendungen über 11.800,– DM: EUR.1
- Sendungen bis 11.800,– DM: Ursprungserklärung

Warenverkehr mit Schweiz, Liechtenstein

- Sendungen über 11.800,– DM: EUR.1
- Sendungen bis 11.800,– DM: Ursprungserklärung

Warenverkehr mit CZ, SK, PL, HU, RO, BG

- Sendungen über 10.500,– DM: EUR.1
- Sendungen unter 10.500,– DM: EUR.2

Warenverkehr mit Estland, Lettland, Litauen

- Sendungen über 5.800,– DM: EUR.1
- Sendungen bis 5.800,– DM: EUR.2

Warenverkehr mit Israel, Malta, Zypern

- Sendungen außerhalb Postverkehr : EUR.1
- Postsendungen über 5.850,– DM : EUR.1
- Postsendungen bis 5.850,– DM : EUR.2

Warenverkehr mit der Türkei

- Als Freiverkehrsnachweis
  - bei durchgehendem Versand: ATR.1
  - bei gebrochenem Verkehr: ATR.2

Übersicht derzeit bestehender Präferenzabkommen der EU mit folgenden Staaten bzw. Staatengruppen:

AD	Andorra
BA	Bosnien-Herzegowina (kein bilateraler Präferenzursprungserwerb)
BG	Bulgarien
CE	Ceuta und Melilla
CH	Schweiz
CZ	Tschechische Republik
SK	Slowakische Republik
CY	Cypern
DZ	Algerien

EG	Ägypten
FO	Färöer
HR	Kroatien (kein bilateraler Präferenzursprungserwerb)
HU	Ungarn
IL	Israel
IS	Island
JO	Jordanien
LB	Libanon
LI	Liechtenstein
MA	Marokko
MT	Malta
NO	Norwegen
PL	Polen
RO	Rumänien
SI	Slowenien
SY	Syrien
TN	Tunesien
WB	Besetzte Gebiete
MK	Mazedonien (kein bilateraler Präferenzursprungserwerb)
ÜLG	Überseeische Länder und Gebiete
AKP	Afrikanisch-karibisch-pazifische Staaten
EE	Estland
LV	Lettland
LT	Litauen

5. Sonstige Begleitpapiere

Neben den Rechnungen, Ursprungs- und Präferenznachweisen gibt es noch einige andere Begleitpapiere, die in bestimmten Fällen benötigt werden:

- *Analysenzertifikat.* Amtliche Bescheinigung, aus der die Zusammensetzung von chemischen Substanzen ersichtlich ist.
- *Gesundheitszeugnis.* Amtliche Bescheinigung, daß Pflanzen, Saaten, lebende Tiere oder tierische Erzeugnisse frei von Krankheiten sind.
- *Gewichtszertifikat.* Amtliche Gewichtsfeststellung durch einen dazu ermächtigten Wiegebetrieb.
- *Inspektionszertifikat.* Von einer Warenprüfungsgesellschaft, wie SGS Control Co. mbH oder Bureau Veritas (beide Hamburg), ausgestelltes Zertifikat über eine vor Versand vorgenommene Qualitäts-, Mengen- und Preisprüfung. Ein Zertifikat dieser Art ist z. B. der „Clean Report of Findings", der von manchen Ländern (Ghana, Nigeria) vorgeschrieben wird.
- *Packliste.* Detaillierte Aufstellung aller Frachtstücke unter Angabe von Beschriftung, Nummer, Art, Gewicht und Inhalt.

Manche Einfuhrländer schreiben die konsularische Legalisierung von Gesundheitszeugnissen und anderen Dokumenten (z. B. Konnossementen) vor.

6. Begleitpapiervorschriften und -vordrucke

Über die in den einzelnen Ländern geltenden *Begleitpapiervorschriften* informieren den Exporteur die bereits im letzten Kapitel genannten Stellen sowie die „Konsulats- und Mustervorschriften" der Handelskammer Hamburg. Die benötigten Vordrucke sind meist bei den Industrie- und Handelskammer erhältlich, sie können aber auch direkt von den Formularverlagen bezogen werden.

IX. Spedition, Lagerung und Transport

1. Speditionsgeschäft

Nach § 407 HGB ist *Spediteur,* „wer es gewerbsmäßig übernimmt, Güterversendungen durch Frachtführer[1] oder Verfrachter von Seeschiffen für Rechnung eines anderen (des Versenders) im eigenen Namen zu besorgen". Der Spediteur ist demnach verkehrsträgerneutraler Transportmittler; er kann die Beförderung auf dem Weg des Selbsteintritts aber auch selbst ausführen. In diesem Fall gilt er nach dem HGB als *Frachtführer.* Dies trifft auch dann zu, wenn der Spediteur einen Transport zu festen Sätzen übernimmt *(Spedition mit festen Spesen)* oder die Güter verschiedener Versender aufgrund eines für seine eigene Rechnung geschlossenen Frachtvertrages befördern läßt *(Sammelladungsspedition).* Oft betätigt sich der Spediteur auch als *Lagerhalter.*

Die den Spediteur betreffenden Bestimmungen des HGB werden durch die *„Allgemeinen Deutschen Spediteur-Bedingungen" (ADSp)* weitgehend ersetzt und abgeändert. Die ADSp gelten (von einigen Ausnahmen abgesehen) für alle Geschäfte, die Spediteure für ihre Kunden übernehmen.

Nach den ADSp haftet der Spediteur abweichend von den Bestimmungen des HGB nur für eigenes Verschulden und auch dann nur in begrenzter Höhe. Andererseits verpflichten die ADSp den Spediteur, für Rechnung und zugunsten des Versenders eine Speditionsversicherung und – wenn der Spediteur auch die Rollfuhr besorgt – eine *Rollfuhrversicherung* abzuschließen. Bei Abschluß dieser Versicherungen, über die ein *Speditionsversicherungsschein (SVS)* und ein *Rollfuhrversicherungsschein (RVS)* ausgestellt werden, entfällt die persönliche Haftpflicht des Spediteurs. An ihre Stelle tritt die Haftung des SVS/RVS-Versicherers. Falls der Kunde dem Spediteur den Abschluß einer Spediteurversicherung ausdrücklich untersagt *(„Verbotskunde"),* haftet der Spediteur zwar persönlich, aber nur in der in den ADSp vorgesehenen Höhe.

Die auf den grenzüberschreitenden Verkehr spezialisierten Speditionsunternehmen *(internationale Speditionen)* wickeln Speditionsaufträge über ihre eigenen Auslandsniederlassungen oder durch Einschaltung ihrer ausländischen Partner *(Korrespondenzspediteure)* ab. Sie schließen Frachtverträge mit Transportunternehmen, können aber auch einen Teiltransport oder den gesamten Transport selbst durchführen. Auf Verlangen des Versenders stellt der Spediteur eine *Spediteur-Übernahmebescheinigung* aus, in der er die Übernahme der Sendung bestätigt und sich verpflichtet, diese unwiderruflich an einen bestimmten Empfänger weiterzuleiten oder zur Verfügung einer bestimmten Firma (in der Regel des Käufers) zu halten. Die Weisung des Versenders kann nur gegen Rückgabe der Originalbescheinigung widerrufen oder abgeändert werden. Die internationale Spediteurorganisation *FIATA (Fédération Internationale des Associations des Transporteurs et Assimiles)*

1 § 425 HGB: „Frachtführer ist, wer es gewerbsmäßig übernimmt, die Beförderung von Gütern zu Lande oder auf Flüssen oder sonstigen Binnengewässern auszuführen." Dem Frachführer entspricht in der Seeschiffahrt der Verfrachter.

hat eine einheitliche Spediteurübernahmebescheinigung, das *FCR (Forwarding Agent's Certificate of Receipt),* geschaffen.

Zu den Transportleistungen des Spediteurs gehören auch die *Rollfuhr* und der *Sammelladungsverkehr.* Unter Rollfuhr versteht man die An- und Abfuhr von Gütern, die mit einem anderen Transportmittel, z. B. der Bahn oder dem Flugzeug, versandt werden sollen bzw. angekommen sind. Im *Sammelladungsverkehr* stellt der Spediteur aus mehreren kleineren Sendungen eine Sammelladung zusammen und übergibt diese dem Transportunternehmen, das dafür eine niedrigere Fracht berechnet. Die auf diese Weise erzielte Frachtersparnis gibt der Spediteur zum Teil an seinen Kunden weiter. Die Verteilung der einzelnen Partien an die verschiedenen Empfänger erfolgt durch den *Empfangsspediteur (Adreßspediteur),* an den die Sammelladung gerichtet wird.

Daneben erledigen die internationalen Speditionen für ihre Auftraggeber viele wichtige Nebenarbeiten, wie z. B. die Buchung von Frachtraum, den Abschluß von Versicherungen und die Beschaffung von Dokumenten. Über ihre ausländischen Niederlassungen oder Korrespondenten führen sie Verzollungen und Inkassoaufträge im Ausland durch.

Während die Spediteure (abgesehen von den Seehafenspediteuren) bisher vor allem *Kraftwagen-Spediteure* waren, verschiebt sich der Schwerpunkt ihrer Tätigkeit immer mehr vom physischen Transport zur *Logistik.* Als Logistiker übernimmt der Spediteur die Disposition und Organisation, bereitet Daten auf und leitet sie weiter, während mit der Durchführung der Transporte zunehmend Subunternehmer betraut werden. Industrie- und Handelsunternehmen sind bestrebt, sich von bestimmten Logistikaufgaben zu entlasten und diese auf Spediteure und andere Dienstleistungsbetriebe zu verlagern. Neue Fertigungsmethoden („just in time") stellen darüber hinaus höhere Anforderungen an Lieferschnelligkeit und -pünktlichkeit. Von den Spediteuren wird zunehmend erwartet, daß sie sich in die logistischen Systeme ihrer Kunden integrieren und eine komplette Dienstleistungspalette aus einer Hand bieten.

2. Lagergeschäft

Nach § 416 HGB ist Lagerhalter, „wer gewerbsmäßig die Lagerung und Aufbewahrung von Gütern übernimmt". Der Lagerhalter hat Anspruch auf Lagergeld. Das *Lagergeschäft* wird von Spediteuren, Transportunternehmen sowie den staatlichen und privaten Lagerhausgesellschaften betrieben. Die Lagerhäuser befinden sich an den großen Umschlagplätzen des Warenverkehrs, vor allem in den Seehäfen. Für bestimmte Güter sind besondere Lagereinrichtungen erforderlich, so z. B. Getreidesilos für Getreide und Kühlhäuser für leichtverderbliche Waren.

Wenn nichts anderes vereinbart ist, muß der Lagerhalter die Güter der einzelnen Einlagerer getrennt aufbewahren *(Sonderlagerung).* Die Vermischung von Gütern der gleichen Art und Qualität *(Sammellagerung)* ist nur mit Zustimmung der Einlagerer zulässig. Im letzteren Falle entsteht ein Miteigentum der Einlagerer entsprechend ihren Anteilen an der Gesamtmenge.

Während der Lagerung führt der Lagerhalter alle eventuell zur Erhaltung der Güter notwendigen Maßnahmen durch (Lüftung, Temperaturkontrolle, Umschütten von Getreide, Schädlingsbekämpfung usw.). Weitere Nebenleistungen des Lagerhalters sind: Feststellung der Menge und Qualität, Verpacken und Umpacken, Trocknen, Reinigen und Sortieren der Ware usw. Der Lagerhalter muß dem Einlagerer (und auf dessen Anweisung auch dessen Kunden) gestatten, das eingelagerte Gut zu besichtigen, Proben zu entnehmen und die Pflege des Gutes selbst zu übernehmen. Der Einlagerer kann den Lagerhalter damit beauftragen, die Güter gegen Feuer, Einbruchdiebstahl, Wasserschäden usw. zu versichern.

Über das eingelagerte Gut stellt der Lagerhalter einen *Lagerschein* aus. Dieser ist wie der Ladeschein und das Konnossement ein *Warenwertpapier.* Soweit er an Order lautet (Orderlagerschein), ist er außerdem ein *Traditionspapier (Dispositionspapier):* Die Übergabe des indossierten Lagerscheins hat die gleiche rechtliche Wirkung wie die Übergabe der Ware selbst. Auf diese Weise wird die Veräußerung oder Verpfändung der gelagerten Ware erleichtert. (Ein Namens- oder Rekta-Lagerschein, der auf den Namen des Einlagerers ausgestellt ist, ist kein Traditionspapier. Er kann nur durch Zession übertragen werden.) Die Ausgabe von Orderlagerscheinen ist den staatlichen und den vom Staat dazu ermächtigten Lagerhäusern vorbehalten.

Wenn das gelagerte Gut in Teilmengen verkauft wird, stellt der Einlagerer aufgrund des Lagerscheins sog. *„Lieferscheine“* an seine Kunden aus. Bei Vorlage der Lieferscheine erhalten diese vom Lagerhalter die darin angegebene Menge. Der Lagerschein wird an den Lagerhalter zurückgegeben, der die ausgelieferten Mengen von der Gesamtpartie abschreibt.

3. Eisenbahngüterverkehr

Die Eisenbahn befördert Einfuhr- und Ausfuhrgüter von und nach den Seehäfen und Binnenwasserumschlagplätzen. Sie besorgt den Güterverkehr über die „trockene“ und – soweit Fährdienste bestehen – auch über die „nasse“ Grenze.

Der Eisenbahngüterverkehr in Deutschland wird von der *Deutschen Bahn AG (DB Cargo)* durchgeführt. Die Deutsche Bahn AG entstand 1994 aus der Fusion der Deutschen Bundesbahn mit der Reichsbahn der ehemaligen DDR; sie befindet sich auf dem Weg der Privatisierung.

Güter werden von der Deutschen Bahn AG in *Ganzzügen,* als *Wagenladungen* und im *kombinierten Ladungsverkehr* befördert. Zu den *Ganzzügen* zählen die Logistik-Züge für den kundenspezifischen termingenauen Transport von Vormaterial und Endprodukten und die Programm-Züge für den vorprogrammierten Transport von Massengütern. *Wagenladungsverkehre* sind – neben Standard Cargo – *InterCargo* und *EurorailCargo. InterCargo-Züge* werden für den schnellen Transport von Einzelwagen und Wagengruppen zwischen nationalen Wirtschaftszentren „im Nachtsprung“ eingesetzt, *EurorailCargo-Züge* für den schnellen Transport von Einzelwagen und Wagengruppen zwischen europäischen Wirtschaftszentren. Im *kombinierten Verkehr* gibt es *InterKombi-* und *InterKombi-Expresszüge* für den nationalen kombinierten Verkehr im Nachtsprung und *EurorailKombi-Züge* für den internationalen kombinierten Verkehr zwischen europäischen Wirtschaftszentren.

Das operative Geschäft im Stückgut- und Expreßgutverkehr liegt in den Händen von *Bahntrans,* einer gemeinsamen Tochter von Thyssen Haniel Logistik GmbH und der Deutschen Bahn AG. Der Transport der Güter erfolgt in Wechselbehältern (beim Expreßgut sind dies u.a. die von der *Collico GmbH,* einer Tochter der Deutschen Bahn AG, vermieteten „Collico"-Metallfaltkisten).

Die Rechtsgrundlage für die Abwicklung des Eisenbahngüterverkehrs bilden im innerdeutschen Verkehr die Bestimmungen der *Eisenbahn-Verkehrsordnung (EVO)* und im internationalen Eisenbahngüterverkehr diejenigen der *„Convention Internationale concernant le Transport des Marchandises par Chemins de Fer" (CIM).* Der Absender hat aufgrund bestimmter Vorschriften der EVO bzw. der CIM das Recht, den Frachtvertrag nachträglich abzuändern. Ein Verfügungsrecht steht ihm jedoch nur zu, wenn er das von der Eisenbahn bescheinigte *Frachtbriefdoppel* vorlegt.

Jeder Sendung im innerdeutschen und im grenzüberschreitenden Eisenbahngüterverkehr muß der Absender einen *Frachtbrief* beigeben. Der internationale Frachtbrief (CIM-Frachtbrief) besteht aus den folgenden 5 Teilen:

- Frachtbrieforiginal (begleitet die Sendung und wird dem Empfänger zusammen mit dieser übergeben)
- Frachtkarte (Abrechnungsblatt, auf dem alle Kosten vermerkt werden; verbleibt bei der Empfangs- bzw. Übergangsbahn)
- Empfangsschein (begleitet die Sendung und verbleibt bei der Empfangsbahn)
- Frachtbriefdoppel (erhält der Absender)
- Versandschein (verbleibt bei der Versandbahn)

Im nationalen und internationalen Eisenbahngüterverkehr spielen Paletten und Behälter eine wichtige Rolle. Die Deutsche Bahn AG und die Eisenbahnverwaltungen der meisten europäischen Länder nehmen am *Europäischen Palettenpool* teil. Die genormten Paletten des Europäischen Palettenpools werden Pool-Paletten genannt. Es gibt Pool-Flachpaletten, Pool-Gitterboxpaletten und Pool-Boxpaletten. Bei den Behältern unterscheidet man Kleinbehälter (z. B. „Collico") und Großbehälter (Container). Das operative Geschäft im Bereich des kombinierten Verkehrs, einschließlich des Container-Leasing-Geschäfts, wird von der *TFG Transfracht Deutsche Transportgesellschaft mbH,* einer 100%igen Tochter der Deutschen Bahn AG, betrieben. Container werden auch von der Firma *Intercontainer-Interfrigo (ICF),* einem Gemeinschaftsunternehmen der europäischen Eisenbahnen (Sitz in Brüssel; Generaldirektion in Basel), vermietet, das besonders auf Kühlwaggons spezialisiert ist.

4. Straßengüterverkehr

Im *Straßengüterverkehr* werden Güter mit Kraftfahrzeugen von Haus zu Haus befördert. Fährschiffe ermöglichen Kraftwagentransporte, z. B. auch von und nach Großbritannien und den skandinavischen Ländern. Darüber hinaus bedient der Straßengüterverkehr die Bahnhöfe, Flughäfen, Binnen- und Seehäfen.

Man unterscheidet zwischen dem *gewerblichen Straßengüterverkehr* und dem *Werkverkehr.* Der *gewerbliche Straßengüterverkehr* wird von den Kraftverkehrsunternehmen und den Spediteuren durchgeführt. Auch die Deutsche Bahn beteiligt sich am gewerblichen Straßengüterverkehr. Zum Teil führt sie die Transporte mit eigenen Fahrzeugen durch, überwiegend beauftragt sie damit aber private Unternehmen. Als *Werkverkehr* bezeichnet man die Beförderung von Gütern mit Kraftfahrzeugen für eigene Zwecke eines Unternehmens. Ferner wird zwischen Straßengüter- bzw. Werknahverkehr und Straßengüter- bzw. Werkfernverkehr unterschieden. Nahverkehr ist die Beförderung von Gütern innerhalb der Nahzone, d. h. innerhalb eines Umkreises von 75 km vom Standort, Fernverkehr die Beförderung über die Grenzen der Nahzone hinaus.

Die wichtigste internationale Organisation des Straßengüterverkehrs ist die *„International Road Transport Union" (IRU),* der nationale Organisationen aus zahlreichen Ländern angehören. Der Güterkraftverkehr der Bundesrepublik ist in der IRU durch den *„Bundesverband des Deutschen Güterfernverkehrs" (BDF)* in Frankfurt am Main und den *„Bundesverband Werkverkehr"* in Düsseldorf vertreten.

Die Beförderungsbedingungen im innerdeutschen Straßengüterfernverkehr sind in der *„Kraftverkehrsordnung" (KVO)* enthalten. Für den grenzüberschreitenden Verkehr gelten die Bestimmungen der *„Convention relative au Contrat de transport international des marchandises par route" (CMR).* Jeder Sendung ist ein *Frachtbrief* beizufügen, und zwar im Binnenverkehr ein Frachtbrief nach den KVO und im internationalen Verkehr ein Frachtbrief nach dem CMR, der von der IRU entworfen wurde und allgemein Verwendung findet.

5. Luftfrachtverkehr

Die Vorteile des Luftfrachtverkehrs sind die kurzen Transportzeiten (wobei die Flugzeit nur einen Teil der gesamten Transportzeit ausmacht) sowie Einsparungen bei den Verpackungs-, Transportneben- und Versicherungskosten. Deshalb kommen vor allem hochwertige, eilige, leichtverderbliche und transportempfindliche Güter (z. B. Wertsachen, Kunstgegenstände, Ersatzteile, Blumen, exotische Früchte, lebende Tiere) für den Luftversand in Frage. Im Rahmen moderner Logistikkonzepte von Industrie und Handel spielt der Lufttransport ebenfalls eine wichtige Rolle.

Fracht wird im *Linien-* und *Charterverkehr* befördert. Im *Linienverkehr* unterscheidet man die kombinierte Beförderung von Passagieren und Fracht und die reinen Fracht-Liniendienste. Die Passagiermaschinen nehmen auch Fracht an Bord; daneben gibt es Maschinen, die ausschließlich Fracht befördern, und Passagiermaschinen, die innerhalb kurzer Zeit zu Frachtern umgerüstet werden können und während der Nacht ausschließlich Fracht transportieren. *Chartermaschinen* werden eingesetzt, um z. B. kurzfristige Transporte größerer Frachtmengen durchzuführen oder Großpartien zu einem Ziel zu befördern, das im Linienverkehr nicht angeflogen wird. Besondere Leistungen der Luftverkehrsgesellschaften im Frachtverkehr sind u.a. Expreß- und Haus-zu-Haus-Dienste.

Im Jahre 1945 wurde die *„International Air Transport Association" (IATA)* zu dem Zweck gegründet, einheitliche Tarife und Bestimmungen für den Luftverkehr festzulegen. In der IATA sind die wichtigsten Linien-Fluggesellschaften der Welt zusammengeschlossen. Zwar gibt es jetzt keine einheitlichen Tarife mehr, die IATA ist aber nach wie vor von Bedeutung als Clearingstelle für die Abrechnung sowie als Forum für die technische, wirtschaftliche, verkehrpolitische und rechtliche Zusammenarbeit zwischen den Luftverkehrsgesellschaften. Der Abhol- und Zubringerdienst sowie die Abfertigung der Luftfrachtsendungen liegt überwiegend in den Händen der von der IATA konzessionierten Luftfrachtspediteure *(IATA-Agenten).*

Die Beförderungsbedingungen der in der IATA zusammengeschlossenen Luftverkehrsgesellschaften entsprechen den *„Conditions of Carriage"* der IATA. Soweit diese Bedingungen bei internationalen Beförderungen dem *Warschauer Abkommen* (1929/1955) widersprechen, sind die Bestimmungen dieses Abkommens maßgebend. Die Beförderung gefährlicher Güter unterliegt den Bestimmungen der *„IATA Dangerous Goods Regulation".*

Luftfrachten gelten nur für die Beförderung von Flughafen zu Flughafen. Nebenkosten werden gesondert berechnet. Die Berechnung der Fracht erfolgt nach Gewicht oder – bei sperrigen Sendungen – nach dem Rauminhalt. Außerdem sind *Mindestfrachten* vorgesehen, die nicht unterschritten werden dürfen.

Fracht und Nebenkosten sind am Aufgabeort zu zahlen *(„prepaid"),* es besteht jedoch auch die Möglichkeit, diese Kosten in fast allen Ländern nachzunehmen *(„collect").* Man unterscheidet allgemeine Frachtraten *(General Cargo Rates),* Warenklassenraten *(Class Rates),* zu denen auch die Wertfrachtraten gehören, und Spezialraten *(Specific Commodity Rates).*

Für Luftfrachtsendungen gibt es einen einheitlichen, von der IATA geschaffenen *Luftfrachtbrief,* der in drei Originalen mit mehreren Kopien ausgestellt wird. Das 1. Original verbleibt bei der Luftverkehrsgesellschaft, das 2. begleitet die Sendung und das 3. wird dem Absender als Verladebestätigung aufgehändigt.

Paletten und Container spielen auch beim Luftversand eine wichtige Rolle. Es gibt verschiedene Größen von Paletten und Containern, bis hin zu 10- und 20-Fuß-Containern. Das Angebot von Spezialpaletten und Containern reicht von der PKW-Transportpalette bis zu Kühlcontainern.

Der Frachtverkehr der *Deutschen Lufthansa AG* wird von deren Tochtergesellschaft *Lufthansa Cargo AG* durchgeführt. Die *Delvag-Luftversicherungs AG* in Köln, ebenfalls eine Lufthansa-Tochter, gewährt Versicherungsschutz im Rahmen der zwischen ihr und der Deutschen Lufthansa AG/German Cargo Services GmbH geschlossenen Generalpolice.

6. Binnenschiffahrt

Die *Binnenschiffahrt* ist für den Außenhandel ebenfalls wichtig, soweit die Binnenwasserwege eine Verbindung zu den großen Seehäfen oder zu Plätzen des Auslandes herstellen. Wegen der großen Ladekapazität der Schiffe und der niedrigen Frachtkosten eignet sich die Binnenschiffahrt in erster Linie für den Transport von Massengütern, wie z. B. Kohle, Erz, Getreide usw. Es werden jedoch auch Stückgüter und Container befördert.

Bei den Binnenschiffahrtsunternehmen unterscheidet man *Schiffahrtsgesellschaften (Binnenreedereien)* und *Einzelschiffer (Partikuliere)*. Als Transportmittel werden von Schleppern gezogene Kähne und Motorschiffe *(Selbstfahrer)* verwendet.

Der Beförderungsvertrag in der Binnenschiffahrt ist der *Binnenschiffahrts-Frachtvertrag*, der weitgehend dem Seefrachtvertrag entspricht. Es gibt zwei Frachtdokumente, nämlich den *Binnenschiffahrts-Frachtbrief* und den *Ladeschein*. Im Unterschied zum Frachtbrief ist der Ladeschein ein Traditionspapier wie das Konnossement in der Seeschiffahrt.

7. Seefrachtverkehr

a) Linien- und Trampschiffahrt, Konferenzen; Billigflaggen

Der *Seefrachtverkehr* wird durch *Reedereien* und *Einzelreeder* betrieben. Nach § 484 HGB ist der Reeder Eigentümer eines ihm zum Erwerb durch die Seefahrt dienenden Schiffes. Die Reedereien sind heutzutage meist *Aktienreedereien*. Man unterscheidet zwischen *Linienreedereien*, die regelmäßige Fahrten zwischen bestimmten Häfen durchführen, und *Trampreedern*, die je nach Bedarf Transporte übernehmen, ohne an feste Strecken gebunden zu sein (Trampfahrt, freie Fahrt). Die *Trampfahrt* befaßt sich nur mit Schiffsladungen oder großen Teilladungen und dient daher vor allem der Beförderung von Massengütern.

Zusammenschlüsse von Reedereien werden *Schiffahrtskonferenzen* genannt. In den Konferenzen der Linienschiffahrt sind Reedereien zusammengeschlossen, die die gleichen Routen befahren (z. B. Ostasien-Konferenz, La-Plata-Konferenz, Westindien-Konferenz); sie sind Schiffahrtskartelle mit dem Zweck, durch Festsetzung einheitlicher Frachttarife den Wettbewerb unter den Mitgliedern zu regeln und die Konkurrenz der „Außenseiter" *(outsiders)*, d. h., Reedereien, die nicht zur Konferenz gehören, abzuwehren. Eine Konferenz zur Wahrnehmung der Interessen der Trampreeder ist die *„Baltic and International Maritime Conference" (BIMCO)*. Sie befaßt sich mit Charterbedingungen, Lösch- und Ladeverhältnissen, Liegezeiten usw., jedoch nicht mit Frachttarifen.

Um die Verlader an eine Linienkonferenz zu binden, bieten ihnen die Konferenzreedereien *Frachtrabatte*. Verlader, die während einer bestimmten Zeit ihre Sendungen ausschließlich mit Konferenzdampfern verschifft haben, erhalten eine nachträgliche Vergütung, den sog. *„Treurabatt"*. Da Treurabatte nicht sofort, sondern erst nach Ablauf einer festgesetzten Warteperiode ausgezahlt werden, spricht man auch vom *„System der zurückgestellten Rabatte"*. Verladern, die einen längerfristigen Frachtvertrag mit der Konferenz abschließen, wird ein *Sofortrabatt* auf die normalen Konferenzraten gewährt, soweit ihnen nicht die niedrigeren Kontraktraten in Rechnung gestellt werden.

Um Kosten zu sparen, machen viele deutsche Reeder von der Möglichkeit des *„Ausflaggens"* Gebrauch, d. h., sie lassen ihre Schiffe in Ländern (z. B. Liberia, Panama, Zypern) registrieren, die geringe oder keine Steuern erheben und weniger strenge Sozial- und Sicherheitsvorschriften haben. Die Flaggen dieser Länder werden daher als *„billige Flaggen"* bezeichnet. Um dem Ausflaggen deutscher Schiffe entgegenzuwirken, wurde 1989 ein *„Internationales Seeschiffahrtsregister" („Zweitregister")* eingeführt, das deutschen

Reedern erlaubt, ausländische Seeleute unter den billigeren „Heimatheuern" anzustellen. Eine Klage gegen das Zweitregister wurde im Januar 1995 vom Bundesverfassungsgericht abgewiesen.

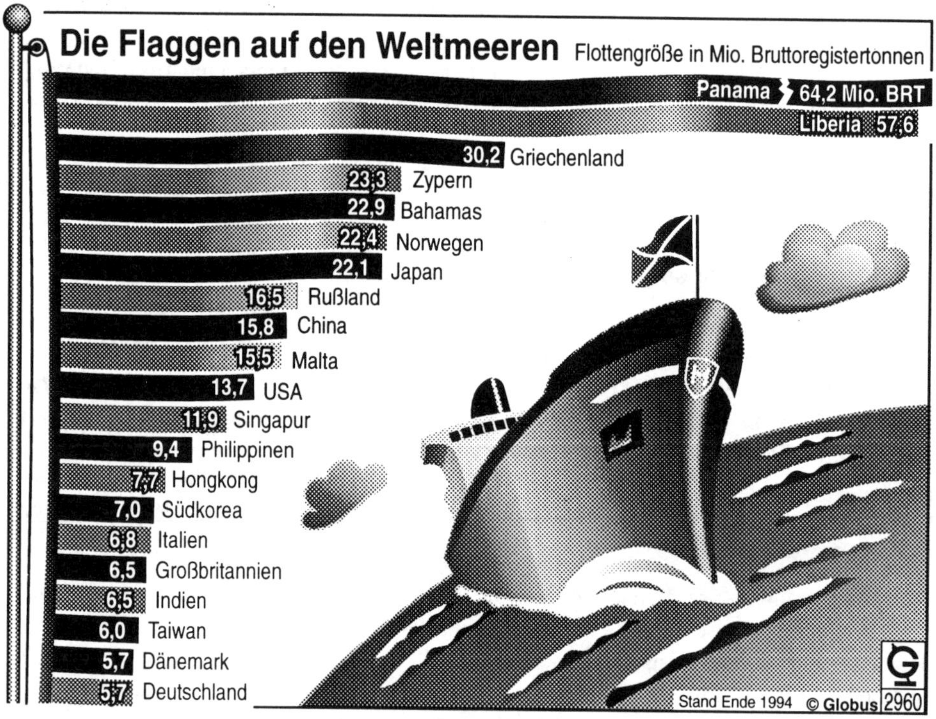

b) Seefrachtvertrag und Schiffsmiete

Der *Seefrachtvertrag* wird zwischen dem *Verfrachter (Reeder)* und dem *Befrachter* abgeschlossen. Es gibt zwei Arten von Frachtverträgen, nämlich den *Raumfrachtvertrag (Reisecharter)* und den *Stückgütervertrag*. Bei der *Reisecharter* stellt der Reeder dem Befrachter entweder das ganze Schiff *(Vollcharter)* oder einen Teil des Schiffes *(Teilcharter)* für den Transport einer bestimmten Ladung zur Verfügung. Über den *Chartervertrag* wird eine schriftliche Urkunde, die *Charterpartie (charter party)*, ausgestellt. Die Charter nennt die vom Befrachter zu zahlende Fracht (diese wird als *Lumpsum-Fracht*, d. h. als Pauschalfracht, berechnet), die *Liegetage*, die für die Be- und Entladung des Schiffes zur Verfügung stehen, und das *Liegegeld*, das bei Überschreiten dieser Fristen zu zahlen ist. Wenn der Befrachter weniger als die vorgesehene Gütermenge anliefert oder vom Vertrag zurücktritt, muß er *Fautfracht (Fehlfracht, Reufracht)* zahlen.

Bei der sog. *„Zeitcharter"* handelt es sich nicht um einen Seefrachtvertrag, sondern um die Miete eines Schiffes für eine bestimmte Zeit, wobei Kapitän und Mannschaft entweder vom Schiffseigentümer übernommen oder vom Charterer selbst gestellt werden. Die Miete eines leeren Schiffes wird *„bareboat charter"* genannt. Mit dem auf Zeit gecharterten Schiff kann der Charterer eigene Transporte oder – als *Ausrüster*[1] – Transporte für Dritte durchführen. Als Vermittler von Reise- und Zeitcharterverträgen betätigen sich die Schiffsmakler. Der bedeutendste internationale Markt für das Chartergeschäft, und zwar sowohl mit Schiffen wie mit Flugzeugen, ist die *„Baltic Mercantile and Shipping Exchange"* in London.

Der *Stückgütervertrag* ist die in der Praxis am häufigsten vorkommende Form des Seefrachtvertrages. Über diesen Vertrag wird keine Urkunde ausgestellt; der Abschluß ist formlos (durch Buchung und Bestätigung). Die beim Stückgütergeschäft anfallenden Arbeiten erledigt der Schiffsagent als Vertreter des Reeders. Er bucht Ladung, zeichnet Konnossemente, nimmt Frachtzahlungen entgegen, erledigt die Hafenformalitäten usw.

c) Frachtpapiere und Frachtberechnung

Frachtpapiere im Stückgüterverkehr sind das *Konnossement* (siehe unten), der *Seefrachtbrief*, das *Parcel Receipt* und die *vorläufigen Empfangsscheine*. In Fällen, in denen nicht beabsichtigt ist, die Ware während des Transports weiterzuveräußern, wird immer häufiger statt eines Konnossements ein *Seefrachtbrief (ocean waybill)* verwendet, der wie alle Frachtbriefe Warenbegleitpapier ohne Traditionswirkung ist. *Parcel Receipts* kommen für kleine Kolli in Frage, die ein bestimmtes Maß oder Gewicht nicht übersteigen. Diese werden an Bord des Schiffes in einem besonderen Raum *(parcel room)* unter Verschluß untergebracht. Die Parcelfrachten sind zwar verhältnismäßig hoch, liegen aber unter den Mindestfrachten für Konnossementsendungen.

Vorläufige Empfangsscheine sind die *Steuermannsquittung (mate's receipt)* und der *Kaiempfangsschein (dock receipt* oder *wharfinger's receipt)*. Sie bestätigen die Übernahme der Sendung an Bord des Schiffes bzw. am Kai. Vor Ausstellung eines solchen Empfangsscheins wird die äußere Beschaffenheit der Kolli genau geprüft. Falls Mängel vorliegen, werden diese auf dem Empfangsschein vermerkt. Gegen Rückgabe des Empfangsscheins stellt der Schiffsagent das Konnossement aus. Etwaige Mängelvermerke auf dem Empfangsschein werden auf das Konnossement übertragen.

Während sich die *Charterfracht* nach Angebot und Nachfrage richtet, sind die *Frachtraten im Stückgüterverkehr* tariflich festgelegt. Die Fracht für Stückgut wird nach folgender Formel berechnet:

Frachteinheit × Frachtrate. Die Frachteinheit ist entweder 1 Tonne oder 1 cbm bzw. 1 engl. Tonne (1016 kg) oder 40 Kubikfuß. Bei sperrigen Gütern (mehr als 1 cbm Rauminhalt auf 1000 kg Gewicht) wird die Fracht aufgrund des Rauminhalts, bei schweren Gütern (weniger als 1 cbm Rauminhalt auf 1000 kg Gewicht) aufgrund des Gewichts festgesetzt („M/G" = *Maß oder Gewicht in Schiffswahl*). Bei der Vermessung der Seefrachtgüter wird „über alles" gemessen, d. h. auch über vorstehende Teile, Verstärkungsleisten usw. Bei hochwertigen Gütern erfolgt die Frachtberechnung nach dem Wert *(Wertfracht)*. Bei

1 Als Ausrüster gilt nach § 510 HGB, wer ein ihm nicht gehörendes Schiff zum Erwerb durch die Seefahrt für seine Rechnung verwendet. Im Verhältnis zu Dritten wird er als Reeder angesehen. (Der Ausrüster nach § 510 HGB darf nicht mit dem ebenfalls als Schiffsausrüster bezeichneten Lieferer von Schiffsbedarf verwechselt werden.)

besonders schweren oder sperrigen Kolli erheben die Reedereien einen Zuschlag zur normalen Fracht; für kleine Partien setzen sie Mindestfrachten *(Minimalfrachten)* fest.

8. Konnossement

Das *Konnossement* ist Beweisurkunde für einen Seefrachtvertrag *(Stückgütervertrag)*. Es wird vom Verfrachter oder einer von ihm ermächtigten Person (Kapitän, Schiffsagent) gezeichnet, und zwar üblicherweise in mehreren Originalen, dem sog. *„Konnossementssatz"*. Neben den Originalen können beliebig viele ungezeichnete Konnossementskopien ausgestellt werden. Im Konnossement bestätigt der Verfrachter, daß er bestimmte Waren zur Beförderung übernommen hat, und verspricht, diese an den berechtigten Inhaber des Konnossements auszuliefern.

Konnossemente sind *Traditionspapiere,* mit denen über die schwimmende Ware verfügt werden kann. Meist lauten sie an Order und können dann durch Indossament übertragen werden. Wenn auf dem Konnossement nur der Vermerk „an Order" erscheint, ist darunter die Order des Befrachters zu verstehen. Das Konnossement kann aber auch an die Order des Empfängers oder einer Bank lauten. Jedes der Originalkonnossemente eines Satzes berechtigt zur Übernahme der Sendung. Deshalb sehen z. B. Akkreditive immer die Vorlage des vollen Konnossementssatzes vor. (Sobald die Übergabe der Ware gegen eines der Originale erfolgt ist, werden die übrigen dadurch ungültig.) Auf *Orderkonnossementen* wird meist eine sog. *„Notify-Adresse" (Notadresse)* angegeben, an die sich der Verfrachter nach Ankunft des Schiffes wenden kann.

Enthält das Konnossement den Namen des Empfängers ohne Orderklausel *(Namens- oder Rektakonnossement),* so ist nur dieser zum Empfang der Ware berechtigt. Eine Übertragung durch Zession ist jedoch möglich.

Das Konnossement bestätigt entweder die Verladung der Sendung an Bord eines bestimmten Schiffes *(Bordkonnossement)* oder lediglich die Übernahme der Sendung zur späteren Verladung *(Empfangs- oder Übernahmekonnossement)*. Auf Verlangen des Befrachters muß der Verfrachter nach Verladung der Sendung das Empfangskonnossement durch ein *Bordkonnossement* ersetzen oder dieses durch eine Verladebestätigung in ein Bordkonnossement umwandeln.

Wenn das Konnossement keinen Vermerk trägt, in dem auf irgendwelche Mängel der Ware oder der Verpackung hingewiesen wird, so geht man davon aus, daß die Sendung – gemäß dem Text des Konnossements – „in äußerlich guter Beschaffenheit" übernommen wurde. Ein solches Konnossement bezeichnet man als *„rein",* ein Konnossement mit Mängelvermerk dagegen als *„unrein"*. Derartige Vermerke werden vom Verfrachter zu seinem Schutz angebracht, da er nicht für Schäden haften will, die auf den mangelhaften Zustand der Ware oder der Verpackung zurückzuführen sind.

Manchmal sieht der Verfrachter davon ab, bei äußeren Mängeln der Sendung einen entsprechenden Vermerk auf das Konnossement zu setzen, falls der Befrachter durch Ausstellung eines *Konnossements-Revers* verspricht, den Verfrachter für alle Folgen, die sich eventuell aus dem Zustand der Sendung ergeben, schadlos zu halten.

Auf dem Konnossement wird auch vermerkt, ob die Fracht vom Befrachter bezahlt wurde *(„freight prepaid")* oder ob sie vom Empfänger zu entrichten ist *(„freight payable at port of destination").* Die Beförderungsbedingungen sind meist ebenfalls aus dem Konnossement ersichtlich. Konnossemente, in denen diese Bedingungen nicht oder nur zum Teil enthalten sind, bezeichnet man als *Short-form-Konnossemente.*

Sonderformen

Besondere Formen des Konnossements sind u. a. *Spediteurkonnossemente, Charter-Party-Konnossemente, Durchkonnossemente* und *Sammelkonnossemente.*

Spediteurkonnossemente werden von Spediteuren (und nicht von Reedern) gezeichnet und gelten daher nicht als *vollwertige Konnossemente.*

Charter-Party-Konnossemente werden von einem Ausrüster aufgrund einer Zeitcharter ausgestellt und unterliegen deren Bedingungen. (Nach den *„Einheitlichen Richtlinien und Gebräuchen für Dokumenten-Akkreditive"* nehmen Banken Spediteurkonnossemente und Charter-Party-Konnossemente nur auf, wenn sie dazu ausdrücklich ermächtigt worden sind.)

Durchkonnossemente werden für Sendungen ausgestellt, die mit mehreren Dampfern oder im kombinierten Verkehr mit anderen Verkehrsmitteln befördert werden sollen; sie können „echte" Konnossemente oder Spediteurkonnossemente sein.

Sammelkonnossemente werden im Sammelladungsverkehr benutzt; sie lauten an die Order des Adreßspediteurs im Bestimmungshafen, der die Sammelladung nach Ankunft übernimmt und an die Empfänger verteilt.

9. Haager Regeln und Hamburger Regeln

Die *Haager Regeln* legen die Rechte der Konnossements-Inhaber und die Haftung des Verfrachters fest. Sie gründen auf einem Entwurf, der 1921 von einer nach Den Haag einberufenen Konferenz der *International Law Association* ausgearbeitet wurde. Die endgültige Fassung wurde 1924 von der belgischen Regierung als *„Internationales Übereinkommen zur einheitlichen Feststellung von Regeln über Konnossemente"* zur Zeichnung aufgelegt und von der Mehrzahl der am Seeverkehr teilnehmenden Staaten gezeichnet und ratifiziert. Durch das 1937 erlassene *„Gesetz zur Änderung von Vorschriften des HGB über das Seefrachtrecht"* wurden die Haager Regeln Bestandteil des deutschen Seerechts.

Auf einer Konferenz in Hamburg wurde 1978 das *„Übereinkommen der Vereinten Nationen über die Beförderung von Gütern auf See" (United Nations Convention on the Carriage of Goods by Sea)* geschlossen. Diese sog. *„Hamburger Regeln"* sollen die Haager Regeln ersetzen.

10. Kombinierter Verkehr

Als *kombinierten* oder *multimodalen Verkehr* bezeichnet man den Transport von größeren Ladeeinheiten („unitisierten“ Einheiten), z. B. Paletten und Containern, durch verschiedene Verkehrsträger vom Lager des Exporteurs bis zum Lager des Käufers *(Haus-Haus-Verkehr)*. Der kombinierte Verkehr bietet vor allem den Vorteil einer Beschleunigung und Verbilligung des Güterumschlags.

Die wichtigsten Formen des kombinierten Verkehrs sind der *Huckepackverkehr*, das *„Roll-on/Roll-off“-System (Ro/Ro-System)*, der *Containerverkehr* und das *„LASH“-System*.

Unter *Huckepackverkehr* versteht man die Beförderung von Lastkraftwagen, Lastzügen, Sattelzügen, Anhängern, Sattelaufliegern und Containern auf besonderen Eisenbahnwagen. Die Lastkraftwagen bzw. Sattelzugmaschinen führen lediglich die An- und Abfuhr mit eigener Kraft durch. Beim *Roll-on/Roll-off-System* werden Anhänger oder Sattelauflieger von Lastkraftwagen bzw. Sattelzugmaschinen an Bord eines Schiffes gebracht. Nach der Ankunft im Bestimmungshafen erfolgt die Entladung auf die gleiche Weise. Im Containerverkehr können sämtliche Beförderungsarten miteinander verbunden werden.

Beispiel eines Container-Transports, der teilweise auf dem Seeweg erfolgt:

Eine Brauerei in Rosenheim bei München möchte einen Container mit Flaschenbier nach New York liefern. Der Container wird auf dem Gelände der Brauerei mittels Gabelstapler beladen, verschlossen und versiegelt. Anschließend wird er auf einem Fahrgestell mit vorgespannter Sattelzugmaschine zum Container-Umschlagbahnhof (Container-Terminal) nach München gebracht. (Das Sattelkraftfahrzeug könnte den Container auch direkt zum Seehafen befördern.) In München erfolgt mittels eines vollhydraulisch arbeitenden Portalhubwagens[1] oder eines anderen Spezialgeräts der Umschlag vom Sattelauflieger auf einen Containerwagen der Bahn.

Der Container-Zug bringt den Container mit dem Flaschenbier zusammen mit vielen anderen Containern zum Hamburger Containerhafen. Dort werden wieder Portalhubwagen eingesetzt, die die Container von den Eisenbahnwagen entladen und auf der Lagerfläche in lagertechnisch geeigneter Reihenfolge stapeln. Auf Abruf heben die Portalhubwagen die Container von ihrer Stellfläche auf und bringen sie direkt neben das Containerschiff. Die modernen Vollcontainerschiffe sind Spezialschiffe, die ausschließlich Container befördern. Die Verladung der Container wird mittels besonderer Containerbrücken durchgeführt, die alle paar Minuten einen Container an Bord des Schiffes hieven. Die Container werden unter Deck und auf Deck gestapelt. Nach Ankunft des Schiffes in New York erfolgt die Entladung der Container abermals mit Hilfe von Containerbrücken und Spezialkränen. Der Container mit dem Flaschenbier wird dann mit der Eisenbahn und/oder einem Sattelkraftfahrzeug dem Empfänger ins Haus geliefert.

1 Ein Portalhubwagen ist – wie der Name sagt – ein „Portal“ auf Rädern mit einer lichten Höhe, die meist drei übereinander gestapelten Standard-Containern entspricht. Er kann Eisenbahn-Containerwagen oder Sattelauflieger „überfahren“ und wird zum Be- und Entladen von Containern sowie zum Stapeln derselben auf den Abstellflächen verwendet.

Beim *„LASH"-System* (LASH = *lighter aboard ship*) werden große Trägerschiffe eingesetzt, die mit Leichtern beladen sind. Die Leichter (schwimmende Behälter, die Schüttgut, Stückgüter oder Container tragen) werden im Bestimmungshafen „auf der Reede" (im offenen Wasser) abgesetzt und können dann mittels Schlepper in den Hafen (bzw. einen benachbarten Hafen) oder auf einer Binnenwasserstraße zu einem Binnenhafen gebracht und dort entladen werden. Inzwischen werden die beladenen Leichter für die Rückreise zum Trägerschiff geschleppt und von diesem (mittels eigener Verladeeinrichtungen) an Bord genommen.

Da im kombinierten Verkehr die Verwendung verschiedener Frachtdokumente umständlich ist, hat man Dokumente entwickelt, die für den gesamten Transport ausgestellt werden. Die Internationale Handelskammer hat 1973 einheitliche Regeln für ein kombiniertes Transportdokument aufgestellt, die 1975 revidiert wurden. Nach diesen Regeln wird das kombinierte Transportdokument durch den *„combined transport operator"*, der den Transport zumindest teilweise durchführt oder die Durchführung des Transports veranlaßt, in begebbarer oder nicht begebbarer Form ausgestellt. Im Mai 1980 verabschiedeten die Vereinten Nationen eine Konvention über den internationalen multimodalen Warentransport, die in vielen Punkten den von der Internationalen Handelskammer aufgestellten Regeln entspricht.

11. Liberalisierung der Verkehrsmärkte in Europa

Im Zusammenhang mit der *Liberalisierung des Dienstleistungssektors auf dem Europäischen Binnenmarkt* wurden auf dem Verkehrssektor u.a. die folgenden Maßnahmen durchgeführt:

Die Tarifbindungen im grenzüberschreitenden und innerdeutschen Straßengüterverkehr wurden mit Wirkung vom 1. Januar 1990 aufgehoben. Mit Beginn des Binnenmarktes am 1. Januar 1993 entfielen auch die Genehmigungen für den grenzüberschreitenden Güterkraftverkehr. An ihre Stelle traten Lizenzen, für deren Erteilung EU-einheitliche Voraussetzungen gelten. Seit dem 1. Juli 1990 dürfen Transportunternehmer auch Transporte in EU-Staaten durchführen, in denen sie keine Niederlassungen haben *(Kabotage)*. Die Kabotage, die derzeit noch an Kontingente gebunden ist, soll nach und nach freigegeben werden. Zur Angleichung der Wettbewerbsbedingungen im Straßengüterverkehr wurden die technischen und sozialen Vorschriften (Maße und Gewichte der Fahrzeuge; Lenk- und Ruhezeiten der Fahrer) harmonisiert und einheitliche Maßstäbe für die Kontrolle der Einhaltung der sozialen Vorschriften festgesetzt. Bei den verkehrsspezifischen Steuern und Abgaben wurden Mindestsätze für die Mineralölsteuer und die Kraftfahrzeugsteuer festgesetzt. Deutschland, Dänemark und die Benelux-Staaten führten zum 1. Januar 1995 eine Straßenbenutzungsgebühr für LKW ein („Autobahn-Vignette"). Die LKW-Steuer in Deutschland wurde gesenkt.

Im Bereich des Luftverkehrs trat am 1. Januar 1993 das Dritte Liberalisierungspaket in Kraft, das eine EU-einheitliche Erteilung von Betriebsgenehmigungen und die grundsätzliche Freigabe der Tarife und Frachtraten im Luftverkehr vorsieht. In der Binnenschiffahrt wurde am 1. Januar 1993 die Kabotagefreiheit im grenzüberschreitenden Verkehr, die in der Rheinschiffahrt bereits seit 1868 (Mannheimer Akte) gilt, auf alle Binnenwasserstraßen Europas ausgedehnt. Die Kabotage in der Seeschiffahrt soll bis zum 1. Januar 1999 freigegeben werden. Die Einrichtung eines EU-Schiffsregisters (analog zum deutschen Zweitregister) soll dem Trend zur Ausflaggung entgegenwirken.

Geplant ist ferner die Harmonisierung der Vorschriften für Gefahrguttransporte in der Gemeinschaft.

X. Transportversicherung

1. Arten der Versicherung

Die *Transportversicherung* umfaßt die *Güterversicherung* und die *Kaskoversicherung* (Versicherung des Transportmittels). Die Versicherung der Transportgüter, die in diesem Kapitel besprochen wird, erstreckt sich auf alle Gefahren, denen die Güter auf dem Transport ausgesetzt sind, einschließlich der Lade- und Lagervorgänge (Versicherung von Haus zu Haus)

2. Transportrisiko und Versicherung

Bei jedem Warentransport besteht das Risiko, daß die Ware unterwegs beschädigt wird oder verlorengeht. Während nach dem HGB grundsätzlich der Käufer das Transportrisiko trägt, ist es im internationalen Handel üblich, das Risiko zwischen Verkäufer und Käufer aufzuteilen. Die Art der Aufteilung ergibt sich aus den vereinbarten Incoterms (siehe Kapitel VI).

Transportschäden oder *-verluste* trägt entweder der Verkäufer oder der Käufer, je nachdem, ob das Schadensereignis vor oder nach dem Risikoübergang eingetreten ist. Im ersteren Fall muß der Verkäufer kostenlos Ersatz liefern, im letzteren Fall muß der Käufer den Kaufpreis entrichten, obwohl er die Ware in beschädigtem Zustand oder überhaupt nicht erhalten hat. Wenn Verkäufer bzw. Käufer versichert sind, ersetzt die Versicherungsgesellschaft den Schaden im Rahmen der vereinbarten Vertragsbedingungen. Zwar kann oftmals ein Dritter (Spediteur, Frachtführer, Lagerhalter) für den Schaden haftbar gemacht werden, wegen der bestehenden Haftungsbeschränkungen ist ein ausreichender Schadenersatz jedoch meist nicht zu erreichen (siehe die nachstehende kurze Zusammenfassung der für Spediteure und Frachtführer geltenden Haftungsbestimmungen).

3. Die Haftung von Spediteuren und Frachtführern

Spediteure haften nach den ADSp nur für eigenes Verschulden, wobei die Haftung der Höhe nach begrenzt ist. Die *Spediteurhaftung* wird durch eine Versicherung ersetzt, die der Spediteur auf Kosten des Auftraggebers abschließt (siehe IX/1).

Die *Eisenbahn* haftet im *inländischen Verkehr* aufgrund der Eisenbahn-Verkehrsordnung (EVO) nach dem Grundsatz der *Gefährdungshaftung* (verschuldensunabhängige Haftung), wobei jedoch eine Reihe von Schäden ausgeschlossen sind. Außerdem ist die Entschädigung bei gewissen Gütern auf Höchstbeträge begrenzt. Im *grenzüberschreitenden Eisenbahngüterverkehr* richtet sich die Haftung nach dem *Übereinkommen über den internationalen Eisenbahngüterverkehr (CIM)*.

Der Unternehmer im *LKW-Nahverkehr* haftet nach den Bestimmungen des HGB bzw. nach den *Allgemeinen Beförderungsbedingungen für den gewerblichen Güternahverkehr mit Kraftfahrzeugen (AGNB),* die eine Gefährdungshaftung – jedoch mit Einschränkungen und Haftungsausschlüssen – vorsehen. Die Haftung im *Fernverkehr* richtet sich nach den Bestimmungen der *Kraftverkehrsordnung (KVO);* für den *grenzüberschreitenden Verkehr* gilt das *Übereinkommen über den Beförderungsvertrag im internationalen Straßengüterverkehr (CMR).* In beiden Fällen ist eine Gefährdungshaftung mit Haftungsbeschränkungen vorgesehen. Die *Haftungsgrenzen* beim CMR liegen niedriger als bei der KVO, andererseits ist aber eine vertragliche Haftungserweiterung durch Wertdeklaration möglich.

Der *Luftfrachtführer* haftet nach dem *Luftverkehrsgesetz* und – *im internationalen Verkehr* – nach dem *Warschauer Abkommen,* wobei in beiden Fällen eine Haftungsbeschränkung vorgesehen ist.

Die *Haftung des Binnenschiffers* nach dem *Binnenschiffahrtsgesetz (BSchG)* und dem HGB kann durch vertragliche Vereinbarungen ersetzt werden *(Ladeschein).* Danach haftet der Schiffer nur bei Vorsatz und grober Fahrlässigkeit bis zu einer bestimmten Höhe.

Dies gilt analog auch für die *Seeschiffahrt.* Der Reeder zeichnet sich durch seine *Konnossementsbedingungen* weitgehend von Haftung frei. In den Fällen, in denen er eine Haftung übernehmen muß, ist diese der Höhe nach begrenzt.

4. Konditionsdifferenz-, Schutz- und Mehrwertversicherung

Bei *Importen auf CIF-* oder *CIP-Basis* wird die Versicherung vom ausländischen Exporteur abgeschlossen, der auch die Höhe und den Umfang des Versicherungsschutzes bestimmt. Dabei genügt nach den Incoterms eine *Mindestdeckung.* Wenn dem Importeur diese Deckung nicht genügt, kann er eine *Konditionsdifferenz-Versicherung* bei einer deutschen Versicherungsgesellschaft abschließen. Diese füllt die Lücke zwischen der vom Exporteur abgeschlossenen Versicherung und der vom Importeur gewünschten weitergehenden Deckung.

Die Schutzversicherung kann eine *Export-* oder *Import-Schutzversicherung* sein. Bei Exporten auf der Basis FOB und CFR geht zwar das Risiko bereits bei Überschreiten der Reling auf den Käufer über, der Verkäufer kann aber nicht feststellen, ob und in welchem Umfang der Käufer sein Risiko versichert hat. Wenn keine ausreichende Versicherung besteht, kommt es gelegentlich vor, daß der Käufer (vertragswidrigerweise) bei Verlust oder Beschädigung der Ware die Zahlung ganz oder teilweise verweigert. Gegen dieses wirtschaftliche Risiko kann sich der Verkäufer durch Abschluß einer *Export-Schutzversicherung* schützen. (Falls der Käufer spätestens bei Übergang der Gefahrtragung zahlt oder ein Akkreditiv eröffnet worden ist, erübrigt sich eine solche Versicherung.)

Eine *Import-Schutzversicherung* bietet dem Importeur einen umfassenderen Schutz als eine Konditionsdifferenz-Versicherung in Fällen, in denen es nicht nur um Unterschiede beim Deckungsumfang, sondern auch darum geht, daß dem Käufer die Bonität und Schadensregulierungspraxis des ausländischen Versicherers nicht bekannt sind und/oder die Gefahr besteht, daß Devisenbeschränkungen die Überweisung von Schadenzahlungen erschweren oder unmöglich machen. Die Schutzversicherung stellt den Käufer so, also ob keine ausländische Versicherung bestünde. Der Versicherungsnehmer muß zunächst den vollen Beitrag zahlen und erhält bei Vorlage der ausländischen Police eine entsprechende Beitragsrückerstattung. Im Schadenfall leistet der Schutzversicherer grundsätzlich vor. Der Käufer ist verpflichtet, alle Rechte gegenüber der ausländischen Versicherungsgesellschaft zu wahren und erhaltene Schadensbeträge an den Schutzversicherer abzuführen.

Die *Mehrwertversicherung* deckt eine eventuelle Erhöhung des Wertes der versicherten Ware durch Preissteigerungen oder Wechselkursänderungen während der Reise.

5. Versicherungsvertrag

Der *Versicherungsvertrag* wird zwischen dem Versicherer und dem Versicherungsnehmer geschlossen. Der Versicherte ist entweder der Versicherungsnehmer selbst oder eine dritte Person. Im Versicherungsvertrag, der durch den *Versicherungsschein (Police)* belegt wird, verpflichtet sich der Versicherer, während der Vertragsdauer gegen Zahlung eines bestimmten Beitrags *(Prämie)* alle Verluste und Schäden im vereinbarten bedingungsgemäßen Umfang bis zur Höhe der Versicherungssumme zu ersetzen. In den Fällen, in denen der Verkäufer die Versicherung für den Käufer abzuschließen hat (CIF und CIP), muß diese auf die Währung des Vertrages lauten und den „imaginären Gewinn", d. h. den vom Käufer erwarteten Wiederverkaufsgewinn, decken. Es ist ohne weiteres möglich, eine Versicherung bei einer deutschen Gesellschaft abzuschließen, bei der die Beitragszahlung in DM, die Ersatzleistung aber in Fremdwährung bezahlt wird.

Die Versicherung kann eine *Einzelversicherung* oder eine *laufende Versicherung* sein. Letztere wird von Unternehmen abgeschlossen, die häufig Sendungen versichern müssen. Bei der *Einzelversicherung* wird der Versicherungsschein als *Einzelpolice,* bei der *laufenden Versicherung* als *laufende Police* oder *Generalpolice* bezeichnet. Die Einzelpolice wird für einen einzelnen Transport ausgestellt, wobei der Beitrag sofort in Rechnung gestellt wird. Die laufende Police ist ein Rahmenvertrag, durch den automatisch Versicherungsschutz für die dort genannten Waren und Transportwege gewährt wird. Der Versicherungsnehmer ist verpflichtet, dem Versicherer alle Transporte zu melden, die unter die laufende Versicherung fallen *(Deklarationspflicht).* Die Anmeldung erfolgt wöchentlich, monatlich oder vierteljährlich; die Beitragsabrechnung findet jeweils nachträglich statt.

Bei der laufenden Police stellt der Versicherer *Versicherungszertifikate* aus, die als Versicherungsnachweis für die einzelnen aufgrund einer solche Police versicherten Sendungen dienen.

6. Versicherungsbedingungen

Die deutschen Versicherer stellen Policen nach den deutschen oder den englischen Bedingungen aus.

Die deutschen Bedingungen sind in den *„Allgemeinen Deutschen Seeversicherungsbedingungen" (ADS)* vom 1919 enthalten, die im Bereich der Güterversicherung durch die

ADS Güterversicherung 1973 in der Fassung von 1984 ergänzt werden. Sie sehen zwei Deckungen vor, nämlich die *volle Deckung* und die *Strandungsfall-Deckung*.

Die *volle Deckung* ist eine Allgefahrendeckung: „Der Versicherer leistet ohne Franchise Ersatz für Verlust oder Beschädigung der versicherten Güter als Folge einer versicherten Gefahr“ (ADS, Ziffer 1.2). (Die *Franchise* ist eine Freigrenze für den Versicherer, der nur den über dieser Freigrenze liegenden Schaden vergüten muß.) Die *Strandungsfall-Deckung* umfaßt neben dem Strandungsfall eine Reihe sonstiger Ereignisse. Der Beitrag ist wesentlich niedriger als bei der vollen Deckung. Diese eingeschränkte Deckung kommt u.a. für Massengüter in Frage.

Beiträge zur großen Havarie werden dem Versicherten bei beiden Deckungsformen ersetzt. Andererseits gibt es eine Reihe von Risiken, die von der Deckung grundsätzlich ausgeschlossen sind (Krieg, Bürgerkrieg, Streiks, Aussperrungen, terroristische Gewalthandlungen, Kernenergie, Beschlagnahme). Diese Risiken können gegen eine zusätzliche Prämie mitversichert werden, wobei sich der Versicherer jedoch besondere Kündigungsmöglichkeiten vorbehält; das Kriegsrisiko an Land ist nach den deutschen und internationalen Bedingungen nicht versicherbar.

Schäden und Verluste, die z. B. durch inneren Verderb (Fäulnis oder Gärung), die natürliche Beschaffenheit der Güter und Transportverzögerungen verursacht werden, sind nicht versicherbar.

Die englischen Bedingungen tragen die Bezeichnung *„Institute Cargo Clauses“ (ICC)*. Sie wurden zum 1. Januar 1982 neu gefaßt und sehen drei Deckungsformen vor, nämlich die Klauseln A, B und C.

Die *A-Klausel* ist eine Allgefahrenklausel, die an die Stelle der früheren „All-risks-Klausel“ getreten ist. Die *B-* und die *C-Klausel* ersetzten die Klauseln „With average“ (WA) und „Free from particular average“ (FPA) und sehen eine eingeschränkte Deckung vor.

7. Havarie

Der Begriff *„Havarie“* (auch „Haverei“) kommt in der Binnen- und Seeschiffahrt vor. Man unterscheidet dabei die *große*, die *besondere* und die *kleine Havarie*.

Als *große Havarie (Havarie-grosse, gemeinschaftliche Havarie)* bezeichnet man Schäden oder Aufwendungen, die durch eine zur Errettung von Schiff und Ladung aus gemeinsamer Gefahr notwendige und vom Kapitän angeordnete Maßnahme verursacht werden. Solche Maßnahmen sind z. B. das Überbordwerfen der Ladung eines in Seenot geratenen Schiffes *(Seewurf)*, freiwillige Strandung, das Fluten von Laderäumen zur Löschung eines Brandes, das Anlaufen eines Nothafens, die Anheuerung von Hilfsmannschaften usw. Die bei Fällen großer Havarie entstehenden Schäden und Kosten sind von den Beteiligen, d. h. dem Reeder und den Ladungseigentümern, gemeinsam zu tragen. Die Genannten haften nur mit Schiff, Fracht und Ladung, nicht persönlich. Wenn eine Versicherung besteht, werden die Beiträge zur großen Havarie von der Versicherungsgesellschaft übernommen.

Besondere Havarie liegt vor, wenn durch ein zufällig eintretendes Ereignis (Schiffszusammenstoß, Strandung, Leckwerden des Schiffes, Ausbruch eines Brandes an Bord usw.) Schäden oder Verluste entstehen.

Unter *kleiner Havarie* versteht man die bei einer Schiffsreise anfallenden Nebenkosten, wie z. B. Lotsengeld, Hafengebühren, Leuchtfeuergeld usw., für die der Reeder aufkommen muß. Diese Kosten werden jedoch bei der Festsetzung der Fracht berücksichtigt.

8. Verfahren bei Seeschäden

Wenn Verdacht eines Schadens besteht, empfiehlt es sich für den Empfänger, den Empfang der Sendung (z. B. auf dem Frachtdokument) nur unter Vorbehalt zu quittieren. Im Falle eines Schadens stellt er seine Ersatzansprüche gegen Dritte z. B. dadurch sicher, daß er von ihnen eine Bescheinigung des Schadens verlangt oder sie zu einer gemeinsamen Schadensbesichtigung auffordert, und zwar bei äußerlich erkennbaren Schäden vor Annahme des Gutes und bei äußerlich nicht erkennbaren Schäden unverzüglich nach Entdeckung. Ferner muß er für die Minderung des entstandenen und die Abwendung weiteren Schadens sorgen und sich an den in der Police oder dem Zertifikat genannten *Havariekommissar* wenden. Dieser besichtigt dann den Schaden an Ort und Stelle und stellt ein *Havariezertifikat (Schadenzertifikat)* aus.

Der Versicherungsfall ist dem Versicherer unverzüglich unter Vorlage der vollständigen Schadenunterlagen anzuzeigen. Zu den Schadenunterlagen gehören u.a.

- Schadenrechnung
- Police oder Zertifikat
- Havariezertifikat
- Konnossement, Frachtbrief, sonstige Transport- oder Lagerdokumente
- Handelsfaktura
- Bescheinigung des Schadens durch Dritte
- schriftliche Abtretungserklärung des aus dem Beförderungsvertrag Berechtigten an den Versicherer

Nach Prüfung der eingereichten Unterlagen zahlt der Versicherer die Schadensumme. Es besteht die Möglichkeit, Transportschäden im Ausland an Ort und Stelle zu regulieren. (In der Police oder dem Zertifikat wird neben dem Havariekommissar auch die in Frage kommende Zahlstelle genannt.)

Wenn kein tatsächlicher Totalverlust eingetreten ist, aber die Kosten für die Bergung von Schiff und Ladung deren Veräußerungswert übersteigen würde *(konstruktiver Totalschaden),* kann der Versicherte *abandonnieren,* d. h. gegen Abtretung der versicherten Sache Zahlung der Versicherungsumme verlangen.

Die bei *Havarie-grosse-Fällen* verursachten Schäden und Aufwendungen werden von einem gerichtlich vereidigten Sachverständigen – dem *Dispacheur* – festgestellt und auf Schiff, Fracht und Ladung aufgeteilt. Die *„Aufmachung der Dispache“,* d. h. die endgültige Feststellung der Havariebeiträge, nimmt meist längere Zeit in Anspruch. Von Havarie-grosse betroffene Güter werden erst freigegeben, wenn die Zahlung des Havariebeitrags gesichert ist. Soweit der Empfänger keine Havarie-grosse-Garantie des Versicherers vorlegen kann, muß er einen *Havariebond* zeichnen und eventuell einen *Bareinschuß* leisten. In Fracht- und Charterverträgen wird üblicherweise die Abwicklung von Havarie-grosse-Fällen nach den *York-Antwerpener Regeln (York-Antwerp Rules)* vereinbart, die die jeweiligen nationalen Vorschriften ersetzen.

Wenn während der Reise besondere Ereignisse eingetreten sind, die Verluste oder Schäden an Schiff und Ladung verursacht haben (bzw. verursacht haben könnten), muß der Kapitän – falls dies verlangt wird – vor dem zuständigen Gericht oder Konsulat einen eidlichen Bericht über den Reiseverlauf unter Vorlage des Schiffstagebuchs erstatten. Diesen Vorgang, der der Beweissicherung dient, bezeichnet man als *Seeprotest* oder *Verklarung*.

XI. Zahlungsbedingungen und Zahlungsverkehr

1. Festsetzung der Zahlungsbedingungen

Während der Verkäufer die Zahlung zum frühestmöglichen Zeitpunkt erhalten möchte, wünscht der Käufer im allgemeinen ein möglichst langes Zahlungsziel. Dies gilt auch für den Außenhandel. Welche *Zahlungsbedingungen* dann tatsächlich zur Anwendung gelangen, hängt weitgehend von der Situation auf dem jeweiligen Markt ab. Bei einem *Käufermarkt,* d. h. einem Markt, auf dem die Nachfrager das größere Gewicht haben, überwiegen die „weichen", also für den Importeur günstigen Zahlungsbedingungen. Bei einem *Verkäufermarkt,* d. h. einem Markt, auf dem die Anbieter die stärkere Position haben, überwiegen die „harten", also für den Exporteur günstigen Konditionen. Neben der Wettbewerbslage sind bei der Festsetzung der Zahlungsbedingungen vor allem folgende Gesichtspunkte von Bedeutung: die Bonität des Käufers, die politischen und wirtschaftlichen Verhältnisse im Käuferland („Bonität des Käuferlandes"), die Handelsbräuche und etwaige im Verkäufer- oder Käuferland geltende Devisenbestimmungen.

2. Nichtdokumentäre und dokumentäre Konditionen

Nichtdokumentäre Konditionen sind Zahlungsbedingungen, bei denen keine Dokumente verwendet werden. Bei den *dokumentären Konditionen* erfolgt die Zahlung (bzw. Akzeptierung eines Wechsels) gegen Vorlage der Dokumente.

Die nichtdokumentären Konditionen sind praktisch identisch mit den üblicherweise im Binnenhandel angewandten Zahlungsbedingungen; sie können Zahlung vor Lieferung, bei Lieferung oder nach Lieferung vorschreiben:

Zahlung vor Lieferung (z. B. Vorauskasse, Zahlung bei Auftragserteilung). Da bei diesen Zahlungsbedingungen der Importeur die ganze Finanzierungslast zu tragen hat, kann sie der Exporteur nur durchsetzen, wenn er eine sehr starke Marktposition hat. Andererseits kommt es jedoch auch vor, daß der Importeur von sich aus Vorauszahlung anbietet, um einen größeren Preisnachlaß zu erhalten, bevorzugt beliefert zu werden (bei langen Lieferfristen) oder – wenn er in der Währung des Exportlandes zahlen muß – um einer Aufwertung oder einem Kursanstieg dieser Währung bzw. einer Abwertung oder einem Kursrückgang der eigenen Währung zuvorzukommen. Zur Begrenzung seines Risikos, z. B. bei Sonderanfertigungen, kann der Exporteur Vorauszahlung eines Teils des Kaufpreises, also eine *Anzahlung,* verlangen. (Anzahlungen kommen auch in Verbindung mit dokumentären Zahlungsbedingungen vor.)

Will der Importeur eine Sicherheit dafür haben, daß er die geleistete Vorauszahlung oder Anzahlung zurückerhält, falls der Exporteur seinen Lieferverpflichtungen nicht nachkommen kann, so verlangt er vom Exporteur eine Bankgarantie in Höhe seiner Vorauszahlung oder Anzahlung *(Vorauszahlungs-* bzw. *Anzahlungsgarantie).*

Zahlung bei Lieferung (z. B. netto Kasse bei Erhalt der Ware, gegen Nachnahme). Wenn Zahlung bei Erhalt der Ware vereinbart wird, ist der Importeur verpflichtet, den Rechnungsbetrag sofort bei Eingang der Sendung zu begleichen. Der Exporteur liefert die Ware an seinen Kunden, verschafft ihm also den Besitz derselben, ohne die Gewißheit zu haben, daß die Zahlung auch tatsächlich erfolgt. Dagegen läßt der Exporteur bei Nachnahmesendungen den Rechnungsbetrag durch einen Dritten (z. B. Post, Spedition, Transportunternehmen) einziehen, der dem Importeur die Ware erst aushändigt, nachdem dieser bezahlt hat. Hier behält der Verkäufer zwar die Kontrolle über die Ware, bis die Zahlung erfolgt ist, er muß aber – falls der Käufer die Annahme der Ware verweigert – die Kosten bzw. Verluste tragen, die sich bei einem Rücktransport oder einer Versteigerung an Ort und Stelle ergeben.

Einzelheiten über Paketlieferungen ins Ausland gegen Nachnahme sind bei der Post zu erfragen. Soweit im internationalen Eisenbahngüter- und Luftfrachtverkehr Nachnahmen möglich sind, erfolgen diese aufgrund des internationalen Eisenbahn- bzw. Luftfrachtbriefs. Die Einziehung von Nachnahmebeträgen im Ausland (auch in Übersee) kann der Exporteur ferner von einer internationalen Spedition, seinem ausländischen Vertreter oder der eigenen Niederlassung im Ausland durchführen lassen. Die Sendung wird in diesem Fall an die Auslandsniederlassung oder den ausländischen Korrespondenten des Speditionsunternehmens bzw. an den ausländischen Vertreter oder die Auslandsniederlassung der Exportfirma mit der Anweisung gerichtet, sie nach Zahlung des Rechnungsbetrages an den Empfänger auszuliefern. Devisenrechtliche Bestimmungen im Käuferland können die Nachnahme erschweren oder unmöglich machen.

Zahlung nach Lieferung (z.B. 2 Monate Ziel, zahlbar innerhalb 30 Tagen nach Rechnungsdatum, zahlbar innerhalb 14 Tagen mit 2% Skonto oder innerhalb 30 Tagen netto[1], gegen Drei-Monats-Akzept, gegen 60-Tage-Bankakzept). Bei diesen Konditionen trägt der Exporteur die Last der Finanzierung. Er gewährt seinem Abnehmer einen *Lieferantenkredit,* entweder in Form eines offenen Ziels oder eines Akzeptkredits. Das *offene Ziel,* auch *offener Buchkredit* genannt, ist ein ungedeckter Warenkredit. Zur Minderung seines Risikos kann der Exporteur eine Anzahlung verlangen, einen Eigentumsvorbehalt vereinbaren oder sich in anderer Weise absichern; er kann das Risiko auch aufgrund einer Delkrederevereinbarung oder einer Ausfuhrkreditversicherung auf einen Dritten übertragen.

Wenn der Exporteur dem Importeur einen *Akzeptkredit* gewährt, erhält er das Wechselakzept des Importeurs. Ein *Wechselakzept* ist ein abstraktes (d. h. vom Grundgeschäft losgelöstes) Zahlungsversprechen des Akzeptanten, dessen Erfüllung notfalls auf dem Weg einer Wechselklage erzwungen werden kann. Hier ist jedoch zu berücksichtigen, daß im Ausland eventuell andere wechselrechtliche Bestimmungen gelten als in der Bundesrepublik. Neben den bereits erwähnten Methoden der Absicherung kann der Exporteur auch die Avalierung des Importeurakzepts durch die Bank des Importeurs verlangen. Eine weitere Möglichkeit besteht darin, statt des Käuferakzepts ein *Bankakzept* vorzuschreiben; in diesem Fall muß der Importeur veranlassen, daß eine Bank die Tratte des Exporteurs akzeptiert.

---

1 Skontogewährung kommt im Außenhandel nur selten vor.

Die wichtigsten dokumentären Konditionen, nämlich *Kasse gegen Dokumente, Dokumente gegen Akzept, Wechselrembours* und *Dokumenten-Akkreditiv,* werden nachstehend erklärt.

3. Kasse gegen Dokumente

Bei der Zahlungsform *„Kasse gegen Dokumente"* – engl. *„documents against payment" (D/P)* oder *„cash against documents" (CAD)* – übergibt der Exporteur seiner Bank die Dokumente mit der Anweisung, diese über ihre Korrespondenzbank im Einfuhrland dem Importeur gegen Zahlung des Rechnungsbetrages aushändigen zu lassen. Der Einzug kann aufgrund einer Sichttratte erfolgen, der die Dokuments beigefügt werden *(dokumentäre Tratte* oder *Dokumententratte).* Der Exporteur kann auch eine Speditionsfirma oder seine eigene Vertretung bzw. Niederlassung im Einfuhrland mit dem Inkasso beauftragen.

Im Überseegeschäft kommen bisweilen auch Inkassi vor, bei denen die Dokumente von einer Zieltratte begleitet werden. Hier darf die Bank im Einfuhrland die Dokumente dem Importeur ebenfalls erst nach erfolgter Zahlung überlassen. Trifft die Ware ein, bevor die Tratte fällig ist, so können Lagerkosten dadurch vermieden werden, daß der Importeur den Wechsel vorzeitig einlöst oder die Inkassobank im Land des Importeurs dem Importeur die Dokumente im Rahmen eines Kredits überläßt. Wenn die Inkassobank dem Importeur die Dokumente ohne vorherige Bezahlung aushändigt, tut sie dies auf eigenes Risiko.

„Kasse gegen Dokumente" ist die dokumentäre Form des Nachnahmegeschäfts. Das Risiko der Nichtaufnahme der Dokumente tritt daher an die Stelle des Risikos der Nichtannahme der Ware. Es kommt auch vor, daß zweifelhafte Firmen in Übersee in der Weise Druck auf den Exporteur ausüben, daß sie damit drohen, die Einlösung der Dokumente zu verweigern, falls ihnen der Exporteur den geforderten größeren Preisnachlaß nicht gewährt.

Bei Nichteinlösung von Dokumenten läßt der Exporteur zunächst die Ware einlagern und versichern und bemüht sich dann, einen anderen Käufer zu finden. Wenn die Ware nicht innerhalb kurzer Zeit anderweitig verkauft werden kann, hat der Exporteur nur zwei Möglichkeiten: den Rücktransport auf seine Kosten oder – falls dieser wegen der Verderblichkeit der Ware oder der großen Entfernung nicht in Frage kommt – die Versteigerung an Ort und Stelle. Es ist dabei schon vorgekommen, daß Importeure, die sich zuerst nicht zur Übernahme der Dokumente gemeldet hatten, die Ware bei der Auktion billig ersteigerten bzw. durch einen Strohmann ersteigern ließen.

4. Dokumente gegen Akzept

Bei der Zahlungsform *„Dokumente gegen Akzept"* – engl. *„documents against acceptance" (D/A)* – übergibt der Exporteur seiner Bank die Dokumente und eine auf den Importeur gezogene Zieltratte mit der Anweisung, die Dokumente über ihre Korrespondenzbank im Einfuhrland dem Importeur nach Akzeptierung der Tratte aushändigen zu lassen. Die Laufzeit der D/A-Dokumententratte richtet sich nach dem handelsüblichen Ziel *(Usance-Wechsel).*

Durch die Anwendung dieser Zahlungsform wird gewährleistet, daß der Importeur die Dokumente erst dann bekommt, wenn er sich durch Akzeptleistung zur Zahlung verpflichtet hat. Wird der Wechsel bei Fälligkeit nicht eingelöst, ist keine warenmäßige Sicherheit mehr vorhanden und die Lage des Exporteurs ist die gleiche wie bei Nichteinlösung eines gewöhnlichen (nichtdokumentären) Wechsels. Der Exporteur kann jedoch zu seiner Sicherheit einen Bankaval verlangen.

5. Abwicklung von Dokumenteninkassi

Als *Dokumenteninkasso* bezeichnet man die Einziehung des Gegenwerts von Dokumenten, entweder in bar oder in Form eines Akzepts (gelegentlich auch in Form eines Solawechsels). Mit der Durchführung des Inkassos beauftragt der Exporteur meist seine Bank, die dann ihrerseits ihre Niederlassung oder Korrespondenzbank im Lande des Importeurs einschaltet.

Bei einem solchen Inkasso behält der Exporteur die Verfügungsgewalt über die versandte Ware, bis der Importeur Zahlung geleistet bzw. sein Akzept gegeben hat, wobei jedoch berücksichtigt werden muß, daß es verschiedene Arten von Transportdokumenten gibt: Ist das Transportdokument ein Traditionspapier, z. B. ein Konnossement, erhält der Importeur die Sendung nur gegen Vorlage des betreffenden Dokuments; ist das Transportdokument jedoch z. B. ein Frachtbriefdoppel und somit kein Traditionspapier, erhält der Empfänger die Ware auch ohne Vorlage des Dokuments ausgehändigt. In diesem Fall ist es daher notwendig, die Sendung an einen neutralen Empfänger, z. B. einen Spediteur, zu richten, der sie dann zur Verfügung der ausländischen Inkassobank hält.

Das Dokumenteninkasso über die Bank wird wie folgt abgewickelt:

Nach Versand der Ware übergibt der Exporteur seiner Bank (Einreicherbank) einen Inkassoauftrag zusammen mit den Versanddokumenten und gegebenenfalls einer auf den Importeur gezogenen Tratte. Der Inkassoauftrag wird auf einem Vordruck der Bank erteilt und muß u.a. Antwort auf folgende Fragen geben:

- Sind die Dokumente gegen Zahlung oder Akzept auszuhändigen?
- Soll Zahlung oder Akzepthergabe bei erster Präsentation oder erst nach Ankunft des Dampfers erfolgen? Soll dem Importeur gestattet werden, die Waren vorher zu besichtigen?
- Ist die akzeptierte Tratte zurückzusenden oder soll sie zum Einzug im Ausland verbleiben?
- Was soll mit dem eingehenden Dokumentengegenwert geschehen?
- Was soll bei Akzept- oder Zahlungsverweigerung unternommen werden?
- Was soll bei Nichtaufnahme der Dokumente mit den Waren geschehen? Sind sie einzulagern und zu versichern? Soll auf Kosten des Auftraggebers der Rücktransport veranlaßt werden?
- Sind bei Schwierigkeiten irgendwelche Repräsentanten einzuzuschalten und, wenn ja, welche Vollmachten haben sie?

Die Einreicherbank gibt die ihr vom Exporteur erteilten Weisungen zusammen mit den Dokumenten und der eventuell beiliegenden Tratte an die Inkassobank im Land des Importeurs weiter. Wenn sich unter den Inkassodokumenten Traditionspapiere befinden, so werden diese und – wenn möglich – auch die übrigen Dokumente aufgeteilt und in zwei Sätzen mit erster und zweiter Luftpost versandt.

Die Banken wickeln Dokumenteninkassi nach den von der Internationalen Handelskammer aufgestellten *„Einheitlichen Richtlinien für Inkassi“* ab, die weltweit angewandt werden.

6. Wechselrembours

Beim *Wechselrembours* erhält der Exporteur bei Vorlage der Dokumente das Akzept einer Bank *(„Dokumente gegen Bankakzept“)*. Der Importeur muß sich von seiner Bank einen dokumentären Akzeptkredit einräumen lassen, aufgrund dessen sich die Bank bereit erklärt, dem Exporteur gegen Übergabe der Dokumente ihr Akzept zur Verfügung zu stellen (was selten vorkommt) oder zu veranlassen, daß das Akzept durch eine Bank im Land des Exporteurs (oder eine Bank in einem dritten Land) gegeben wird. Der Exporteur kann das Bankakzept bei der akzeptierenden Bank oder seiner Hausbank diskontieren lassen und erhält auf diese Weise sofort Bargeld. Remboursgeschäfte werden meist in der Form eines unwiderruflichen Dokumentenakkreditivs durchgeführt.

7. Dokumenten-Akkreditiv

a) Definition

Ein *Dokumenten-Akkreditiv* ist eine Vereinbarung, nach der eine im Auftrag eines Kunden („Auftraggeber“) oder im eigenen Interesse handelnde Bank („eröffnende Bank“) bei Erfüllung bestimmter Bedingungen (Vorlage der im Akkreditiv vorgesehenen Dokumente) eine banküblich Leistung (Zahlung, Akzept, Negoziierung) zur Verfügung stellt. Akkreditive sind von Kauf- und anderen Verträgen, auf denen sie beruhen, getrennte Geschäfte. Im Akkreditivgeschäft befassen sich alle Beteiligten nur mit Dokumenten und nicht mit den durch die Dokumente belegten Waren, Dienstleistungen oder sonstigen Leistungen.

b) Widerrufliche und unwiderrufliche, bestätigte und unbestätigte Akkreditive

Ein Akkreditiv kann *widerruflich* oder *unwiderruflich* sein, wobei eindeutig angegeben sein muß, ob es widerruflich oder unwiderruflich ist. Fehlt eine solche Angabe, gilt das Akkreditiv als unwiderruflich. Ein *widerrufliches Akkreditiv* kann jederzeit ohne Benachrichtigung des Begünstigten geändert oder annulliert werden. Die eröffnende Bank muß aber einer anderen Bank, bei der ein widerrufliches Akkreditiv zur Zahlung, Akzeptleistung oder Negoziierung zahlbar gestellt ist, alle Leistungen ersetzen, die diese vor Eingang der Nachricht über die Änderung oder Annullierung vorgenommen hat. Ein *unwiderrufliches Akkreditiv* begründet eine feststehende Verpflichtung der eröffnenden Bank, bei Erfüllung der Akkreditivbedingungen die vorgesehene Bankleistung zu erbringen. Es kann ohne Zustimmung aller Beteiligten weder geändert noch annulliert werden. (In der Regel verlangt der Exporteur die Stellung eines unwiderruflichen Akkreditivs.)

Es gibt *bestätigte unwiderrufliche Akkreditive* und *unbestätigte unwiderrufliche Akkreditive.* (Widerrufliche Akkreditive sind stets unbestätigt.) Wenn die eröffnende Bank eine andere Bank beauftragt oder ermächtigt, das unwiderrufliche Akkreditiv zu bestätigen, geht die bestätigende Bank die gleiche Verpflichtung ein wie die eröffnende Bank. Ein unbestätigtes unwiderrufliches Akkreditiv wird dem Begünstigen lediglich avisiert, wobei das Avis ohne Verbindlichkeit der avisierenden Bank erteilt wird. Da die Bankgebühren für bestätigte unwiderrufliche Akkreditive höher sind als für unbestätigte, verlangt der Exporteur nur dann eine Bestätigung durch eine Bank in seinem Land, wenn dies für die Sicherheit des Akkreditivs notwendig ist. Das unbestätigte unwiderrufliche Akkreditiv ist daher die in der Praxis am häufigsten vorkommende Akkreditivform.

c) Einlösung

Zur *Einlösung des Akkreditivs* muß der Begünstigte die im Akkreditiv vorgesehenen Dokumente vor dem Verfalldatum der Bank übergeben, bei der es benutzbar ist (der eröffnenden Bank, der avisierenden bzw. bestätigenden Bank oder einer anderen Bank). Die Bank prüft, ob die Dokumente vollständig sind und in ihrer äußeren Aufmachung den Akkreditivbedingungen entsprechen. Die Banken haften nicht für die Vollständigkeit, Genauigkeit, Echtheit oder Rechtswirksamkeit der Dokumente; außerdem übernehmen sie keine Verantwortung für Menge, Gewicht, Qualität, Beschaffenheit usw. der durch die Dokumente vertretenen Waren oder Leistungen. Wenn die Dokumente ihrer äußeren Aufmachung nach nicht den Akkreditivbedingungen entsprechen, können die Banken die Aufnahme verweigern. Werden solche Dokumente unter Vorbehalt oder gegen Garantie aufgenommen, betrifft dies allein das Verhältnis zwischen der aufnehmenden Bank und dem Einreicher.

Das Akkreditiv kann dem Begünstigten durch Sichtzahlung, hinausgeschobene Zahlung, Akzeptleistung oder Negoziierung zur Verfügung gestellt werden. Wenn Sichtzahlung vorgesehen ist, erhält der Begünstigte die Zahlung sofort bei Einreichung der Dokumente. Bei hinausgeschobener Zahlung *(„Deferred-Payment-Akkreditive“)* erfolgt die Zahlung nicht sofort bei Vorlage der Dokumente, sondern zu einem späteren Zeitpunkt. Soll eine Akzeptleistung erfolgen, zieht der Begünstigte eine Tratte (oder mehrere Tratten) auf die im Akkreditiv vorgeschriebene Bank (die eröffnende, die bestätigende oder eine andere Bank), die die Tratte(n) bei Vorlage der Dokumente mit ihrem Akzept versieht und später bei Fälligkeit einlöst. Ist eine Negoziierung vorgesehen, werden die vom Begünstigten gezogenen Tratten von der eröffnenden oder bestätigenden Bank ohne Rückgriff auf den Aussteller negoziiert, d. h. angekauft. (Ein Akkreditiv soll nicht durch Trattenziehungen auf den Auftraggeber benutzbar gestellt sein.)

d) Vorteile und Risiken

Beim Akkreditiv hat der Exporteur den Vorteil, daß die Zahlung durch eine Bank – bei unwiderruflichen und bestätigten Akkreditiven sogar durch zwei Banken – garantiert wird. Der Importeur andererseits hat die Gewähr, daß der Exporteur das Geld erst nach Erfüllung der Akkreditivbedingungen erhält. Die Bank, der die Dokumente vorgelegt werden, muß – wie oben ausgeführt – genau prüfen, ob diese formal mit den Akkreditivbedingungen übereinstimmen. Da das Akkreditiv jedoch ein Dokumentengeschäft ist, erweist sich die Richtigkeit der in den Dokumenten gemachten Angaben erst nach Ankunft der Sendung. Hier liegt für den Importeur ein gewisses Risiko. Zur Ausschaltung dieses Risikos kann der Importeur veranlassen, daß vom Exporteur im Rahmen der Akkreditivbedingungen auch die Vorlage eines von einem unabhängigen Dritten (z. B. einer Warenprüfungsgesellschaft) ausgestellten Prüfungszertifikats oder Qualitätszeugnisses verlangt wird.

e) Einheitliche Richtlinien und Gebräuche für Dokumenten-Akkreditive

Ähnlich wie für dokumentäre Inkassi hat die Internationale Handelskammer auch Begriffsbestimmungen und Regeln für Akkreditive aufgestellt, die *„Einheitlichen Richtlinien und Gebräuche für Dokumenten-Akkreditive"*. Diese Regeln, die weltweit von den Banken und Bankenvereinigungen angenommen worden sind (die neueste Fassung ist die von 1993), gelten für alle Akkreditive, in denen ausdrücklich darauf Bezug genommen wird. Die Einheitlichen Richtlinien sind für alle Beteiligten verbindlich, sofern im Akkreditiv nicht ausdrücklich etwas anderes vorgesehen ist; sie werden durch ein Standard-Akkreditiv-Formular ergänzt.

f) Sonderformen des Akkreditivs

Zu den durch die Einheitlichen Richtlinien geregelten Akkreditiven gehören neben den Dokumenten-Akkreditiven auch die sog. *„Standby Letters of Credit"*. Diese Akkreditive sind vornehmlich als Sicherungsinstrumente gedacht, die z. B. als Vorauszahlungsgarantie, Bietungs- oder Leistungsgarantie verwendet werden. Bei Eintritt des Garantiefalls, der durch geeignete Unterlagen nachgewiesen werden muß, wird das Akkreditiv zur Auszahlung fällig.

Die Richtlinien erstrecken sich auch auf die bereits erwähnten „Deferred-Payment-Akkreditive" und die angelsächsischen *Handelskreditbriefe (commercial letters of credit)*. Ein Handelskreditbrief wird von der eröffnenden Bank direkt an den Begünstigten gerichtet und ermächtigt diesen, eine oder mehrere Währungstratten (in US-Dollar oder Pfund Sterling) bis zum angegebenen Höchstbetrag auf die eröffnende Bank zu ziehen. Diese verpflichtet sich zur Einlösung der Tratte bzw. Tratten, vorausgesetzt, daß gleichzeitig bestimmte Dokumente vorgelegt werden und die Ausstellung sowie die Negoziierung der Tratte bzw. Tratten spätestens am genannten Verfalltag erfolgt. Es steht dem Begünstigten frei, welche Bank er als negoziierende Bank einschalten will *(frei negoziierbare Akkreditive)*. Wird jedoch eine bestimmte dritte Bank als abwickelnde Bank vorgeschrieben, ist die Abwicklung an diese Bank gebunden *(restricted commercial letter of credit).)*

Außerdem gibt es noch *übertragbare Akkreditive, Gegenakkreditive, Red-Clause-Akkreditive* und *revolvierende Akkreditive.*

Wenn ein Akkreditiv von der eröffnenden Bank ausdrücklich als übertragbar bezeichnet wird, ist der Begünstigte berechtigt, die Bank in seinem Land anzuweisen, das Akkreditiv bzw. einen Teil desselben auf einen anderen, den Zweitbegünstigten, oder auf mehrere Zweitbegünstigte im gleichen Land zu übertragen. Übertragbare Akkreditive kommen z. B. vor, wenn der Begünstigte Exporthändler ist und dem Hersteller der Ware durch die Übertragung seiner Rechte aus dem Akkreditiv Gewißheit über den Eingang der Zahlung verschaffen will. Bei der Übertragung darf der Erstbegünstigte den Akkreditivbetrag reduzieren, die Gültigkeitsdauer des Akkreditivs verkürzen und seinen Namen an die Stelle des ursprünglichen Auftraggebers setzen. Alle übrigen Bedingungen des Akkreditivs müssen jedoch unverändert bleiben. (Der Unterschied zwischen dem Betrag, der übertragen wird, und dem Akkreditivbetrag stellt den Gewinn des Exporthändlers dar.)

Als *Gegenakkreditiv (back-to-back credit)* bezeichnet man ein separates Akkreditiv, das aufgrund eines anderen Akkreditivs (Original-Akkreditiv) eröffnet wird. So kann z. B. ein Transithändler von seinem ausländischen Abnehmer die Eröffnung eines Akkreditivs zu seinen Gunsten, zahlbar bei seiner Bank, verlangen und seine Bank beauftragen, auf der Basis dieses Akkreditivs ein Gegenakkreditiv zugunsten des ausländischen Lieferanten der Ware hinauszulegen. Der Begünstigte des Originalakkreditivs wird also der Auftraggeber des Gegenakkreditivs. (Das Gegenakkreditiv ist um den Gewinn des Transithändlers niedriger als das Originalakkreditiv.)

Ein *Red-Clause-Akkreditiv* ermächtigt die avisierende oder bestätigende Bank, Vorauszahlungen an den Begünstigten vor Präsentation der Dokumente zu leisten. Auf diese Weise kann z. B. ein Wollexporteur in Australien zur Begleichung der Rechnungen seiner Lieferanten, der Schafzüchter, Mittel aus dem Akkreditiv erhalten.

Revolvierende Akkreditive (revolving credits) sind Akkreditive, die sich laufend erneuern. Sie werden eröffnet, wenn der Importeur regelmäßig Waren vom gleichen Exporteur bezieht. Während der Gültigkeitsdauer des Akkreditivs wird dem Exporteur ein bestimmter Betrag pro Zeitabschnitt (z. B. 10.000 US$ pro Monat) zur Verfügung gestellt, den er in der üblichen Weise gegen Vorlage der Dokumente für die einzelnen Sendungen in Anspruch nehmen kann. Ist das revolvierende Akkreditiv *kumulativ,* so wird eine eventuell nicht voll ausgenutzte Tranche der folgenden Tranche zugeschlagen. Beim *nichtkumulativen revolvierenden Akkreditiv* verfällt der Teil der Tranche, der nicht innerhalb des festgesetzten Zeitabschnitts ausgenutzt wird.

g) Abwicklung eines unbestätigten unwiderruflichen Dokumentenakkreditivs

1. Exporteur und Importeur vereinbaren Zahlung durch ein unbestätigtes unwiderrufliches Dokumentenakkreditiv.
2. Der Importeur (Auftraggeber) beauftragt seine Bank (Bank B), das Akkreditiv zugunsten des Exporteurs (Begünstigter) zu eröffnen. Er verwendet zu diesem Zweck einen Vordruck der Bank, in dem er alle Einzelheiten des zu eröffnenden Akkreditivs angibt (Akkreditivbetrag, Begünstigter, Bank des Begünstigten, Gültigkeitsdauer, daß das Akkreditiv unwiderruflich und unbestätigt sein soll, auf welchem Übertragungsweg die Eröffnung erfolgen soll, welche Dokumente vorzulegen sind, ob Teilsendungen erlaubt sind oder nicht usw.).
3. Bank B (eröffnende Bank) belastet den Auftraggeber auf einem besonderen Konto, dem Akkreditiv-Verpflichtungskonto, mit dem Akkreditivbetrag und auf seinem laufenden Konto mit ihrer Provision und den Spesen. (Die Bank könnte auch sofort das laufende Konto des Importeurs mit dem Akkreditivbetrag belasten. Außerdem besteht die Möglichkeit, daß sie das Akkreditiv im Rahmen eines dem Importeur gewährten Kredits eröffnet.) Daraufhin sendet Bank B das Akkreditiv-Eröffnungsschreiben an ihre Korrespondenzbank (Bank A), bei der das Akkreditiv zahlbar sein soll. Bank A

wird angewiesen, den Begünstigten von der Eröffnung des Akkreditivs unverbindlich in Kenntnis zu setzen.

4. Nach Eingang des Akkreditiv-Eröffnungsschreibens von Bank B benachrichtigt Bank A (avisierende Bank) den Begünstigten von der Akkreditivstellung.
5. Der Exporteur veranlaßt den Versand der Waren und beschafft die im Akkreditiv vorgesehenen Dokumente.
6. Die Sendung befindet sich an Bord des Seeschiffes auf dem Weg zum Bestimmungshafen.
7. Der Exporteur reicht die Dokumente (Konnossement, Versicherungspolice oder -zertifikat, Handelsrechnung usw.) in der im Akkreditiv vorgeschriebenen Anzahl bei Bank A ein. Wenn die Dokumente rechtzeitig vorgelegt werden und den Akkreditivbedingungen entsprechen, zahlt Bank A die Akkreditivsumme an den Exporteur aus bzw. schreibt sie ihm gut.
8. Bank A belastet das Konto der Bank B mit dem Akkreditivbetrag sowie mit ihrer Provision und den Spesen, soweit diese nicht vom Begünstigten zu zahlen sind, und sendet Bank B die Dokumente. Der Dokumentenversand erfolgt in zwei Teilen mit erster und zweiter Luftpost.
9. Nach Eingang der Dokumente nimmt Bank B die Gegenbuchung auf dem Konto der Bank A vor und belastet das laufende Konto des Importeurs unter Stornierung der Buchung auf dem Akkreditiv-Verpflichtungskonto. Anschließend händigt Bank B die Dokumente dem Importeur aus.
10. Der Importeur nimmt gegen Vorlage des Konnossements die Sendung in Empfang und beantragt die zollamtliche Abfertigung.

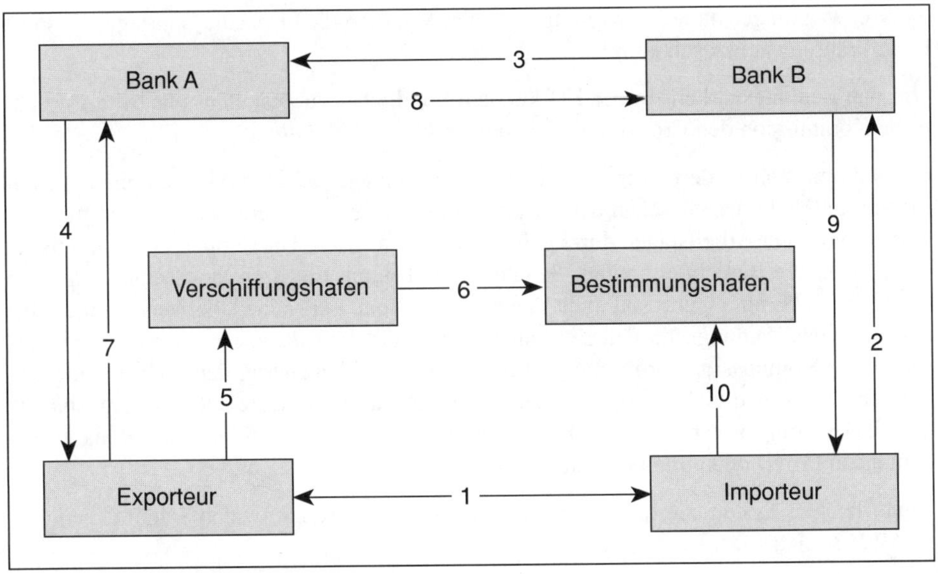

8. Auslandszahlungen

Auslandszahlungen werden meist unbar durch *Schecks* und *Überweisungen* abgewickelt. Bei den *Schecks* ist zwischen *Bankschecks* und *Kundenschecks* zu unterscheiden. *Bankschecks* werden von einer Bank auf ihr Guthaben bei einer anderen Bank (im In- oder Ausland) gezogen; *Kundenschecks* werden von einem Bankkunden auf sein Bankkonto ausgestellt. In Deutschland zahlbare Schecks können dem Einreicher sofort „E. v." (= *Eingang vorbehalten*) gutgeschrieben werden, im Ausland zahlbare Schecks muß der Einreicher seiner Bank zum Einzug übergeben, wobei – abgesehen von den Bankspesen – Zins- und eventuell auch Kursverluste entstehen.

Bei der *Überweisung* handelt es sich um den Auftrag eines Kunden an seine Bank, einen bestimmten Betrag zu Lasten seines Kontos dem genannten Empfänger gutzuschreiben oder gutschreiben zu lassen. Internationale Überweisungen werden über die Konten abgewickelt, die deutsche Banken bei Banken im Ausland (bei eigenen Niederlassungen oder Korrespondenten) und ausländische Banken bei Banken in Deutschland unterhalten. Die eigenen bei einer Bank im Ausland geführten Konten werden als *„Nostro-Konten"* und die für eine ausländische Bank geführten Konten als *„Loro-Konten"* bezeichnet. Bei der Übermittlung der Anweisungen zur Vornahme von Auszahlungen im Ausland bedienen sich die Banken der Möglichkeiten der modernen Telekommunikation.

Für eine deutsche Firma, die regelmäßig Gutschriften in einer fremden Währung erhält und auch in dieser Währung Zahlungen zu leisten hat, kann die Eröffnung eines Währungskontos bei einer Bank in Deutschland (oder eines Bankkontos im Ausland) vorteilhaft sein. Wenn sich die Ein- und Ausgänge auf diesem Konto in etwa die Waage halten, bleiben Kursschwankungen ohne Auswirkungen. Außerdem spart die Firma die Courtage, die sonst beim Währungsumtausch anfällt.

Um den Zahlungsverkehr in der EU kundenfreundlicher zu gestalten, plant die Europäische Kommission den Erlaß einer *Zahlungsverkehrs-Richtlinie.*

Die Kommission fordert in ihrem Richtlinienvorschlag, daß grenzüberschreitende Zahlungen innerhalb der zwischen dem Kunden und seiner Bank vereinbarten Frist bzw. innerhalb von fünf Arbeitstagen durchgeführt werden müssen. Die doppelte Gebührenbelastung (d. h. die Berechnung einer Gebühr sowohl durch die Bank des Zahlers als auch durch die des Empfängers) soll nicht mehr zulässig sein. Falls eine Überweisung nicht bei der Bank des Zahlungsempfängers eintrifft, wäre die Auftraggeberbank nach dem Vorschlag der Kommission verpflichtet, dem Auftraggeber den Betrag der Überweisung, zuzüglich Zinsen und Gebühren, zu erstatten. Die Richtlinie möchte auch die Transparenz bei Überweisungen verbessern, z. B. hinsichtlich der vom Kunden an seine Bank zu bezahlenden Provisionen und Gebühren.

Ein effizientes System zur technischen Abwicklung des internationalen Zahlungsverkehrs ist *SWIFT* (siehe nächste Seite).

9. SWIFT

SWIFT ist ein internationales Datenfernübertragungssystem für die Banken, das von der *„Society for Worldwide Interbank Financial Telecommunication“* in Brüssel (gegründet im Mai 1987) getragen wird. Dieses System dient in erster Linie der beleglosen Übermittlung von Kunden-Auslandszahlungen, wird aber auch im Devisenhandel und bei der Abwicklung von Dokumenteninkassi und Dokumenten-Akkreditiven eingesetzt. Derzeit nehmen mehr als 2000 Banken in über 50 Ländern am SWIFT-System teil.

Das *SWIFT-Netz* besteht aus drei miteinander verbundenen *Schaltzentralen (operating centres)* in Belgien, den Niederlanden und den USA sowie den *Konzentratoren (regional processors)* in den Mitgliedsländern. Die Konzentratoren sind jeweils durch eine Hauptleitung direkt oder indirekt mit einer der Schaltzentralen verbunden. Das SWIFT-Netz ist so ausgelegt, daß bei Ausfall einer Hauptleitung mittels einer Reserveleitung eine Verbindung zu einer anderen Schaltzentrale hergestellt werden kann. Der Konzentrator hat eine reine Durchschaltfunktion; er konzentriert die von den Banken eingehenden Daten und leitet sie an die zuständige Schaltzentrale weiter.

Die über SWIFT laufenden Nachrichten sind standardisiert und treffen in wesentlich kürzerer Zeit beim Empfänger ein als bei Benutzung der herkömmlichen Übertragungsmethoden. Durch die Standardisierung und die in das System eingebauten Kontrollelemente bietet SWIFT den beteiligten Banken ein besonders hohes Maß an Sicherheit. Außerdem werden die Nachrichten mit Hilfe besonderer EDV-Techniken zerhackt („verwürfelt“), so daß sie für Außenstehende nicht entzifferbar sind. Nur der Computer der empfangenden Bank kann die Bruchstücke so zusammensetzen, daß der Text lesbar wird.

XII. Forderungseinzug; Ausfuhrrisiken; Gewährleistungen des Bundes

1. Einziehung von Auslandsforderungen

Wenn ein ausländischer Abnehmer nicht rechtzeitig zahlt, sendet ihm der Exporteur – wie auch im Binnenhandel üblich – eine *Mahnung*. Reagiert der säumige Kunde auf die erste Mahnung nicht, so folgen weitere Mahnungen, in denen er in immer dringlicherem Ton aufgefordert wird, die fällige Zahlung zu leisten. In der letzten Mahnung setzt der Gläubiger dem Schuldner eine Frist und droht mit weiteren Schritten für den Fall, daß diese Frist nicht eingehalten wird.

Die Schritte, die der Exporteur unternehmen kann, um den säumigen Schuldner im Ausland zur Zahlung zu veranlassen, sind im wesentlichen folgende:

- Einschaltung der offiziellen Vertretung seines Landes oder einer anderen Stelle im Lande des Schuldners. Die Handelsabteilungen der deutschen Botschaften und Konsulate sind im allgemeinen bereit, bei Inkassoproblemen zu vermitteln. Vor allem aber sind hier die deutschen Auslandshandelskammern zu nennen, die als Teil ihres Serviceangebots deutschen Exporteuren Inkassohilfe gewähren.
- Einschaltung der Industrie- und Handelskammer. Auch die deutschen Industrie- und Handelskammern unterstützen im Rahmen ihrer Möglichkeiten deutsche Exporteure bei der Durchsetzung von Forderungen im Ausland und nennen ihnen Inkassobüros und ausländische Rechtsanwälte.
- Übergabe der Forderung an eine Bank, einen Rechtsanwalt oder ein Inkassobüro zum Einzug. Inkassobüros übernehmen im Auftrag des Gläubigers die Eintreibung einer Forderung gegen Entgelt. Auch größere Handelsauskunfteien (z. B. Dun & Bradstreet) unterhalten Inkassobüros im In- und Ausland.
- Einleitung eines gerichtlichen Mahnverfahrens in der Bundesrepublik (falls der ausländische Schuldner hier über Vermögenswerte verfügt) oder im Land des Schuldners, falls es dort ein ähnliches Verfahren gibt.
- Erhebung einer gerichtlichen Klage gegen den Schuldner (hier sind der Gerichtsstand bzw. die Vollstreckbarkeit deutscher Urteile im Land des Schuldners zu berücksichtigen).

2. Ausfuhrrisiken und Sicherungsmöglichkeiten

Es gibt gibt *wirtschaftliche* und *politische Ausfuhrrisiken.* Als *wirtschaftliches Risiko* bezeichnet man die Gefahr, daß der Exporteur aus Gründen, die beim Käufer liegen, sein Geld nicht bekommt. Das *politische Risiko* besteht darin, daß staatliche Maßnahmen oder politische Ereignisse die ordnungsgemäße Durchführung des Geschäfts und die Zahlungsabwicklung verhindern können. Der Exporteur hat im wesentlichen folgende Möglichkeiten, sich gegen diese Risiken zu schützen:

- Vereinbarung „harter" Zahlungsbedingungen, soweit die Wettbewerbsverhältnisse auf dem Auslandsmarkt dies zulassen
- Übertragung des Delkredere auf einen Vertreter bzw. Kommissionär im Ausland oder eine Factoringgesellschaft
- Übertragung der Exportrisiken auf eine Bank (Akkreditivbestätigungen, Forfaitierungen)
- Abschluß einer privaten oder staatlichen Exportkreditversicherung

In der Bundesrepublik gibt es drei private Versicherungsgesellschaften, die sich mit der Exportkreditversicherung befassen, nämlich die *Allgemeine Kreditversicherung AG,* die *Gerling-Konzern Speziale Kreditversicherungs-AG* und (im Rahmen ihres Eigengeschäfts) die *Hermes Versicherungs-AG.* Diese Gesellschaften versichern grundsätzlich nur das wirtschaftliche Risiko. Die Ausfuhrgewährleistungen des Bundes (s. Abschnitt 3) bieten hingegen einen umfassenden Schutz gegen politische Risiken, wobei stets auch das wirtschaftliche Risiko abgesichert wird. Bei Investitionen im Ausland sind ebenfalls politische Risiken zu berücksichtigen. Schutz vor solchen Risiken bieten *Investitionsförderungsverträge und -abkommen* (s. XIX/3), *Bundesgarantien für deutsche Kapitalanlagen im Ausland* (s. Abschnitt 4) oder der Abschluß einer Versicherung bei der *Multilateralen Investitions-Garantie-Agentur* (s. Abschnitt 5).

3. Ausfuhrgewährleistungen des Bundes

Deutsche Exporteure und Kreditinstitute können zur Absicherung der mit Exportgeschäften verbundenen Risiken *Ausfuhrgewährleistungen des Bundes* in Anspruch nehmen. Diese Gewährleistungen, die der Förderung der deutschen Ausfuhr dienen, werden vom Bund im Rahmen jährlich festgesetzter haushaltsrechtlicher Ermächtigungen übernommen. Mit der Abwicklung der Ausfuhrgewährleistungen wurde ein Konsortium, bestehend aus der *Hermes Kreditversicherungs-AG* und der *C&L Treuarbeit Deutsche Revision Aktiengesellschaft Wirtschaftsprüfungsgesellschaft Steuerberatungsgesellschaft,* beide in Hamburg, betraut. Die Federführung in diesem Konsortium liegt bei der Hermes[1]. Über Anträge auf Übernahme von Ausfuhrgewährleistungen entscheidet der Bundesminister für Wirtschaft mit Zustimmung des Bundesministers der Finanzen sowie im Einvernehmen mit dem Bundesminister des Auswärtigen und dem Bundesminister für wirtschaftliche Zusammenarbeit im Interministeriellen Ausschuß für Ausfuhrgarantien und Ausfuhrbürgschaften.

Es gibt zwei Arten von Ausfuhrgewährleistungen: *Ausfuhrgarantien* und *Ausfuhrbürgschaften. Garantien* werden gewährt für Geschäfte, bei denen der ausländische Vertragspartner ein privates Unternehmen ist, während *Bürgschaften* dann in Frage kommen, wenn der ausländische Vertragspartner ein Staat, eine Gebietskörperschaft oder eine vergleichbare Institution ist bzw. der Staat oder eine staatliche Stelle die volle Haftung für die Zahlung übernimmt.

Deutsche Exporteure können Ausfuhrgewährleistungen für Risiken vor dem Versand *(Fabrikationsrisikogarantien/-bürgschaften)* sowie für Risiken nach dem Versand *(Ausfuhr-*

1 Obwohl die Hermes die Ausfuhrgewährleistungen lediglich als Mandatar des Bundes abwickelt, also nicht selbst Versicherungsschutz gewährt, werden diese in der Praxis oft als „Hermes-Deckung" oder „Hermes-Versicherung" bezeichnet.

garantien/-bürgschaften) erhalten; deutschen Kreditinstituten werden *Finanzkreditgarantien/-bürgschaften* gewährt.

Gegenstand der Deckung bei *Fabrikationsrisikogarantien/-bürgschaften* sind die Selbstkosten der mit dem ausländischen Besteller vereinbarten Lieferungen und Leistungen. Der Gewährleistungsfall tritt ein, wenn die Fertigstellung bzw. der Versand der Ware aufgrund wirtschaftlicher oder politischer Umstände unmöglich ist oder dem Exporteur nicht mehr zugemutet werden kann (Insolvenz des Schuldners, Vertragsstornierung oder schwerwiegende Vertragsverletzung durch den Schuldner, politische Umstände im Ausland, Embargomaßnahmen).

Gegenstand der *Ausfuhrgarantien/-bürgschaften* ist die mit dem ausländischen Schuldner für Lieferungen und Leistungen vereinbarte Forderung. Die bei den Ausfuhrgarantien gedeckten wirtschaftlichen Risiken umfassen die Uneinbringlichkeit als Folge der Insolvenz des ausländischen Schuldners und die Nichtzahlung innerhalb einer Frist von 6 Monaten nach der Fälligkeit *(Nichtzahlungsfall).* Im Falle der Ausfuhrbürgschaften ist das wirtschaftliche Risiko identisch mit dem Nichtzahlungsfall.

Zu den bei Ausfuhrgarantien/-bürgschaften gedeckten politischen Risiken gehören u.a. gesetzgeberische oder behördliche Maßnahmen, kriegerische Ereignisse, Aufruhr oder Revolution im Ausland, sowie Nichtkonvertierung und Nichttransferierung der vom Schuldner in Landeswährung eingezahlten Beträge *(KT-Fall).*

Die gegenüber deutschen Kreditinstituten übernommenen *Finanzkreditgarantien/-bürgschaften* decken im wesentlichen die gleichen Risiken wie die Ausfuhrgarantien/-bürgschaften; ausgenommen sind lediglich die lieferungsspezifischen Risiken.

Ausfuhrgewährleistungen werden als *Einzeldeckung, revolvierende Deckung* oder *Ausfuhr-Pauschal-Gewährleistung* gewährt. Die *Einzeldeckung* (Ausfuhrgarantie oder -bürgschaft) sichert die Forderungen ab, die sich aus einem einzelnen Ausfuhrvertrag mit einem ausländischen Besteller ergeben. Bei wiederholten Geschäften mit dem gleichen ausländischen Besteller kann eine *revolvierende Ausfuhrgarantie oder -bürgschaft* beantragt werden, wobei innerhalb des zur Verfügung stehenden Höchstbetrages alle Forderungen gegen den betreffenden Auslandskunden abgesichert sind. Die Versendungen müssen monatlich gemeldet werden.

Im Rahmen einer *Ausfuhr-Pauschal-Gewährleistung (APG)* können Forderungen aus Geschäften mit kurzfristigen Zahlungszielen gegen eine Mehrzahl von ausländischen Kunden in verschiedenen Ländern gedeckt werden.

Neben der erwähnten Ausfuhrgewährleistungen gibt es auch noch *Sonderdeckungen,* so z. B. Deckungen gegen Wechselkursrisiken (jedoch erst nach einer Vorlaufzeit), Beschlagnahmerisiken für Verkaufslager im Ausland sowie Deckungen für Bauleistungs- und Leasinggeschäfte.

Für die Bearbeitung von Anträgen auf Übernahme von Ausfuhrgewährleistungen werden Bearbeitungsentgelte berechnet. Die Gebühr für die Risikoübernahme wird als Entgelt bezeichnet; sie entspricht der Prämie bei der Versicherung. Die Entgelte hängen ab von der Länderkategorie (1 bis 5, je nach Risiko), der Käuferkategorie des Bestellers („öffentlich", „privat" sowie „privat mit akzeptierter Bank als Schuldner/Garant"), der Deckungsform, der Höhe der gedeckten Forderung sowie den Zahlungsbedingungen.

Die sich aus den Ausfuhrgewährleistungen ergebenden Ansprüche können mit Zustimmung des Bundes zu Refinanzierungzwecken an Banken oder andere Finanzierungsinstitute abgetreten werden. Bei jedem Schadensfall muß der Deckungsnehmer einen Teil des Ausfalls selbst übernehmen *(Selbstbeteiligung).* Das Selbstbeteiligungsrisiko darf nicht anderweitig abgesichert werden.

4. Bundesgarantien für Kapitalanlagen im Ausland

Der Bund übernimmt auf Antrag zugunsten von Unternehmen mit Sitz in der Bundesrepublik *Garantien für Kapitalanlagen im Ausland* zur Absicherung politischer Risiken. Die Bearbeitung der Garantien liegt in den Händen des gleichen Konsortiums, das auch die Ausfuhrgewährleistungen abwickelt; federführend ist hier jedoch die Treuarbeit.

Für die Übernahme von Garantien gelten die folgenden Voraussetzungen: 1. Zwischen dem Bund und dem Anlageland muß eine Vereinbarung über die Behandlung von Kapitalanlagen (Investitionsförderungsabkommen) bestehen oder es muß in sonstiger Weise ein ausreichender Schutz der Kapitalanlagen gewährleistet sein. 2. Die Kapitalanlage muß förderungswürdig sein.

Garantiefähig sind die folgenden Kapitalanlagen:

- Beteiligungen an Unternehmen im Ausland
- Kapital, das ein deutsches Unternehmen einer ausländischen Niederlassung oder Betriebsstätte zuführt
- beteiligungsähnliche Darlehen, die im Zusammenhang mit einer Beteiligung gewährt werden

Auf Antrag können auch Erträge aus Beteiligungen und beteiligungsähnlichen Darlehen in die Deckung einbezogen werden *(Ertragsdeckung).*

Die Garantie des Bundes umfaßt Verluste an der Kapitalanlage oder an deren Erträgen, die durch folgende politische Ereignisse oder Maßnahmen im Anlageland verursacht worden sind:

- Verstaatlichung, Enteignung oder enteignungsgleiche Eingriffe
- Krieg, Revolution oder Aufruhr
- Zahlungsverbote oder Moratorien
- Unmöglichkeit der Konvertierung oder des Transfers

Die Garantie des Bundes ist für jede Kapitalanlage und deren Erträge durch einen Höchstbetrag begrenzt. Der Garantienehmer muß einen Teil des Verlustes selbst tragen. Die Selbstbeteiligung darf nicht anderweitig gedeckt werden.

Wie bei den Ausfuhrgewährleistungen wird auch bei den Garantien für Kapitalanlagen im Ausland eine Bearbeitungsgebühr sowie ein Entgelt erhoben.

5. Multilaterale Investitions-Garantie-Agentur

Im Oktober 1985 beschloß der Gouverneursrat der Weltbank auf einer Tagung in Seoul die Errichtung einer *Multilateralen Investitions-Garantie-Agentur (Multilateral Investment Guarantee Agency,* abgek. *MIGA).* Die MIGA ist rechtlich und finanziell von der Weltbank unabhängig; der Präsident der Weltbank führt aber den Vorsitz in ihrem Verwaltungsrat. Durch Absicherung von Privatinvestitionen in Entwicklungsländern gegen politische Risiken (Enteignung, Transferbeschränkungen, Krieg, innere Unruhen) soll die MIGA die Investitionstätigkeit in diesen Ländern fördern. Außerdem berät sie künftige Investoren und Länder, die an Investitionen interessiert sind. Die MIGA, die kostendeckend arbeiten muß, finanziert sich hauptsächlich aus Prämieneinnahmen für Versicherungsleistungen.

XIII. Finanzierung

1. Arten der Finanzierung

Die Finanzierung von Außenhandelsgeschäften ist – je nach Art der Waren (Verbrauchs-, Gebrauchs- oder Investitionsgüter) – kurz-, mittel- oder langfristig. Soweit die Beteiligten nicht bereit oder in der Lage sind, das Geschäft (z. B. durch Zielgewährung oder Vorauszahlung) allein zu finanzieren, können sie bei ausreichender Bonität eine *Export-* bzw. *Importfinanzierung* von einem Kreditinstitut erhalten. Bei der *Exportfinanzierung* unterscheidet man *Exporteurkredite* und *Bestellerkredite*. Ein *Exporteurkredit* wird einem Exporteur zur Refinanzierung des Geschäfts gewährt; beim *Bestellerkredit* werden die Kreditmittel dem ausländischen Abnehmer zur Bezahlung der Lieferung zur Verfügung gestellt. Bestellerkredite und Darlehen, die an langfristige deutsche Exportlieferungen gebunden sind, bezeichnet man als *gebundene Finanzkredite*.

a) Exportfinanzierung

Abgesehen von der Gewährung der üblichen Kontokorrentkredite, Akzeptkredite und Darlehen finanzieren Banken kurzfristige Exportgeschäfte in der Weise, daß sie die Dokumente, die Forderung gegen den ausländischen Abnehmer oder einen auf diesen gezogenen Wechsel beleihen. Die Beleihung der Dokumente wird als *Dokumentenvorschuß* bezeichnet. Er wird durch die Dokumente belegt, die der Bank zur Durchführung des Inkassoauftrags übergeben werden, und ist aus dem Erlös des Inkassoauftrags zu tilgen. Der Prozentsatz der Beleihung der Dokumente wird von Fall zu Fall festgelegt. Die Beleihung einer Forderung erfolgt auf dem Wege der *Zession,* die Beleihung eines Wechsels durch *Diskontierung* bzw. *Negoziierung*. Eine weitere Möglichkeiten der kurzfristigen Exportfinanzierung ist das *Factoring*.

Die mittel- und langfristige Exportfinanzierung wird ebenfalls von Banken bzw. Bankkonsortien oder von speziellen Kreditinstituten bereitgestellt. Ein Finanzierungsinstrument der Banken, das sowohl im kurzfristigen als auch im mittel- und langfristigen Bereich zur Anwendung kommt, ist die *Forfaitierung*. In der Bundesrepublik gibt es zwei Kreditinstitute, die auf die mittel- und langfristige Exportfinanzierung spezialisiert sind, nämlich die AKA Ausfuhrkredit-Gesellschaft mbH und die Kreditanstalt für Wiederaufbau.

Um zu verhindern, daß staatliche Förderungsmaßnahmen zu einem Subventionswettlauf führen, haben die OECD-Länder 1976 Leitlinien für öffentlich unterstützte Exportkredite festgelegt *(„OECD-Konsensus“)*. Sie gelten für Geschäfte, die durch staatliche Gewährleistungen oder Finanzierungshilfen unterstützt werden und eine Kreditlaufzeit von mehr als zwei Jahren haben. Der OECD-Konsensus bezieht sich vor allem auf die Höhe der zu leistenden An- und Zwischenzahlungen, die Höchstkreditlaufzeiten und die Mindestverzinsung. Die Mindestzinssätze sind nach Kreditlaufzeit und Einkommenskategorie des Bestellerlandes gestaffelt.

Ähnliche Regeln wurden durch die *Berner Union,* die internationale Vereinigung der staatlichen Exportkreditversicherungen, aufgestellt, die dadurch erreichen will, daß nur handelsübliche Zahlungsbedingungen durch staatliche Gewährleistungen unterstützt werden. Wenn auch diese Regeln durch die Einführung des OECD-Konsensus an Bedeutung verloren haben, spielt vor allem das nach Warenarten gestaffelte Schema von zulässigen Kreditlaufzeiten für die langfristige Exportfinanzierung eine wichtige Rolle in der Exportkreditversicherung.

b) Importfinanzierung

Die *Importfinanzierung* besteht z. B. darin, daß die Bank das vom Exporteur geforderte Akkreditiv im Rahmen eines dem Importeur eingeräumten Kredits eröffnet oder dem Importeur im Zusammenhang mit einem Remboursgeschäft einen Akzeptkredit gewährt. Mittel- und langfristige Kredite werden Importeuren meist von speziellen Kreditinstituten im Exportland oder internationalen Organisationen als Bestellerkredite zur Verfügung gestellt. Organisationen, die sich mit Finanzierungen im Rahmen der multilateralen Entwicklungshilfe befassen, sind die *Weltbank,* die *Internationale Finanz-Corporation* und die *Internationale Entwicklungsorganisation.*

2. Factoring

Als *Factoring* bezeichnet man den Ankauf von Forderungen durch Factoring-Gesellschaften (überwiegend Tochterinstitute von Banken). Der Factor kauft von der Firma, die mit ihm zusammenarbeitet *(„Anschlußkunde"),* sämtliche Forderungen an deren Abnehmer, wobei das gewährte Zahlungziel in der Regel 90 Tage nicht überschreiten darf. Nach einer Bonitätsprüfung wird für jeden Abnehmer ein Limit festgesetzt, bis zu dem der Factor Forderungen anzukaufen bereit ist. Der Anschlußkunde hat eine Andienungspflicht für alle Forderungen, wodurch ausgeschlossen werden soll, daß er dem Factor nur die schlechtesten anbietet.

Im Rahmen des für den Abnehmer vereinbarten Limits erhält der Anschlußkunde sofort nach Einreichung der Rechnung einen Vorschuß in Höhe von 80-90% seiner Forderung *(Finanzierungsfunktion).* Der Rest wird abgerechnet, nachdem der Abnehmer die Rechnung bezahlt hat. Behält der Abnehmer Skonto oder andere Abzüge ein, werden diese von der Restsumme abgezogen. Mit dem Kauf der Forderung übernimmt der Factor auch das Delkredere-Risiko bis zur Höhe des festgesetzten Limits *(Delkredere-Funktion).* Außerdem erledigt er die Debitorenbuchführung sowie das Mahn- und Inkassowesen *(Verwaltungsfunktion).* Beim Export-Factoring überträgt der Factor im Ausfuhrland *(Export-Factor)* die Kreditprüfung und das Inkasso auf einen Factor im Einfuhrland *(Import-Factor),* der ihm auch das Delkredere-Risiko abnimmt.

Die Kosten des Factoring setzen sich zusammen aus den Zinsen für die Bevorschussung der Forderung sowie aus der Factoring-Gebühr, die der Factor zur Abdeckung des Delkredere-Risikos und des mit der Verwaltung der Forderung verbundenen Aufwands berechnet. Factoring mit Delkredere-Übernahme bezeichnet man als *„echtes" Factoring;* beim *„unechten" Factoring,* das in der Praxis jedoch kaum eine Rolle spielt, übernimmt der Factor das Delkredere nicht, kann also auf den Anschlußkunden zurückgreifen, wenn die Zahlung nicht erfolgt. Eine andere Variante des Factoring-Geschäfts ist das *„Fälligkeits-Factoring“*, bei dem die Forderung nicht bevorschußt wird, der Factor also erst bei Fälligkeit zahlt.

3. Forfaitierung

Unter *Forfaitierung* versteht man den Ankauf von kurz-, mittel- oder langfristigen Wechsel- und Buchforderungen durch eine Bank *(„Forfaiteur“),* die gegenüber dem Verkäufer der Forderung auf das Recht des Rückgriffs im Nichtzahlungsfall verzichtet. Der Forfaiteur verlangt üblicherweise die Stellung einer Banksicherheit. Der Forderungsverkäufer haftet nur für den rechtlichen Bestand der Forderung und die ordnungsgemäße Erfüllung des Liefervertrags.

Bei der sog. *„hermesgedeckten Forfaitierung“* wird eine Exportforderung unter Beibehaltung der bestehenden Ausfuhrgewährleistung an eine Bank verkauft. Der Exporteur muß hier eine Zusatzerklärung abgeben, in der er verspricht, seinen Verpflichtungen aus der Bundesgarantie/-bürgschaft nachzukommen (d. h., die fälligen Prämien zu bezahlen) und Schadenersatz zu leisten, falls der Bund aufgrund einer Pflichtverletzung des Exporteurs als Deckungsnehmer die Entschädigungszahlung verweigert. Außerdem ist die Übernahme des Selbstbehalts durch den Exporteur oder die Bank zu regeln.

4. AKA Ausfuhrkredit-Gesellschaft mbH

Die *AKA* wurde 1952 von einem Konsortium der führenden deutschen Banken als Ausfuhrkredit-AG mit Sitz in Frankfurt am Main gegründet und 1966 in eine GmbH umgewandelt. Bei dieser Gelegenheit wurde das Konsortium erweitert, dem jetzt u. a. auch die Landesbanken Girozentralen angehören.

Für die Finanzierung durch die AKA kommen ausschließlich fest abgeschlossene Verträge mit ausländischen Abnehmern über Lieferungen und Dienstleistungen in Betracht. Bereits vor Abschluß der Exportverträge, d. h. für im Verhandlungsstadium befindliche Geschäfte, kann sich der Exporteur die voraussichtlich benötigten Kreditmittel – auch zu einem Festzinssatz – reservieren lassen.

Die AKA verlangt, daß die vereinbarten Zahlungsziele handelsüblich sind und daß alle für die Abwicklung des Geschäfts gegebenenfalls vorgeschriebenen in- und ausländischen Genehmigungen vorliegen. Bei Krediten mit einer Laufzeit von über 24 Monaten sollen die mit dem zu finanzierenden Geschäft verbundenen wirtschaftlichen und politischen Risiken und eventuell auch das Fabrikationsrisiko durch eine Ausfuhrgewährleistung des Bundes abgesichert werden. (Bei Lieferungen in EU- und EFTA Länder wird auch eine private Ausfuhrversicherung anerkannt.) Die AKA finanziert – im Regelfall – nur den über die Selbstfinanzierungsquote des Kreditnehmers hinausgehenden Betrag, wobei die Selbstfinanzierungsquote grundsätzlich dem Selbstbehalt bei der Ausfuhrdeckung entspricht.

Für die Durchführung der Finanzierung stehen der AKA derzeit noch drei Kreditlinien zur Verfügung:

- *Plafond A:* Kreditlinie der AKA bei den Konsortialbanken. Aus dem Plafond A werden Kredite an deutsche Exporteure gewährt, die der Finanzierung der Aufwendungen während der Fabrikationsperiode und/oder des Zahlungsziels dienen. Die Kredite sollen eine Laufzeit von mindestens 12 Monaten haben. Eine Höchstlaufzeit ist nicht festgelegt; bei versicherten Geschäften darf die Laufzeit die Gültigkeitsdauer der Ausfuhrversicherung jedoch nicht überschreiten. Bei Befürwortung durch die Hausbank kann die Selbstfinanzierungquote entfallen.
- *Plafond B:* Sonderrediskontlinie der Deutschen Bundesbank. Der Zentralbankrat beschloß im März 1995, diese in zwei Schritten bis 31. Mai 1996 aufzuheben.
- *Plafond C:* Ebenfalls eine von den Konsortialbanken gewährte Kreditlinie. Aus diesem Plafond werden ausländischen Bestellern bzw. deren Banken gebundene Finanzkredite eingeräumt. Die Laufzeit der Kredite richtet sich nach den vereinbarten Lieferfristen; die Gültigkeitsdauer der Ausfuhrversicherung soll aber nicht überschritten werden.

Außerdem kauft die AKA bundesgedeckte Exportforderungen deutscher Exporteure an. Wachsende Bedeutung kommt in letzter Zeit Finanzkrediten mit vereinfachter Dokumentation auf der Basis sogenannter *Rahmen-* oder *Grundverträge* zu.

Die Kredite der AKA werden im allgemeinen als *Einzelkredite* vergeben. Im Rahmen des Plafond A gewährt die AKA in begrenztem Umfang auch *Globalkredite,* die der Finanzierung diverser kurz- und mittelfristiger Exportgeschäfte mit einem oder mehreren Abnehmern dienen.

Zur Sicherung der Kredite müssen die Forderungen aus dem Vertrag und die Ansprüche aus der Ausfuhrgewährleistung an die AKA abgetreten werden. Darüber hinaus kann die AKA weitere Sicherheiten verlangen.

Die Kosten für AKA-Kredite bestehen aus den Zinsen, einer Bereitstellungsprovision und gegebenenfalls einer Bearbeitungsgebühr. Der Zinssatz wird vom Kreditausschuß der AKA gemäß der jeweiligen Marktlage festgelegt.

5. Kreditanstalt für Wiederaufbau

Die *Kreditanstalt für Wiederaufbau (KfW)* wurde im Jahre 1948 als Körperschaft des öffentlichen Rechts mit Sitz in Frankfurt am Main gegründet. Die KfW ist eine Bank mit wirtschaftspolitischen Aufgaben. Diese bestehen darin, einerseits die deutsche Wirtschaft durch die Vergabe von Investitions- und Exportkrediten sowie durch die Übernahme von Bürgschaften zu fördern und andererseits als *Entwicklungsbank des Bundes* Kredite und Zuschüsse im Rahmen der deutschen Entwicklungshilfe an Entwicklungsländer zu vergeben. Ein Schwerpunkt der Tätigkeit der KfW ist die Förderung von kleinen und mittleren Unternehmen und deren Investitionen im Ausland, speziell in der EU und in Entwicklungsländern. Die zur Erfüllung ihrer Aufgaben benötigten Mittel beschafft sich die KfW durch Ausgabe von Schuldverschreibungen und Darlehensaufnahme; außerdem stehen ihr Mittel des ERP-Sondervermögens und Bundesmittel zur Verfügung.

Im Rahmen der *Allgemeinen Exportfinanzierung* gewährt die KfW Kredite für die Ausfuhr langlebiger Investitionsgüter und damit zusammenhängender Dienstleistungen (Engineering, Consulting, Montage) und zur Finanzierung von Auslandsbauleistungen der deutschen Bauindustrie. Außerdem übernimmt sie Sonderfinanzierungen, wie die Finanzierung von Schiffs- und Flugzeugexporten und Mischfinanzierungen. Als *Mischfinanzierung* bezeichnet man die Kombination von Mitteln der bundesdeutschen Kapitalhilfe an Entwicklungsländer mit konventionellen Exportkrediten.

Die Finanzierung von Ausfuhrgeschäften mit Entwicklungsländern im Rahmen des *KfW/ERP-Exportfinanzierungsprogramms* wird durch den Einsatz von Mitteln aus dem ERP-Sondervermögen des Bundes gefördert. Da hier öffentliche Mittel eingesetzt werden, unterliegen diese Kredite der Mindestzinsregelung des *OECD-Konsensus*. Für Exportgeschäfte mit Bestellern in Industrieländern und in den Ländern Mittel-, Ost- und Südeuropas sowie als Alternative zum KfW/ERP-Exportfinanzierungsprogramm bietet die KfW auch Kredite an, die ausschließlich aus Marktmitteln refinanziert werden.

KfW-Exportkredite sind in der Form von *Bestellerkrediten* und *Bank-zu-Bank-Krediten* erhältlich. Die Refinanzierung von Lieferantenkrediten kommt nur noch in Ausnahmefällen vor.

Eine der wichtigsten Voraussetzungen für eine Exportfinanzierung durch die KfW ist in der Regel eine Finanzkreditbürgschaft oder -garantie des Bundes (Hermes-Deckung) für eine Kreditlaufzeit von mindestens 4 Jahren. Bei erstklassigen Risiken ist die KfW in Ausnahmefällen bereit, Kredite auch mit Hermes-Teildeckung oder ohne Hermes-Deckung zu vergeben. Zusätzlich zur Hermes-Deckung werden zur Besicherung der Kredite eine Exporteurgarantie und ausländische Sicherheiten (Zahlungsgarantie einer erstklassigen ausländischen Bank oder der Regierung des Bestellerlandes) verlangt. Bei Bank-zu-Bank-Krediten kann auf die Zahlungsgarantie einer ausländischen Institution verzichtet werden.

Die KfW finanziert nur Geschäfte mit einer Mindestkreditdauer von 4 Jahren. Bei Hermes-gedeckten Krediten entspricht die Kreditlaufzeit den Vorgaben der Hermes-Deckung und bewegt sich grundsätzlich innerhalb der im OECD-Konsensus festgelegten Grenzen. In der Regel ist eine Kreditlaufzeit von 5 Jahren und eine Tilgung in 10 Halbjahresraten vorgesehen. Bei ausländischen Konkurrenzangeboten und/oder Großprojekten können je nach Einkommenskategorie des Bestellerlandes auch Kredite mit einer Laufzeit von bis zu 10 Jahren gewährt werden. In Ausnahmefällen sind auch längere Laufzeiten möglich.

Die Kredite der KfW lauten in der Regel auf D-Mark, sie können aber auch in Fremdwährung gewährt werden. Die DM-Kredite sind grundsätzlich Festsatzkredite, wobei es jedoch auch möglich ist, einen variablen Zinssatz zu vereinbaren.

Zur Vereinfachung und Beschleunigung der Finanzierung von Ausfuhrgeschäften hat die KfW mit einer Reihe von ausländischen Banken sogenannte Rahmenkreditvereinbarungen über die Vergabe von Einzeldarlehen zur Finanzierung von Ausfuhrgeschäften mit Bestellern in dem jeweiligen Land abgeschlossen. In einigen Fällen erfolgt der Abschluß solcher Rahmenkreditvereinbarungen auch direkt mit ausländischen Bestellern. Schließlich ist noch die *Projektfinanzierung* zu erwähnen, die ebenfalls zum Finanzierungsprogramm der KfW gehört. Projektfinanzierungen dienen u.a. der Erschließung von Rohstoffvorkommen, dem Kraftwerksbau under der Erstellung kompletter Industrieanlagen.

Im Rahmen ihres *BMZ-Niederlassungs- und Technologieprogramms* gewährt die KfW Kredite aus Mitteln des Bundesministeriums für wirtschaftliche Zusammenarbeit zur Förderung von Niederlassungen deutscher Unternehmen in Entwicklungsländern und des Technologietransfers in diese Länder. Finanziert werden auch vorbereitende Untersuchungen über die Voraussetzungen eines Investitionsvorhabens. Die Kreditvergabe erfolgt ausschließlich über Kreditinstitute, die für die von ihnen durchgeleiteten Kredite die Haftung übernehmen. Die Besicherung ist grundsätzlich dinglicher Art; innerhalb bestimmter Grenzen können jedoch auch andere bankübliche Sicherheiten gestellt werden. Soweit eine Bundesgarantie für Kapitalanlagen vorliegt, sind die Garantieansprüche als zusätzliche Sicherheit an die KfW abzutreten.

XIV. Devisen und Devisenhandel; internationale Finanzmärkte

A. Devisenmarkt

1. Devisen, Sorten und Valuta

Während im täglichen Sprachgebrauch alle ausländischen Zahlungsmittel, einschließlich der Banknoten und Münzen, als *Devisen* bezeichnet werden, verstehen die Banken darunter nur die an ausländischen Plätzen zahlbaren Zahlungsanweisungen in fremder Währung. Die ausländischen Banknoten und Münzen werden im Unterschied dazu *Sorten* genannt. Als *Valuta* bezeichnet man die Währung eines Landes, insbesondere eine fremde Währung. So ist z. B. ein Valutakredit ein Kredit in ausländischer Währung und ein Valutapapier ein auf eine ausländische Währung lautendes Wertpapier. Aber auch ausländische Geldsorten und Zinsscheine von Valutapapieren werden Valuten genannt. (Außerdem bedeutet „Valuta" die Wertstellung eines Postens auf einem Konto, d. h. das Datum, von dem an ein Posten verzinst wird bzw. zu verzinsen ist.)

2. Freier Devisenhandel und Devisenbewirtschaftung

Einen *freien Devisenhandel* gibt es nur in Ländern mit konvertibler Währung. Unter *Konvertibilität (Konvertierbarkeit)* einer Währung versteht man dic Möglichkeit, diese Währung jederzeit und in jeder Menge in fremde Währung umzutauschen. Voraussetzung für eine unbeschränkte Konvertibilität ist ein ausreichend großes Devisenangebot. Länder mit Devisenmangel müssen Devisenbeschränkungen einführen, und zwar – je nachdem, wie gravierend die Mangelsituation ist – Beschränkungen auf einzelnen Gebieten, wie z. B. dem Reise- oder Kapitalverkehr, oder eine umfassende Devisenbewirtschaftung *(Devisenzwangswirtschaft)*.

Bei einem umfassenden *Devisenbewirtschaftungssystem* unterliegt der gesamte Zahlungsverkehr mit dem Ausland der staatlichen Überwachung. Für Inhaber von Devisen besteht eine Anmeldungs- und Ablieferungspflicht. Wer Devisen benötigt, muß eine Devisenzuteilung beantragen; die Verteilung der Devisen erfolgt nach bestimmten Prioritäten. Der Wechselkurs ist bei der Devisenbewirtschaftung ein staatlicher Zwangskurs; es können auch multiple Wechselkurse angewandt werden. Obwohl Verstöße gegen die Devisenbestimmungen als Devisenvergehen geahndet werden, besteht in Ländern mit Devisenbewirtschaftung in der Regel ein schwarzer Markt, auf dem Devisen zu weitaus höheren als den offiziellen Kursen gehandelt werden. In manchen Ländern gibt es auch einen vom Staat geduldeten „grauen Markt", auf dem sich z. B. die Importeure nicht lebensnotwendiger Güter eindecken müssen. (Importeure von lebensnotwendigem Bedarf erhalten dagegen die von ihnen benötigten Devisen zum niedrigeren offiziellen Kurs zugeteilt.)

Neben staatlichen Zwangsmaßnahmen zur Begrenzung der Devisenausfuhr bei Devisenmangel gibt es jedoch auch solche zur Abwehr einer übermäßig hohen Deviseneinfuhr (Zustrom von „hot money“) aus dem Ausland *(Devisenbannwirtschaft).*

3. Der Devisenhandel in der Bundesrepublik

In der Bundesrepublik wird der *Devisenhandel* von den Banken durchgeführt, die Ankaufs- und Verkaufsorder der Kunden erledigen und Devisengeschäfte für eigene Rechnung tätigen. Außerdem werden Devisen auch börsenmäßig gehandelt. Die *Leitbörse* für den Devisenhandel in der Bundesrepublik ist *Frankfurt am Main.* Dort ist während der ganzen Börsenzeit ein Vertreter der Deutschen Bundesbank anwesend, der gegebenenfalls Interventionen vornehmen kann.

Börsentäglich werden in Frankfurt durch telefonische Abstimmung mit den anderen deutschen Devisenbörsen die Kurse für die amtlich notierten Währungen festgestellt. Die deutschen Devisennotierungen sind *Preisnotierungen,* bei denen der DM-Preis für eine Einheit der Fremdwährung (z. B. US-Dollar und britisches Pfund), 100 Einheiten oder 1000 Einheiten (italienische Lira) angegeben wird. Die amtliche Notiz ist jeweils der *Mittelkurs;* der *Geldkurs (Ankaufskurs)* und der *Briefkurs (Verkaufskurs)* weichen nach unten bzw. oben vom Mittelkurs ab. Die nicht amtlich notierten Währungen sowie die Sorten werden von den Banken zu *Freiverkehrskursen* gehandelt. Bei den sog. „Usancegeschäften“, d. h. dem Handel einer Fremdwährung gegen eine andere, kommen die *Usancekurse (cross rates)* zur Anwendung.

Neben dem *Kassamarkt für Kassadevisen* gibt es auch einen *Terminmarkt für Termindevisen.* Kassadevisen werden dem Käufer prompt (am zweiten Werktag nach Vertragsschluß) zur Verfügung gestellt, Termindevisen zum vereinbarten Termin, wobei der Kurs (Terminkurs) jedoch bereits bei Vertragsschluß festgesetzt wird. Die Terminkurse sind *Freiverkehrskurse* (keine amtliche Notierung) und können unbegrenzt schwanken. Die Differenz zwischen Termin- und Kassakurs wird als *Swapsatz* bezeichnet. Einen positiven Swapsatz (Aufschlag auf den Kassakurs) nennt man *Report,* einen negativen Swapsatz (Abschlag vom Kassakurs) *Deport.* Die Swapsätze spiegeln die allgemeinen Kurserwartungen und das internationale Zinsgefälle wider.

4. Kursrisiko und Kurssicherung

Das *Kursrisiko (Währungsrisiko)* ist die Möglichkeit eines finanziellen Verlustes als Folge von Wechselkurs- oder Paritätsänderungen. Natürlich können andererseits auch Kursgewinne entstehen. Die *Kurssicherung* besteht darin, daß der Exporteur bzw. Importeur das von ihm übernommene Kursrisiko auf einen Dritten, z. B. eine Bank, abwälzt, wobei es eine Vielzahl von verschiedenen Möglichkeiten gibt: *Devisentermingeschäfte, Devisen-Futures-Kontrakte, Fremdwährungsoptionen, Devisenleihe* und die *Diskontierung von Fremdwährungswechseln.* Außerdem bietet auch der Bund eine *Wechselkursdeckung* (s. XII/3).

Bei einem *Devisentermingeschäft* verkauft ein Exporteur, der z. B. in 3 Monaten den Eingang eines bestimmten Devisenbetrages erwartet, diesen Devisenbetrag sofort per Termin (d. h. Erfüllungstermin 3 Monate später) an seine Bank, wobei dem Geschäft der an diesem Tag geltende Terminkurs zugrunde gelegt wird. Wenn die Devisen 3 Monate später eingehen, stellt sie der Exporteur seiner Bank zur Verfügung und erhält von dieser den Gegenwert in Landeswährung zu dem bei Abschluß des Termingeschäfts vereinbarten Kurs, ohne Rücksicht auf eventuell inzwischen eingetretene Kursveränderungen. Auf diese Weise wird der Kurs, zu dem der Exporteur einen später eingehenden Währungsbetrag umtauschen kann, sofort fixiert, was für den Exporteur eine sichere Kalkulationsbasis bedeutet.

Der Abschluß eines Devisentermingeschäfts kommt aber auch für einen Importeur in Frage, der z. B. in 3 Monaten einen bestimmten Betrag in Fremdwährung zahlen muß. Der Importeur kauft die benötigten Devisen sofort per Termin von seiner Bank, die sie ihm dann nach 3 Monaten zum vereinbarten Terminkurs liefert.

Devisen-Futures-Kontrakte gehören wie die Zins-Futures-Kontrakte zu den sog. *„financial futures“;* sie werden analog zu den Warentermingeschäften abgewickelt (s. II/12).

Fremdwährungsoptionen sind ein verhältnismäßig neues Kurssicherungsinstrument. Der Käufer einer solchen Option erwirbt das Recht, einen Fremdwährungsbetrag innerhalb eines bestimmten Zeitraums zu einem bestimmten Kurs gegen Landeswährung zu kaufen oder zu verkaufen. Für dieses Recht zahlt er eine sogenannte Optionsprämie an den Verkäufer der Option *(Stillhalter)*. Der Kurs, zu dem die Option ausgeübt werden kann, wird Basiskurs *(striking price)* genannt; er braucht nicht mit dem Tageskurs identisch zu sein. Während der Laufzeit der Option kann der Optionskäufer jederzeit zum Basiskurs seine Option ausüben. Im Unterschied zu einem Devisentermingeschäft, das in jedem Fall zum vereinbarten Kurs zu erfüllen ist, hat der Erwerber einer Option die Möglichkeit, auf die Option zu verzichten, wenn der Marktkurs für ihn günstiger ist.

Bei der *Devisenleihe* nimmt der Exporteur zum Zwecke der Kurssicherung einen Währungskredit in Höhe des erwarteten Deviseneingangs auf. Den ihm vom Kreditgeber zur Verfügung gestellten Währungsbetrag verkauft er sofort zum Tageskurs und zahlt mit den später von seinem Kunden eingehenden Devisen den Währungskredit wieder zurück. Die Kosten, die bei dieser Form der Kurssicherung anfallen, sind die für den Währungskredit zu zahlenden Zinsen.

Für den Exporteur ist eine Kurssicherung auch dadurch möglich, daß er eingehende Währungsakzepte sofort bei seiner Bank diskontiert. Hier ist der Exporteur jedoch nur geschützt, wenn das Akzept prompt eingelöst wird, da bei Nichteinlösung die Rückrechnung zu dem dann gültigen Verkaufskurs erfolgt.

Devisentermin-, Devisen-Futures- und Devisenoptionsgeschäfte können sowohl zu Zwecken der Kurssicherung bei Waren- und Finanztransaktionen als auch zu spekulativen Zwecken abgeschlossen werden. Die beiden ersten der im nächsten Abschnitt besprochenen Währungsswaps dienen der Kurssicherung bei Finanztransaktionen.

5. Swapgeschäfte

Swap ist der Sammelbegriff für Tauschoperationen am Devisenmarkt. Es gibt folgende Arten von Devisentauschgeschäften:

- *Swap von Kassadevisen gegen Termindevisen.* Ein Anleger, der im Ausland einen bestimmten Betrag für beispielsweise 3 Monate anlegen will, muß die benötigten Devisen von seiner Bank per Kasse kaufen. Damit ihm in 3 Monaten, wenn er den Währungsbetrag zurückerhält, kein Verlust beim Rücktausch in DM entsteht, verkauft er den Währungsbetrag gleichzeitig an seine Bank per Termin.
- *Währungsswaps (currency swaps).* Dies sind Swaps, bei denen auf verschiedene Währungen lautende Verbindlichkeiten oder Forderungen getauscht werden. Beispiel: Firma A (Währungsbasis DM) benötigt auf 5 Jahre US-Dollar und ist bereit, DM gegen Dollar zu tauschen. Firma B (Währungsbasis US-Dollar) sucht DM gegen Dollar. Die Parteien tauschen also DM gegen US-Dollar auf der Basis des Kassakurses zu Vertragsbeginn und vereinbaren gleichzeitig den Rücktausch beider Beträge am Ende der Vertragslaufzeit zum selben Kursverhältnis. Auf diese Weise werden die Kursrisiken aus dem Geschäft neutralisiert.
- *Devisenswapgeschäfte* zur Beeinflussung der Bankenliquidität. Die Bundesbank kann dadurch Liquidität abschöpfen, daß sie den Banken Devisen verkauft und den DM-Gegenwert stillegt. Umgekehrt kann sie den Banken Liquiditätshilfe geben, indem sie Devisen von diesen ankauft. Sind diese Devisengeschäfte reversibel (Verkauf mit Rücknahmeverpflichtung), bezeichnet man sie als Devisen-Pensionsgeschäfte.
- *Swapgeschäfte zwischen den Notenbanken.* Die Notenbanken gewähren sich gegenseitig Swaplinien. Im Rahmen dieser Linien kann jede der beteiligten Notenbanken von einer anderen Notenbank einen befristeten Kredit in der jeweiligen ausländischen Währung gegen Landeswährung erhalten. (Im Europäischen Währungssystem erfolgt der Tausch von Gold- und Dollarreserven gegen ECU aufgrund von Drei-Monats-Swapgeschäften, die sich bei Ablauf automatisch erneuern.)

6. Devisenarbitrage

Als *Devisenarbitrage* bezeichnet man die Ausnutzung von Unterschieden, die im Kurs einer Währung zur gleichen Zeit auf verschiedenen Devisenmärkten bestehen. Der Arbitrageur möchte entweder die benötigte Währung so günstig wie möglich einkaufen *(Ausgleichsarbitrage)* oder durch Kauf der Währung am Platz mit dem niedrigsten Kurs und gleichzeitigen Verkauf am Platz mit dem höchsten Kurs einen Kursgewinn erzielen *(Differenzarbitrage).* Nach der Art der Durchführung unterscheidet man die *direkte Arbitrage,* bei der die gewünschte Währung am Platz mit der niedrigsten Notierung gekauft wird, und die *indirekte Arbitrage,* bei der man die gewünschte Währung auf dem Umweg über eine dritte Währung beschafft.

B. Internationale Finanzmärkte

1. Globalisierung

Die Liberalisierung des Geld- und Kapitalverkehrs hat zu einer *Globalisierung der internationalen Finanzmärkte* geführt. Internationale Anleger suchen sich den Markt aus, der die günstigsten Aussichten bietet und ziehen ihr Geld wieder ab, wenn sich die Aussichten verschlechtern. Die dadurch erzeugten Liquiditätszuflüsse und -abflüsse haben erhebliche Auswirkungen auf das Wechselkursgefüge. Den Markt für Finanzgeschäfte in konvertiblen Währungen außerhalb der Heimatländer dieser Währungen bezeichnet man als *Euromarkt.*

2. Euromarkt

Trotz der Vorsilbe „Euro" ist dieser Markt nicht auf Europa beschränkt. Die ebenfalls übliche Bezeichnung „Eurodollarmarkt" weist auf die wichtigste Eurowährung hin, in der der überwiegende Teil aller Eurogeschäfte abgewickelt wird, nämlich den US-Dollar. Der führende Bankplatz für Euromarktgeschäfte in Europa ist London.

Der Euromarkt entstand Ende der fünfziger Jahre als Folge verschiedener wirtschaftlicher und politischer Entwicklungen. Die am Eurohandel beteiligten Banken *(„Eurobanken")* nehmen Einlagen in Eurowährungen entgegen, handeln mit diesen Geldern und vergeben *Eurokredite.* Dabei geht es stets um größere Beträge. Die Einlagen am Euromarkt – sie stammen u. a. von multinationalen Unternehmen, Kreditinstituten und Notenbanken – sind überwiegend kurzfristig. Über Eurodollareinlagen können Einlagenzertifikate, sog. *„certificates of deposit" (CD's),* ausgestellt werden. Der Satz, zu dem die Banken am Euromarkt Mittel beschaffen, ist die *„interbank rate".* Die jeweiligen „interbank rates", z. B. *LIBOR (London Interbank Offered Rate)* in London und *FIBOR (Frankfurt Interbank Offered Rate)* in Frankfurt, sind die Referenzzinsen für Geschäfte am Euromarkt.

Eurokredite werden u.a. von multinationalen Unternehmen zur Finanzierung von Außenhandelsgeschäften, Auslandsinvestitionen und Großprojekten sowie von Staaten und Notenbanken zur Finanzierung von Haushalts- bzw. Zahlungsbilanzdefiziten in Anspruch genommen. Man unterscheidet zwei Arten von Eurokrediten: die *Festsatzkredite* und die *Roll-over-Kredite.*

Bei den meist kurzfristigen *Festsatzkrediten* (1–12 Monate) liegt der Zinssatz für die gesamte Laufzeit fest. *Roll-over-Kredite* werden dem Kreditnehmer für eine längere Laufzeit (meistens zwischen 5 und 10 Jahren) fest zugesagt, von Seiten der kreditgewährenden Bank jedoch periodisch aus kurzfristigen Euroeinlagen refinanziert. Deshalb muß der Zinssatz zu den jeweiligen Roll-over-Terminen (üblich sind Roll-over Perioden von 3 und 6 Monaten) an die Marktlage angepaßt werden. Auf diese Weise können die Eurobanken kurzfristige Euroeinlagen längerfristig ausleihen *(Fristentransformation).*

Der Zinssatz, den der Kreditnehmer zu bezahlen hat, setzt sich aus den Refinanzierungskosten, also dem *Interbanksatz,* und einer mit dem Kunden vereinbarten Zinsmarge, dem sog. *„spread"*, zusammen. Die Höhe des spread ist abhängig von der wirtschaftlichen Einschätzung des Kreditnehmers (d. h. der Bewertung seiner Kreditwürdigkeit durch eine international anerkannte Rating Agency, wie *Moody's* oder *Standard & Poor's*) und der Beurteilung der wirtschaftlichen und politischen Situation des Kreditnehmerlandes. Ist eine *„multi-currency clause"* vereinbart, kann der Kreditnehmer während der Kreditlaufzeit auf eine andere im Kreditvertrag vereinbarte Eurowährung umsteigen.

Eurokredite werden wegen ihrer Höhe in der Regel von Bankenkonsortien als *„syndicated loans"* gewährt. Der Ablauf ist dabei folgender: Eine Bank, der spätere *„lead manager"*, erhält vom Kreditnehmer den Auftrag, einen Kredit zusammenzustellen. Diesen Auftrag übernimmt die Bank in der Regel auf *„best efforts"*-Basis, d. h. unter dem Vorbehalt, daß es ihr gelingt, Partner zu finden *(Syndizierungsvorbehalt)*. Anschließend versucht sie, eine Führungs- oder Managementgruppe zu bilden. Dies sind Banken, die einen bestimmten Anteil am Kredit verbindlich zeichnen. Anschließend bemüht sich diese Gruppe, andere Banken, sog. *„participants"*, zur Teilnahme an dem Kredit zu gewinnen. Jede an einem solchen Konsortium beteiligte Bank ist, was die Refinanzierung anbelangt, für ihren Anteil am Kredit allein verantwortlich. Die rechtlichen Beziehungen zwischen den Konsorten werden in einem Konsortialvertrag *(„syndication agreement")* geregelt.

Neben dem Eurogeld-/Eurokreditmarkt gibt es auch einen *Eurokapitalmarkt*, und zwar den *Eurobondmarkt* für Euroanleihen und den *Euroaktienmarkt*.

Euroanleihen sind Anleihen (einschließlich Wandel- und Optionsanleihen), die durch ein internationales Konsortium gleichzeitig auf den Finanzplätzen verschiedener Länder emittiert werden; sie lauten auf Währungen, die für Kreditnehmer, Anleger oder Banken Fremdwährungen sind. (Im Gegensatz dazu handelt es sich bei den *DM-Auslandsanleihen* um Anleihen ausländischer Schuldner, die von einem Konsortium inländischer Banken auf dem deutschen Kapitalmarkt emittiert werden[1].) Neben Anleiheemissionen werden auf dem Eurokapitalmarkt auch Emissionen von *„floating-rate notes"* durchgeführt. Bei diesen Notes, die auf Dollar oder andere Eurowährungen lauten, wird die Verzinsung in regelmäßigen Zeitabständen (meist alle 6 Monate) der Marktentwicklung angepaßt. (In dieser Hinsicht stellen sie eine Parallele zu den Roll-over-Krediten auf dem Eurogeldmarkt dar.)

Für *Euroemissionen* gibt es im wesentlichen zwei Emissionsformen: *öffentliche Emissionen* und *Privatplazierungen*. Bei *öffentlichen Emissionen* stellt die Führungsbank oder die Managementgruppe ein aus zahlreichen Banken bestehendes Konsortium zusammen, wobei die Papiere durch eine sog. *„selling group"* dem Anlagepublikum (privaten und institutionellen Anlegern) angeboten werden, nachdem sie zum Handel an einer Börse (oder verschiedenen Börsen in verschiedenen Ländern) zugelassen worden sind. Nach Durchführung der Emission veröffentlichen die Banken ein sog. *„tombstone advertisement"*, mit dem sie die erfolgreiche Plazierung bekanntgeben. Auf dem Sekundärmarkt werden die Papiere teils über die Börse, teils außerbörslich (im Tafel- oder Telefongeschäft der Banken) gehandelt.

---

1 Im März 1985 gewährte die Deutsche Bundsbank im Rahmen der sog. „Restliberalisierung" des deutschen Kapitalmarkts den in der Bundesrepublik ansässigen Tochtergesellschaften ausländischer Banken das Recht, die Konsortialführerschaft bei DM-Auslandsanleihen zu übernehmen.

Soll eine *Privatplazierung* erfolgen, bildet die Führungsbank oder die Managementgruppe eine aus einer beschränkten Anzahl von Banken bestehende Plazierungsgruppe, die die Papiere bei ihren Kunden unterbringen. Eine Börseneinführung erfolgt im allgemeinen nicht; „tombstone advertisements" sind selten. Der Sekundärhandel erfolgt auf dem Telefonmarkt.

Der *Euroaktienmarkt* ist der Markt für Aktienemissionen außerhalb des Landes, in dem der Emittent seinen Sitz hat. Auch hier erfolgt die Plazierung durch internationale Konsortien.

3. Neue Finanzierungsinstrumente auf den internationalen Finanzmärkten

Die Liberalisierung und Globalisierung der internationalen Finanzmärkte hat zur Entwicklung immer raffinierterer Finanzierungsinstrumente geführt. Die erste Innovation war die oben beschriebene Roll-over-Technik, die die langfristige Ausleihung kurzfristiger Mittel bei periodischer Zinsanpassung möglich machte.

In den letzten Jahren sind die traditionellen Eurokredite immer mehr durch Wertpapieremissionen ersetzt worden, eine Tendenz, die man als *„securitization"* bezeichnet. Für die Banken bedeutet der Trend zu verbrieften Verschuldungsformen eine Verlagerung des Geschäfts von der Vergabe von Buchkrediten zu Dienstleistungen im Zusammenhang mit diesen Emissionen bzw. zum Erwerb dieser Papiere. Die Kreditnehmer werden auf diese Weise von den Banken unabhängiger *(„disintermediation"),* zumal große Emittenten in der Lage sind, die Emission ihrer Papiere selbst in die Hand zu nehmen.

Neuartige Wertpapiere im kurzfristigen Bereich (abgesehen von den bereits erwähnten Einlagenzertifikaten) sind *Euronotes* und *Euro-commercial paper. Euronotes* sind kurzfristige Euroschuldverschreibungen, die meist im Rahmen langfristiger Euronote-Fazilitäten emittiert werden. Bei diesen Fazilitäten, z. B. *NIFs (note issuance facilities)* und *RUFs (revolving underwriting facilities),* können sich die Kreditnehmer bis zu einer Höchstgrenze revolvierend durch Begebung von Euronotes finanzieren, wobei die betreffenden Kreditinstitute durch Bereitstellung mittel- bis langfristiger *Back-up-* oder *Stand-by-Linien* den Plazierungserfolg garantieren.

Durch ihr *„Underwriting"* gehen die Kreditinstitute die Verpflichtung ein, die auf dem Markt nicht abzusetzenden Notes zu einem vorher festgelegten Preis auf eigene Rechnung zu übernehmen oder statt dessen dem Emittenten in gleicher Höhe einen Kredit zu den vereinbarten Konditionen zu gewähren. Häufig wird dem Schuldner im Rahmen von Euronote-Fazilitäten von vornherein das Wahlrecht eingeräumt, sich die benötigten Mittel entweder im Wege der Emission oder durch Kreditaufnahme zu beschaffen.

Als *Euro-commercial paper* bezeichnet man kurzfristige, auf Eurodollar oder eine andere Eurowährung lautende Schuldverschreibungen erstklassiger Kreditnehmer (d. h. solche, die von einer international anerkannten Rating Agency ein entsprechendes Rating erhalten haben). Auch diese Papiere werden in der Regel durch Banken emittiert und können durch Back-up-Linien abgesichert sein.

Innovationen im Bereich der *Eurobonds* sind u.a. *Nullkupon-Anleihen (zero coupon bonds)* und *Doppelwährungsanleihen (dual currency bonds). Nullkupon-Anleihen* werfen während ihrer Laufzeit keinen Zins ab; die Rendite errechnet sich aus der Differenz zwischen dem Kaufpreis und dem späteren Einlösungsbetrag. Der Vorteil der „zeros" für den Schuldner ist, daß während der Laufzeit keine Zins- und Tilgungszahlungen anfallen (wichtig z. B. bei einer im Aufbau befindlichen Investition). Für den Anleger ergibt sich durch die einmalige Zinszahlung am Laufzeitende ein Steuerstundungs- oder sogar ein Steuerersparniseffekt, wenn die Rückzahlung bei einer niedrigeren Progression erfolgt, z. B. nach der Pensionierung. Durch *„bond stripping"* können Banken oder Investmenthäuser Festzinsanleihen in Nullkupon-Anleihen umwandeln.

Doppelwährungsanleihen sind z. B. auf DM lautende Anleihen, die in US-Dollar zu tilgen sind, wobei der Dollar-Rückzahlungsbetrag bereits bei der Begebung festgelegt wird.

Zahlreiche Emissionen am Euromarkt erfolgen in Verbindung mit *Zins-* und *Währungsswaps*. Der *Währungsswap* wird in Abschnitt 5 erklärt. Bei einem *Zinsswap* verpflichten sich zwei Parteien vertraglich zum Austausch von Zinsverbindlichkeiten oder -forderungen, wobei in der Regel feste gegen variable Zinskonditionen getauscht werden. Beispiel: Eine Partei sucht Roll-over-Mittel und ist dafür bereit, Festsatzverbindlichkeiten abzugeben, während die andere Partei Festsatzverbindlichkeiten sucht und dafür bereit ist, Roll-over-Verbindlichkeiten abzugeben. Der Austausch von Zinsverbindlichkeiten wird als *„liability swap"*, der Austausch von Zinsforderungen als *„asset swap"* bezeichnet. Diese Tauschgeschäfte werden in der Absicht durchgeführt, den relativen Vorteil zu nutzen, den jede Partei gegenüber der anderen auf dem heimischen Finanzmarkt hat.

Eine Reihe von Instrumenten dient der Absicherung von Kurs- und Zinsrisiken (bzw. der Spekulation). *Kurssicherungsinstrumente* sind die bereits erwähnten Devisen-Futures-Kontrakte, Fremdwährungsoptionen und Währungsswaps sowie Kauf- und Verkaufsoptionen auf diese Kontrakte. Schutz vor dem *Zinsänderungsrisiko* bieten u.a. *Zins-Futures, „forward-rate agreements", Zinsoptionen* und *„caps"*.

Ein *Zins-Futures-Kontrakt* ist ein standardisierter Terminkontrakt, der bei Fälligkeit durch ein Gegengeschäft ausgeglichen wird. Erwartet z. B. ein Unternehmen in drei Monaten Zahlungseingänge, die es für eine langfristige Kapitalanlage verwenden möchte, kann es durch den Kauf von Zins-Futures per drei Monate den augenblicklichen Zinssatz praktisch „einfrieren". Bei Fälligkeit wird der Kauf durch einen Verkauf glattgestellt. Ist der Zins inzwischen gefallen, so kann das Unternehmen seine (höherverzinslichen) Terminkontrakte mit Gewinn verkaufen. Dieser Gewinn entschädigt es für die geringere Rendite seiner Anlage. Ist der Zins hingegen gestiegen, erleidet es beim Verkauf der Zins-Futures einen Verlust, der aber durch die höhere Anlagerendite wettgemacht wird.

Ein *„forward-rate agreement" (FRA)* dient der Absicherung von Zinsänderungsrisiken bei Zinsverbindlichkeiten oder -forderungen. Es wird zwischen einer Bank und einem Kunden geschlossen, wobei sich die Bank verpflichtet, gegen Zahlung einer Prämie eine eventuelle Differenz zwischen dem vereinbarten Zinssatz, bezogen auf einen kontrahierten Referenzbetrag *(„notional amount")*, und dem Marktzinssatz durch eine Zahlung an den Kunden auszugleichen.

Zinsoptionen funktionieren ähnlich wie Währungsoptionen. Ein Unternehmen, das eine Geldaufnahme beabsichtigt, erwirbt eine *Zins-Kaufoption (call option);* ein Unternehmen, das eine Geldanlage plant, beschafft sich eine *Verkaufsoption (put option).* Ein bestimmter Zinssatz wird als Basissatz festgelegt. Die Zinsoption kann lediglich den Zinssatz *(„unfunded option")* oder die Bereitstellung bzw. Übernahme von Mitteln zu einem bestimmten Zinssatz *(„funded option")* zum Gegenstand haben. Während bei einer „funded option" der Optionsinhaber die Auszahlung oder Übernahme des Kapitalbetrages zum festgelegten Zinssatz verlangen kann, hat er bei einer „unfunded option" lediglich das Recht auf Auszahlung der Zinsdifferenz.

Als *„Kappe" (cap)* bezeichnet man eine Zinsobergrenze. So kann z. B. bei einer „gekappten" floating-rate note die Verzinsung diese Obergrenze nicht überschreiten, auch wenn der Referenzzins (z. B. LIBOR) höher liegen sollte. Die Kappe begünstigt also den Schuldner, während sie für den Anleger einen Nachteil bedeutet. Als Ausgleich für diesen Nachteil erhält der Anleger einen höheren Zins. (Neben „caps" gibt es auch noch *„floors"* und *„collars"*. Als „floor" wird ein Mindestzins bezeichnet; ein „collar" ist die Kombination eines Höchst- und eines Mindestzinssatzes, was deutsch auch „Minimax-Konstruktion" genannt wird.)

Finanzkontrakte, deren Wert sich an der Kurs- oder Preisentwicklung von Aktien, Anleihen, Waren oder Devisen orientiert, wie Futures, Optionen und Swaps, werden als *Derivate* bezeichnet.

4. Liberalisierung des Kapitalverkehrs und der Finanzdienstleistungen in Europa

Mit Eintritt in die zweite Stufe der Europäischen Wirtschafts- und Währungsunion (EWWU) trat auch das Verbot von Beschränkungen des Kapital- und Zahlungsverkehrs zwischen den EU-Staaten in Kraft. Das Beschränkungsverbot gilt grundsätzlich auch für Drittländer. Bestehende Kapitalverkehrskontrollen gegenüber Drittländern können jedoch beibehalten werden. Die Einführung neuer Beschränkungen gegenüber Drittländern ist jedoch nur durch einstimmigen Beschluß des Ministerrats möglich. Vorübergehende Schutzmaßnahmen gegen Drittlands-Kapitalbewegungen können bei schwerwiegenden Störungen der EWWU vom Ministerrat mit qualifizierter Mehrheit für sechs Monate beschlossen werden. Bevor auf Vorschlag der Kommission ein derartiger Beschluß erfolgt, ist das Europäische Währungsinstitut (ab der dritten Stufe des EWWU die Europäische Zentralbank) anzuhören.

Die am Europäischen Wirtschaftsraum (EWR) beteiligten EFTA-Staaten haben ebenfalls die Verpflichtung zur Aufrechterhaltung eines freien Kapital- und Zahlungsverkehrs übernommen. In der Schweiz, die dem EWR-Vertrag nicht beigetreten ist, gibt es schon seit vielen Jahren keine Beschränkungen mehr (abgesehen von den teilweise noch bestehenden Vorschriften für den Immobilienerwerb durch Ausländer).

Im Bereich der Finanzdienstleistungen wurde durch die *2. Bankrechtskoordinierungsrichtlinie* von 1989 ein einheitlicher Binnenmarkt für Kreditinstitute in der EU geschaffen. Die Zulassung und Beaufsichtigung von Banken erfolgt nur noch durch die Behörden des Herkunftslandes. Die Zulassung im Herkunftsland gibt den Banken sozusagen einen „Europapaß", der sie berechtigt, ohne erneute Zulassung in allen Ländern der EU Niederlassungen zu errichten. Voraussetzung für die europaweite Zulassung von Kreditinstituten war eine Mindestharmonisierung der Überwachungs- und Zulassungsbedingungen. Die Harmonisierung des Aufsichtsrechts durch die 2. Bankrechtskoordinierungsrichtlinie wurde ergänzt durch die Harmonisierung des Eigenmittelbegriffs in der *Eigenmittel-Richtlinie* und die Aufstellung europaweit geltender Regeln für die Eigenkapitalausstattung der Banken *(Solvabilitäts-Richtlinie).*

Für den einheitlichen Wertpapiermarkt gilt das gleiche Prinzip wie für die übrigen Bereiche der Finanzdienstleistungen, nämlich die Harmonisierung notwendiger Standards und die Aufsicht durch die Behörden des Herkunftslandes.

Die ersten Initiativen zur Schaffung eines einheitlichen Wertpapiermarktes in der Gemeinschaft wurden Anfang der 80er Jahre mit der Verabschiedung von drei Richtlinien ergriffen. Diese betreffen die Zulassung von Wertpapieren zur amtlichen Notierung an einer Börse, die Veröffentlichung von Börsenzulassungsprospekten und die regelmäßigen Informationen, die von börsennotierten Gesellschaften bekanntzumachen sind. Das Prinzip der Kontrolle im Herkunftsland wurde in diesem Bereich zum ersten Mal durch eine Richtlinie zur Harmonisierung der geltenden Rechtsvorschriften für bestimmte Organismen zur gemeinsamen Anlage von Wertpapieren (Investmentgesellschaften) eingeführt. Als Folge der Einführung dieses Prinzips wurde die Richtlinie über den Börsenprospekt dahingehend geändert, daß Prospekte, die in einem Mitgliedstaat genehmigt wurden, auch in den anderen Mitgliedstaaten anerkannt werden müssen.

Die genannte Richtlinie wurde ein weiteres Mal durch die Einbeziehung der gegenseitigen Anerkennung des Zeichungsprospekts als Börsenzulassungsprospekt geändert. Im Mai 1994 erfolgte eine erneute Änderung, nach der in bestimmten Fällen eine teilweise oder vollständige Befreiung von der Pflicht zur Veröffentlichung des Prospekts gewährt wird. Weitere Fortschritte auf dem Weg zu einem europaweiten Wertpapiermarkt brachten die Meldepflicht bei Erwerb und Veräußerung bedeutender Beteiligungen an börsennotierten Gesellschaften *(Publizitätsrichtlinie)* und die Vorschriften im Hinblick auf Insider-Geschäfte *(Insider-Richtlinie).*

Die Richtlinie über Wertpapierdienstleistungen gibt Wertpapierfirmen die Möglichkeit, ihre Tätigkeit in allen Mitgliedstaaten auszuüben, wenn ihnen eine Zulassung in ihrem Herkunftsmitgliedstaat erteilt wurde. Die Richtlinie über die „angemessene Eigenkapitalausstattung", in der das erforderliche Mindestkapital für Wertpapierfirmen festgelegt wird, bildet die Voraussetzung für die Vergabe eines Europapasses für Wertpapierfirmen analog zu dem für Banken.

XV. Währungssysteme und internationale Währungsordnung

1. Währungssysteme

Als *Währung* bezeichnet man die Geldverfassung eines Landes. Die wichtigsten Währungssysteme sind die *Goldwährung* und die *Papierwährung*.

Bei der *Goldwährung* (Goldstandard) entspricht die Währungseinheit einer bestimmten Menge Feingold. Man unterscheidet zwei Hauptarten der Goldwährung, nämlich die *Goldumlaufswährung* und die *Repräsentativwährung*. Die *Goldumlaufswährung* ist dadurch gekennzeichnet, daß der Geldumlauf aus vollwertigen Goldmünzen (reine Goldumlaufswährung) oder aus vollwertigen Goldmünzen und in Gold einlösbaren Banknoten (gemischte Goldumlaufswährung) besteht; neben Goldmünzen und in Gold einlösbaren Banknoten sind auch auf kleinere Beträge lautende Scheidemünzen im Umlauf. Die *gemischte Goldumlaufswährung* war das Währungssystem der Goldwährungsländer gegen Ende des 19. und zu Beginn des 20. Jahrhunderts.

Das wesentliche Merkmal der *Repräsentativwährung* ist, daß sich zwar keine Goldmünzen im Verkehr befinden, für die Banknoten aber eine volle oder teilweise Golddeckung vorgeschrieben ist. Bei der Repräsentativwährung werden die folgenden drei Varianten unterschieden: die *Goldbarrenwährung*, die *Goldkernwährung* und die *Golddevisenwährung*. Die Zentralbank eines Landes mit *Goldbarrenwährung* ist verpflichtet, die umlaufenden Banknoten auf Verlangen in Barrengold umzutauschen. Bei der *Goldkernwährung* sind die Noten nicht in Gold einlösbar; die Goldeinlösungspflicht der Zentralbank ist auf den internationalen Zahlungsverkehr beschränkt[1]. Auch bei der *Golddevisenwährung* findet keine Noteneinlösung statt, der Notenumlauf muß aber durch Gold und Devisen gedeckt sein.

Als *Papierwährung* bezeichnet man eine Währung ohne Deckungsvorschriften. Auch die Deutsche Mark gehört zu den Papierwährungen. Die Deutsche Bundesbank verfügt zwar über große Gold- und Devisenvorräte, es gibt jedoch in der Bundesrepublik keine Vorschriften, nach denen die D-Mark in irgendeinem Verhältnis durch Gold oder Devisen gedeckt sein muß.

1 Die Vereinigten Staaten hatten bis August 1971, als die Verpflichtung der amerikanischen Zentralbank zur Einlösung von Dollarforderungen ausländischer Zentralbanken in Gold aufgehoben wurde, eine Goldkernwährung. Die Golddeckungsvorschriften für den Dollar waren bereits 1968 aufgehoben worden.

2. Außenwert

Der *Außenwert einer Währung* (Kaufkraft im Ausland) wird vom Wechselkurs bestimmt, der sich grundsätzlich nach Angebot und Nachfrage richtet. Die Schwankungen der Wechselkurse können begrenzt oder unbegrenzt sein; es können auch absolut starre Kurse vorgeschrieben sein *(Devisenbewirtschaftung).*

Beim Goldstandard wurden die Wechselkursschwankungen durch den sog. *„Goldautomatismus"* beschränkt; bei Papierwährungen können zur Begrenzung der Kursfluktuationen *Schwankungsbreiten mit Interventionspunkten* festgesetzt werden.

Zur Zeit des internationalen Goldstandards bestand ein festes Wertverhältnis zwischen den Goldwährungen, das sich aufgrund des Feingoldgehalts dieser Währungen ergab und *Goldparität* genannt wurde. Die Schwankungen der Wechselkurse auf den Devisenmärkten (damals wurden vor allem Wechsel auf ausländische Plätze gehandelt) konnten nicht über die sog. *Goldpunkte* hinausgehen. Die Goldparität zuzüglich der Goldversendungkosten (Fracht, Versicherung, Zinsverlust) ergab den oberen Goldpunkt *(Goldausfuhrpunkt),* die Goldparität abzüglich der Goldversendungskosten den unteren Goldpunkt *(Goldeinfuhrpunkt).*

Wenn z. B. der Kurs der auf die Währung des Goldwährungslandes B lautenden Devisen im Goldwährungsland A den oberen Goldpunkt überschritt, war es für Schuldner im Land A, die Verbindlichkeiten im Land B zu begleichen hatten, trotz der mit der Goldversendung verbundenen Kosten günstiger, Gold im Inland zu kaufen und es anstelle von Devisen ins Land B zu senden. Der Kurs der B-Währung konnte dann wegen der verminderten Nachfrage nicht mehr weiter steigen. Fiel der Kurs der B-Währung im Land A unter den unteren Goldpunkt, so war es für die Gläubiger im Land A, die Forderungen gegenüber Schuldnern im Land B hatten, trotz der Goldversendungskosten vorteilhafter, mit ihren auf B-Währung lautenden Forderungen im Land B Gold anzukaufen und zu importieren, als Zahlung in B-Devisen entgegenzunehmen. Der Kurs der B-Währung konnte dann wegen des zurückgehenden Angebots nicht mehr weiter sinken.

Als Folge der festen Bindung der Währungen an das Gold führten diese Goldbewegungen im goldabgebenden Land zu einer Verringerung des Geldumlaufs, also zu einer Deflation, im goldaufnehmenden Land aber zu einer Geldvermehrung, also zu einer Inflation. Die fallenden Preise des Deflationslandes hatten eine Zunahme der Exporte und einen Rückgang der Importe zur Folge. Die steigenden Preise des Inflationslandes bewirkten genau das Gegenteil. Auf diese Weise wurde automatisch ein Ausgleich der Zahlungsbilanzen herbeigeführt. Der Nachteil des Goldautomatismus ist jedoch, daß ein stabiler Außenwert der Währung um den Preis eines instabilen Binnenwerts (Inflation bzw. Deflation) erkauft werden muß.

Die Begrenzung von Wechselkursschwankungen auf eine willkürlich festgesetzte *Bandbreite* ist ein Merkmal des *Systems von Bretton Woods* und des *Europäischen Währungssystems.* Das grundlegende Wertverhältnis zwischen zwei Währungen (Parität oder Leitkurs) bildet die Mitte des Bandes, das durch den *oberen* und den *unteren Interventionspunkt* begrenzt ist. Den Zentralbanken fällt dabei die Aufgabe zu, die Wechselkurse durch Interventionen innerhalb der Bandbreite zu halten.

Wenn sich als Folge einer unterschiedlichen Wirtschaftspolitik fundamentale Ungleichgewichte ergeben, müssen die Paritäten bzw. Leitkurse geändert werden; es kommt dann zu Aufwertungen und Abwertungen. Da derartige Währungsanpassungen aufgrund politischer Entscheidungen erfolgen, werden sie oft mit Verspätung und/oder nicht in dem erforderlichen Ausmaß vollzogen. Die durch Über- bzw. Unterbewertung von Währungen verursachten Zahlungsbilanzungleichgewichte und spekulativen Kapitalbewegungen können zum Zusammenbruch eines solchen Systems halbstarrer Wechselkurse führen und die Länder veranlassen, zu frei schwankenden *(„floatenden")* Wechselkursen überzugehen.

Frei schwankende Wechselkurse pendeln sich je nach Angebot und Nachfrage auf einem bestimmten Niveau ein, ohne daß die Zentralbanken verpflichtet sind, zur Aufrechterhaltung einer bestimmten Kursrelation am Devisenmarkt zu intervenieren. Als Folge von Währungsspekulationen kann es jedoch auch bei frei schwankenden Kursen zu Verzerrungen kommen, so daß sich die Währungsbehörden unter Umständen veranlaßt sehen, durch Interventionen gegenzusteuern. Die Zentralbanken mehrerer Länder können derartige Aktionen auch gemeinsam durchführen; ein Beispiel dafür waren die konzertierten Interventionen der Zentralbanken der westlichen Industriestaaten im Rahmen des 1987 geschlossenen Louvre-Abkommens.

In Ländern mit umfassender Devisenbewirtschaftung ist der Wechselkurs ein staatlicher Zwangskurs, der sich nicht nach Angebot und Nachfrage richtet. Es können auch verschieden hohe („multiple") Wechselkurse für verschiedene außenwirtschaftliche Transaktionen festgelegt werden.

3. System von Bretton Woods

Im Jahre 1944 fand in Bretton Woods, New Hampshire (USA), eine Konferenz der Vereinten Nationen statt, auf der der *Internationale Währungsfonds (IWF)* und die *Internationale Bank für Wiederaufbau und Entwicklung (Weltbank)* gegründet wurden. Das in dem damals geschlossenen Übereinkommen über den Internationalen Währungsfonds verankerte Währungssystem wird als *„System von Bretton Woods"* bezeichnet.

Das System von Bretton Woods basierte auf dem US-Dollar als Leitwährung. Jedes Mitgliedsland mußte mit dem IWF eine Anfangsparität vereinbaren, die in Dollar und Gold ausgedrückt wurde. Das Gold hatte hier praktisch nur die Funktion eines gemeinsamen Maßstabes *(„fiktive Goldparität")*. Eine Änderung der vereinbarten Parität durfte grundsätzlich nur bei einem fundamentalen Ungleichgewicht in der Zahlungsbilanz vorgenommen werden. Änderungen über 10 % bedurften der ausdrücklichen Zustimmung des Fonds.

Für das Verhältnis zwischen dem Dollar und der Währung eines jeden Mitgliedstaates war eine Bandbreite von ± 1% vorgeschrieben. Sobald der Dollarkurs den oberen Interventionspunkt zu überschreiten drohte, mußte die Notenbank zur Stützung der eigenen Währung intervenieren, indem sie Dollars auf dem Devisenmarkt verkaufte. Drohte der Dollarkurs unter den unteren Interventionspunkt zu fallen, mußte sie zur Stützung des Dollars intervenieren, indem sie Dollars aufkaufte.

Für jedes IWF-Mitgliedsland besteht die Verpflichtung (dies gilt auch heute noch), sich durch Einlagen in Höhe der ihm zugeteilten Quote am Fonds zu beteiligen. Nach der Höhe der Quote, die bei Beginn der Mitgliedschaft aufgrund bestimmter Wirtschaftsfaktoren (Sozialprodukt, Anteil am Welthandel und Währungsreserven) errechnet wird, bemißt sich das Stimmrecht des betreffenden Landes sowie seine Ziehungsrechte. Von Zeit zu Zeit wurden – und werden – allgemeine und selektive Quotenerhöhungen durchgeführt. Ein Viertel der Quote mußte ursprünglich in Gold und der Rest in Landeswährung einbezahlt werden.

Im Rahmen der ihm zustehenden Ziehungsrechte kann jedes Mitglied zur Überwindung kurz- oder mittelfristiger Zahlungsbilanzstörungen Ziehungen auf den Fonds vornehmen. Diese bestehen darin, daß das betreffende Land gegen Hingabe eigener Währung einen innerhalb einer bestimmten Zeit rückzahlbaren Devisenkredit erhält. Bis zur Höhe von 25% der Quote (der früheren Goldtranche, die jetzt Reservetranche genannt wird) stehen den Mitgliedsländern praktisch automatische Ziehungsrechte zur Verfügung. Darüber hinaus gibt es noch vier sog. „Kredittranchen" von je 25% der Quote, wobei sich die Bedingungen des Fonds bei zunehmender Ausschöpfung des Kreditrahmens immer mehr verschärfen.

4. Änderungen seit Bretton Woods

Nachstehend werden die Änderungen, die sich inzwischen gegenüber der ursprünglichen Konzeption von Bretton Woods ergeben haben, kurz zusammengefaßt. Zu diesen Änderungen gehört vor allem die Schaffung von Sonderziehungsrechten, die Einführung eines flexibleren Wechselkurssystems und der Abbau der Rolle des Goldes. Außerdem sind die Kreditfazilitäten laufend erweitert worden.

a) Sonderziehungsrechte

Die *Sonderziehungsrechte (SZR)* wurden vom Internationalen Währungsfonds 1969 *(1. Änderung des Übereinkommens über den Internationalen Währungsfonds)* geschaffen, um einer möglichen Verknappung der internationalen Liquidität vorzubeugen. Sie stellen internationales Buchgeld dar, das durch einen vom Gouverneursrat des IWF mit qualifizierter Mehrheit gefaßten Beschluß geschaffen und den Mitgliedsländern im Verhältnis ihrer Quoten zugeteilt wird. (Ein Mitgliedsland kann darauf verzichten, an der Zuteilung teilzunehmen.)

Gegen Hingabe von Sonderziehungsrechten kann ein Mitgliedsland von anderen Mitgliedsländern konvertible Währungen bekommen, wobei die Länder, die die Währungen zur Verfügung stellen, entsprechende Gutschriften auf ihren SZR-Konten erhalten. Eine Rückzahlungspflicht wie bei den normalen Ziehungsrechten besteht hier nicht, die SZR müssen aber verzinst werden.

Der Wert eines Sonderziehungsrechts bestimmt sich aufgrund eines Korbs der fünf wichtigsten Welthandelswährungen, der alle fünf Jahre überprüft wird. Der für die Verzinsung der SZR geltende Zinssatz entspricht dem gewogenen Durchschnitt der kurzfristigen Zinssätze der betreffenden fünf Länder.

Zur Schaffung von SZR ist eine qualifizierte Mehrheit erforderlich. Auf diese Weise soll verhindert werden, daß unter dem Druck der Defizitländer, vor allem der Entwicklungsländer, immer wieder neue SZR geschaffen werden, die die internationale Liquidität über

Gebühr aufblähen und das Inflationspotential vergrößern. Die Entwicklungsländer verlangen seit längerer Zeit eine Verbindung („Link") zwischen den Sonderziehungsrechten und der Entwicklungshilfe, d. h. die Zuteilung derselben unter besonderer Berücksichtigung des Finanzbedarfs der Entwicklungsländer, anstatt – wie bisher – aufgrund der Quoten.

Die SZR sind nicht nur als Reservemittel von Bedeutung, sie werden auch immer häufiger als internationaler Wertmaßstab bzw. Recheneinheit verwendet.

b) Wechselkurssystem

Das *System halbstarrer Wechselkurse* erwies sich als zu unbeweglich. Die durch die unterschiedliche Wirtschaftsentwicklung in den einzelnen Ländern verursachten Ungleichgewichte – besonders die Schwäche der Leitwährung Dollar – lösten in immer schnellerer Folge Währungskrisen aus. Auf der Washingtoner Währungskonferenz im Dezember 1971 wurde der Dollar abgewertet und gleichzeitig die Bandbreite auf ± 2,25 % erweitert. Im Jahre 1972 wurde die sog. *„Europäische Währungsschlange"* geschaffen, die inzwischen durch das Europäische Währungssystem ersetzt worden ist. Im Juni 1972 ging Großbritannien zum „Floating" über; die Vereinigten Staaten (nach einer weiteren Dollarabwertung im Februar 1973) folgten im März 1973. Inzwischen sind die Statuten des Internationalen Währungsfonds dahingehend abgeändert worden, daß es jedem Mitgliedsland gestattet ist, das Wechselkurssystem seiner Wahl anzuwenden *(2. Änderung des Übereinkommens über über den Internationalen Währungsfonds,* in Kraft seit dem 1. April 1978).

c) Gold

Das Bretton Woods-System basierte auf einer festen Relation zwischen dem US-Dollar und Gold. Bereits 1961 führte die wachsende Disparität zwischen den Goldbeständen und den kurzfristigen Auslandsschulden der USA zur Flucht aus der Leitwährung Dollar in das Gold und stabile Währungen. Die Zentralbanken Belgiens, der Bundesrepublik Deutschland, Frankreichs, Großbritanniens, Italiens, der Niederlande, der Schweiz und der USA gründeten daraufhin den *Internationalen Goldpool,* um durch Interventionen auf dem Goldmarkt den Goldpreis zu stabilisieren.

Im März 1968 mußte der Goldpool unter dem Druck der Spekulation die Abgabe von Gold einstellen. Die sieben noch aktiv am Goldpool beteiligten Länder (Frankreich war bereits ausgeschieden) beschlossen die Spaltung des Goldmarktes in einen freien Markt, auf dem sich der Goldpreis je nach Angebot und Nachfrage bildete, und einen offiziellen Markt der Notenbanken, auf dem nach wie vor der Preis von 35 Dollar pro Feinunze galt. Die Spaltung des Goldmarktes dauerte bis 1973. Der offizielle Goldpreis – 42,22 Dollar seit der 2. Dollarabwertung – wurde 1976 endgültig abgeschafft.

Das Gold dient jetzt nicht mehr als Bezugsgröße für die Währungen der IWF-Mitgliedstaaten. Die Golddefinition der Sonderziehungsrechte wurde 1974 durch eine Korbformel ersetzt. Einzahlungen der Mitgliedsländer im Rahmen von Quotenerhöhungen, die früher zu 25% in Gold erfolgen mußten, sind jetzt grundsätzlich in Sonderziehungsrechten zu leisten. Die Goldtranche ist in Reservetranche umbenannt worden.

Im Jahr 1976 beschloß der IWF, ein Sechstel der Goldbestände an die Mitgliedsländer zurückzugeben und ein Sechstel zugunsten der Entwicklungsländer frei zu verkaufen. Einen Teil des Verkaufserlöses erhielten die Mitglieder entsprechend ihren Quoten, der Rest wurde in einen Treuhandfonds eingezahlt, aus dem arme Länder besonders günstige Kredite erhalten können.

Der Abbau der internationalen monetären Rolle des Goldes – auch als *„Demonetisierung des Goldes"* bezeichnet – wurde durch die 2. Änderung des IWF-Übereinkommens in den Statuten des Fonds verankert.

d) Kreditfazilitäten

Der IWF hat im Laufe der Zeit seine Finanzierungsfunktion erheblich ausgeweitet. Die Ziehungen im Bereich der oberen Tranchen erfolgen derzeit normalerweise im Rahmen von *Bereitschaftskrediten* (stand-by arrangements), die es dem kreditnehmenden Land erlauben, im Bedarfsfall Devisen bis zu einem bestimmten Höchstbetrag innerhalb einer bestimmten Zeit abzurufen. Die *erweiterte Fazilität (extended fund facility)* dient der mittelfristigen Finanzierung strukturverbessernder Maßnahmen.

Spezielle Fazilitäten sind z. B. die *kompensatorische Fazilität (compensatory and contingency financing facility)* und die *Bufferstock-Fazilität.* Erstere dient der Überbrückung von Erlösschwankungen bei der Rohstoffausfuhr, letztere der Finanzierung von internationalen Rohstoff-Ausgleichslagern. Bei Zahlungsbilanzschwierigkeiten, die auf Naturkatastrophen zurückzuführen sind, wird Hilfe (ohne Auflagen) im Rahmen der *„emergency assistance"* gewährt.

Fazilitäten für Länder mit niedrigem Pro-Kopf-Einkommen sind die *Strukturanpassungsfazilität (structural adjustment facility)* und die *erweiterte Strukturanpassungsfazilität (enhanced structural adjustment facility).* Im Rahmen dieser Fazilitäten werden mittelfristige Anpassungsprogramme und Strukturreformen in armen Ländern unterstützt.

Im Jahre 1962 wurden zwischen dem IWF und 10 großen Industriestaaten (dem „Zehnerklub") sog. *„Allgemeine Kreditvereinbarungen"*, abgek. *AKV (General Arrangements to Borrow,* abgek. *GAB)* geschlossen, die Sonderleistungen dieser Mitgliedstaaten vorsehen. Nach den auf dem Weltwirtschaftsgipfel im Juni 1995 gefaßten Beschlüssen soll ein „Krisenmechanismus" geschaffen werden, zu dessen Finanzierung die AKV-Geberstaaten (derzeit 12) gebeten werden sollen, die im Rahmen der AKV verfügbaren Mittel zu verdoppeln.

Der größte Teil der vom Fonds gewährten Kredite ist an teilweise sehr strenge Bedingungen gebunden *(„Konditionalität").* Bevor ein Land Hilfe erhält, muß sich dessen Regierung verpflichten, den wirtschaftspolitischen Empfehlungen des Fonds zu folgen, durch die erreicht werden soll, daß das Schuldnerland die Kredite eines Tages aus eigener Kraft zurückzahlen kann. Bei den Auflagen geht es in erster Linie um Inflationsbekämpfung und Haushaltssanierung.

5. Der Europäische Währungsverbund

Nachdem durch die Erweiterung der IWF-Bandbreite auf der Washingtoner Währungskonferenz im Dezember 1971 von ± 1% auf ± 2,25% gegenüber dem Dollar der maximale zwischen zwei Nichtdollarwährungen mögliche Abstand auf 9% vergrößert worden war[1], bildeten im März 1972 die (damals) sechs EG-Staaten einen Währungsverbund mit einer Schwankungsbreite von ± 2,25%. Dieser Währungsverbund erhielt den Spitznamen *„Währungsschlange"*, da die Abweichungen der EG-Währungen vom Dollarkurs ein Kursband ergaben, das sich innerhalb der größeren IWF-Bandbreite bewegte („Schlange im Tunnel"). Als im März 1973 die Dollarinterventionen eingestellt wurden, entfiel der Tunnel und die Schlangenwährungen floateten gemeinsam gegenüber dem Dollar *(Block-* oder *Gruppenfloating).*

Der Europäische Währungsverbund wurde im Jahre 1979 durch das *Europäische Währungssystem* ersetzt.

6. Das Europäische Währungssystem

Das *Europäische Währungssystem (EWS)* wurde am 13. März 1979 vom Europäischen Rat errichtet, um die Währungsstabilität in der Gemeinschaft und somit den europäischen Integrationsprozeß zu fördern.

Das EWS basiert auf zwei Grundelementen, der *Europäischen Währungseinheit (ECU)* und dem *Wechselkursmechanismus.* Der *ECU* ist eine Korbwährung, die sich aus den Währungen der Mitgliedstaaten zusammensetzt. Die Gewichte der Währungen in diesem Korb, die sich nach der Wirtschaftskraft der einzelnen Länder bestimmen, werden alle fünf Jahre überprüft. Ein Mitgliedsland kann einen Antrag auf frühere Überprüfung stellen, wenn sich das Gewicht seiner Währung im Währungskorb um 25% verändert hat.

Beim *Wechselkursmechanismus* dient der ECU als Bezugsgröße für die Festlegung der Leitkurse. Aufgrund dieser Leitkurse wird ein Gitter bilateraler Wechselkurse festgelegt, die die vereinbarten Bandbreiten nicht überschreiten dürfen. Werden die durch die Bandbreiten bestimmten Interventionspunkte erreicht, haben die Zentralbanken der Teilnehmerstaaten die Pflicht, in unbegrenzter Höhe in Teilnehmerwährungen in intervenieren.

Für Interventionszwecke räumen sich die Zentralbanken der Mitgliedsländer sehr kurzfristige Kreditlinien in Landeswährung ein. Außerdem ist ein kurzfristiger und ein mittelfristiger Währungsbeistand vorgesehen. Wenn sich Spannungen im EWS nicht durch Interventionen beseitigen lassen, können die Leitkurse im gegenseitigen Einvernehmen geändert werden *(Realignment).*

Für den Saldenausgleich stellt das *Europäische Währungsinstitut (EWI)* den teilnehmenden Zentralbanken gegen Hinterlegung von 20% der Goldbestände und 20% der Dollar-

---

1 Zwischen zwei Zeitpunkten konnte der Kurs der einen Nichtdollarwährung gegenüber dem Dollar vom unteren zum oberen Interventionspunkt steigen und der Kurs der anderen Nichtdollarwährung vom oberen zum unteren Interventionspunkt fallen, wodurch sich eine Gesamtabweichung um den doppelten Schwankungsspielraum, also 9%, ergab.

reserven eine entsprechende Menge ECU bereit. Die Hinterlegung erfolgt in Form revolvierender Dreimonats-Swapgeschäfte gegen ECU.

Ein sog. *„Abweichungsindikator"* zeigt an, ob sich eine Teilnehmerwährung deutlich anders entwickelt als die übrigen Währungen. Die Abweichungsschwelle beträgt 75% der maximal zulässigen Abweichung des ECU-Tageskurses einer Währung von ihrem ECU-Leitkurs. Wenn eine Währung ihre Abweichungsschwelle überschreitet, so geht man normalerweise davon aus, daß die Behörden des betreffenden Landes die notwendigen korrektiven Maßnahmen ergreifen werden (intramarginale Interventionen, d. h. Kursstützungen innerhalb der festgesetzten Schwankungsbreiten, und währungspolitische Maßnahmen).

Aber auch das EWS ist nicht von den Problemen verschont geblieben, die sich bei starren oder halbstarren Wechselkurssystemen notwendigerweise ergeben, wenn die beteiligten Länder unterschiedliche Wege in der Wirtschafts-, Währungs- und Finanzpolitik gehen. Im September 1992 schieden nach heftigen Währungsunruhen im EWS die italienische Lira und das britische Pfund bis auf weiteres aus dem Währungsmechanismus aus. Nach einer weiteren Krise im folgenden Jahr beschlossen die Finanzminister und Notenbankpräsidenten der EU am 2. August 1993, die EWS-Bandbreite von ursprünglich ± 2,25% (bzw. ± 6% für Spanien und Portugal) auf ± 15% zu erweitern. Lediglich zwischen den Niederlanden und Deutschland blieb es aufgrund einer bilateralen Vereinbarung bei der bisherigen Bandbreite von ± 2,25%. Aber auch die erhebliche Erweiterung der Schwankungsbreite konnte weitere Turbulenzen nicht verhindern: im März 1995 kam es erneut zu Abwertungen (Peseta und Escudo).

Seit dem Beitritt Österreichs zum Währungsmechanismus des EWS im Januar 1995 nehmen 10 EU-Währungen an diesem Mechanismus teil (ATS, BEF, DEM, DKK, ESP, FRF, IEP, LRF, NLG, PTE). Die Wiedereingliederung der Lira ist beabsichtigt.

7. Die Europäische Wirtschafts- und Währungsunion

Im Juni 1988 beauftragten die Staats- und Regierungschefs der EG (der Europäische Rat) eine Arbeitsgruppe, der auch die EG-Notenbankpräsidenten angehörten, einen Bericht über den stufenweisen Weg zur Verwirklichung der *Europäischen Wirtschafts- und Währungsunion (EWWU)* auszuarbeiten. Nach Vorlage dieses Berichtes beschloß der Europäische Rat Ende Juni 1989 in Madrid, die erste Stufe der EWWU am 1. Juli 1990 beginnen zu lassen und eine Regierungskonferenz zur Festlegung der anschließenden Stufen der EWWU einzuberufen. Eine parallel arbeitende Regierungskonferenz sollte sich mit den Plänen für eine Politische Union befassen. Diese Konferenzen erarbeiteten im Laufe des Jahres 1991 die Grundstruktur für eine Europäische Union.

Am 9./10. Dezember 1991 billigte der Europäische Rat in Maastricht den Entwurf eines „Vertrages über die Europäische Union" *(Vertrag von Maastricht).* Der Vertrag, der am 7. Februar 1992 unterzeichnet wurde, sieht Änderungen und Ergänzungen der bisherigen Verträge über die Europäischen Gemeinschaften vor (s. XX, A 1 und 3). Von zentraler Bedeutung sind hier die Bestimmungen über die Weiterentwicklung der EWWU.

Die zweite Stufe der EWWU trat am 1. Januar 1994 in Kraft. Als Vorläufer des Europäischen Systems der Zentralbanken (ESZB) wurde das *Europäische Währungsinstitut (EWI)* mit Sitz in Frankfurt am Main errichtet. Zu seinen Hauptaufgaben gehört die Koordinierung der Geldpolitiken und die Schaffung der rechtlichen, institutionellen und organisatorischen Voraussetzungen für eine einheitliche europäische Geldpolitik. Für die EU-Zentralbanken wurde das Verbot der Finanzierung öffentlicher Defizite wirksam. Soweit diese Zentralbanken noch von den Weisungen politischer Instanzen abhängig sind, muß ihnen vor Beginn der dritten Stufe die geldpolitische Autonomie gewährt werden.

Die Entscheidung über den unwiderruflichen Eintritt in die dritte Stufe (Endstufe) fällt frühestens im Jahre 1996. Kommission und EWI erstellen rechtzeitig vor Ende 1996 einen Bericht darüber, inwieweit die Mitgliedsstaaten die *Konvergenzkriterien* und somit die Voraussetzungen für den Eintritt in die EWWU erfüllen. Die Kriterien sind folgende:

1. Die Inflationsrate darf nicht mehr als 1 ½%-Punkte über der Rate der drei Mitgliedsländer mit der größten Preisstabilität liegen.
2. Neuverschuldung und Schuldenstand dürfen 3 % bzw. 60 % des Bruttoinlandsprodukts nicht überschreiten.
3. Die normale Bandbreite des Wechselkursmechanismus des EWS muß seit mindestens zwei Jahren ohne Abwertung eingehalten worden sein.
4. Die Zinssätze im langfristigen Bereich dürfen nicht mehr als 2 %-Punkte über den Zinsen der drei stabilsten Mitgliedsländer liegen.

Der Bericht von Kommission und EWI wird dann dem *Rat der Wirtschafts- und Finanzminister der Gemeinschaft (ECOFIN-Rat)* vorgelegt, der mit qualifizierter Mehrheit dazu Stellung nimmt, ob die Konvergenzkriterien für eine Mehrheit der Mitgliedstaaten erfüllt sind. Der *Europäische Rat* entscheidet dann bis spätestens 31. Dezember 1996 mit qualifizierter Mehrheit, ob es zweckmäßig ist, in die Endstufe einzutreten.

Falls bis Ende 1997 der Zeitpunkt für den Beginn der dritten Stufe noch nicht festgelegt worden ist, beginnt diese am 1. Januar 1999. Rechtzeitig vor dem 1. Juli 1998 soll der Prüfungsvorgang wiederholt werden. Der Europäische Rat bestätigt dann mit qualifizierter Mehrheit die vom ECOFIN-Rat festgelegte Liste von Mitgliedstaaten, die die Konvergenzkriterien erfüllen. Es ist dann nicht mehr erforderlich, daß eine Mehrheit der Mitgliedstaaten die Bedingungen erfüllt und der Europäische Rat den Eintritt in die dritte Stufe für zweckmäßig erklärt. (Großbritannien und Dänemark haben sich das Recht vorbehalten, an der dritten Stufe der EWWU nicht teilzunehmen.)

Die die Währungspolitik betreffenden Bedingungen des Vertrags von Maastricht sehen für die Endstufe der EWWU die unwiderrufliche Festlegung der Wechselkurse der Währungen der Teilnehmerstaaten vor. Außerdem geht die Zuständigkeit für die Geldpolitik im gesamten Währungsraum von den nationalen Notenbanken auf das ESZB über. Gleichzeitig wird eine einheitliche europäische Währung eingeführt, die nach einem Beschluß des Europäischen Rates vom Dezember 1995 den Namen *„Euro“* tragen wird.

Das *Europäische System der Zentralbanken* wird aus einer *Europäischen Zentralbank (EZB)* und den *nationalen Zentralbanken* bestehen und als vorrangiges Ziel die Sicherung der Preisstabilität haben, wobei es bei seinen geldpolitischen Entscheidungen von Weisungen der nationalen Regierungen und der Organe der Gemeinschaft unabhängig sein soll. Es wird über die üblichen geldpolitischen Instrumente verfügen und das Recht der Notenausgabe besitzen.

Wegen der labilen Währungslage und der nach wie vor vorhandenen wirtschaftlichen Disparitäten in Europa bestehen erhebliche Unsicherheiten hinsichtlich des Zeitplans zur Vollendung der EWWU.

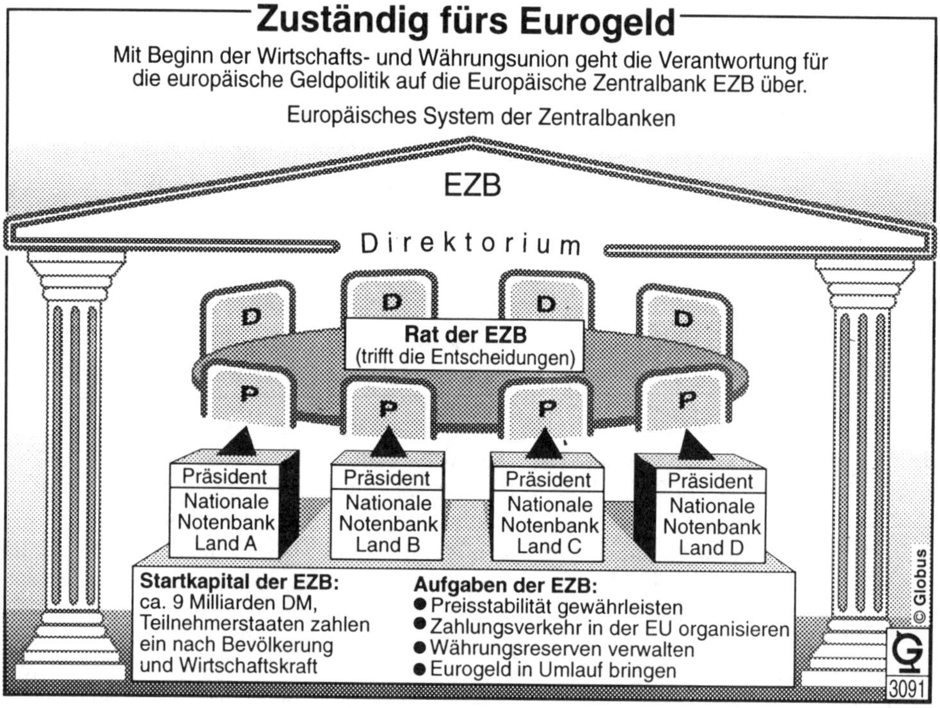

XVI. Außenwirtschaftspolitik

1. Freihandel, Protektionismus und Autarkiepolitik

Unter *Freihandel* versteht man einen von Zöllen und anderen staatlichen Eingriffen unbehinderten Welthandel. Als *Protektionismus* bezeichnet man eine Außenhandelspolitik, die auf den Schutz der inländischen Erzeuger vor der ausländischen Konkurrenz ausgerichtet ist. Der Schutz kann sich auf sämtliche Produktionszweige eines Landes erstrecken, er kann aber auch auf einzelne Gebiete beschränkt sein. (Wenn ein Land ausländischen Erzeugern den Zugang zum heimischen Markt erschwert und gleichzeitig die Ausfuhr der eigenen Erzeugnisse forciert, so spricht man von einer *„Beggar-my-neighbour-Politik"*. Eine solche Politik schädigt die Nachbarstaaten, soweit sie sich nicht durch entsprechende Gegenmaßnahmen schützen.) Ein Land, das eine *Autarkiepolitik* betreibt, verzichtet aus politischen oder militärischen Gründen auf ausländische Lieferungen. (Als Autarkie bezeichnet man die Unabhängigkeit eines Landes von ausländischen Lieferungen. Es gibt kein Land, das wirtschaftlich völlig autark ist.)

Protektionismus und Autarkiepolitik haben Wohlstandseinbußen zur Folge, während der Freihandel eine optimale internationale Arbeitsteilung ermöglicht und dadurch die Produktivität der einzelnen Länder steigert und ihren Wohlstand erhöht. Durch internationale Zusammenarbeit, vor allem im Rahmen des GATT (das inzwischen in die WTO integriert wurde), sind seit dem Ende des 2. Weltkriegs bedeutende Fortschritte beim Abbau von Handelshemmnissen erzielt worden.

Die derzeitige Entwicklung ist geprägt von der Bildung regionaler wirtschaftlicher Zusammenschlüsse (siehe unten) und einem Wiedererstarken des Protektionismus, der jetzt in neuem Gewande als *„fair trade"*, *„managed trade"* und *„industrial policy"* auftritt. Handelsstreitigkeiten (z. B. zwischen den USA und Japan) führen zur Anwendung handelshemmender Maßnahmen (Retorsionszölle, Selbstbeschränkungsabkommen, Abnahmevereinbarungen). Verbraucher und Unternehmen werden ermahnt, einheimischen Produkten den Vorzug zu geben *(„Buy American")*.

2. Regionalismus

Als *Regionalismus* bezeichnet man die Bildung regionaler Handelsblöcke (EU, NAFTA, Mercosur usw.). Man unterscheidet *Zollunionen* (mit einheitlichem Außenzoll) und *Freihandelszonen* (bei denen die Mitglieder ihre Zollhoheit behalten). In beiden Fällen werden Zölle und Handelsbarrieren zwischen den Mitgliedstaaten beseitigt mit dem Ziel, Handel und Wohlstand innerhalb des Blocks zu fördern. Der Intrablockhandel wird dadurch verstärkt, daß die Mitgliedstaaten absolut bzw. komparativ teuere Produkte durch billigere Bezüge aus Partnerstaaten ersetzen. Andererseits führt die Präferenzierung von Erzeugern innerhalb des Blocks zu einer Handelsumlenkung *(„trade diversion"):* Lieferungen aus Drittländern werden durch Lieferungen aus Mitgliedstaaten ersetzt. Eine große Gefahr liegt in der bei Handelsblöcken erkennbaren Tendenz, sich (z. B. durch nichttarifäre Maßnahmen) gegenüber Drittstaaten abzuschotten. Der Europäischen Union ist schon wiederholt der Vorwurf gemacht worden, sich in eine „Festung Europa“ verwandeln zu wollen. Es ist daher wichtig, im Interesse eines freien, multilateralen Welthandels derartigen Tendenzen zu widerstehen. Die EU – der Vorreiter der Blockbildung – kann hier mit gutem Beispiel vorangehen. Der Trend zur Regionalisierung wird sich in Zukunft noch verstärken. Immer deutlicher bilden sich auf der Welt drei große Handelsblöcke heraus: Europa, Amerika und Asien.

3. Staatliche Ausfuhrpolitik

Die *staatliche Ausfuhrpolitik* besteht in der Regel darin, die Ausfuhr durch direkte und/oder indirekte Maßnahmen zu fördern. Die *direkten staatlichen Exportförderungsmaßnahmen* stehen in unmittelbarem Zusammenhang mit dem Exportgeschäft; es handelt sich dabei um die Zahlung von Subventionen (einschließlich Zins- und Frachtsubventionen), die Gewährung steuerlicher Vergünstigungen („versteckte“ Subventionen) und die Versicherung von Ausfuhrrisiken durch den Staat.

Die *indirekte staatliche Exportförderung* kommt der Exportwirtschaft ganz allgemein zugute und umfaßt im wesentlichen die Tätigkeit der offiziellen Auslandsvertretungen und der staatlichen Informationseinrichtungen, die staatliche Auslandswerbung (z. B. offizielle Beteiligungen an ausländischen Messen und Ausstellungen) und die staatliche Förderung und Unterstützung der Selbsthilfeeinrichtungen der Exportwirtschaft (z. B. Hilfestellung bei der Bildung von Exportgemeinschaften).

Die Anwendung direkter staatlicher Exportförderungsmaßnahmen, die geeignet sind, den internationalen Wettbewerb zu verfälschen, wird durch eine Reihe internationaler Verträge und Abkommen verboten oder eingeschränkt. Als wettbewerbsneutrale Formen der direkten Exportförderung durch den Staat gelten die Befreiung von indirekten Steuern und die Versicherung von Ausfuhrrisiken gegen Zahlung einer angemessenen Prämie.

Die staatlichen Maßnahmen zur Beschränkung der Ausfuhr haben z. B. den Zweck, die Sicherheit des eigenen Staates zu gewährleisten, die Einhaltung zwischenstaatlicher Vereinbarungen zu sichern, eine Verschärfung internationaler Spannungen zu vermeiden oder die Versorgung der eigenen Wirtschaft mit knappen Gütern sicherzustellen. Instrumente der staatlichen Exportbeschränkung und -überwachung sind Genehmigungserfordernisse, Ausfuhrverbote und Ausfuhrzölle. Ein aus politischen Gründen erlassenes Ausfuhrverbot wird *Embargo* genannt. Ausfuhrzölle sind in der Praxis selten; sie werden entweder aus handelspolitischen oder rein fiskalischen Gründen (als Finanzzölle) erhoben.

4. Dumping

Dumping liegt vor, wenn Erzeuger eines Landes ihre Produkte in einem anderen Land zu einem niedrigeren Preis anbieten als auf dem Inlandsmarkt *(Preisdifferenzierung)*. Die betroffenen Länder können sich dagegen durch die Erhebung von Antidumping-Zöllen zur Wehr setzen.

In den meisten Fällen ist Dumping auf staatliche Exportsubventionen zurückzuführen *(Subventionsdumping)*. Private Unternehmen können jedoch auch Dumping ohne staatliche Hilfe betreiben, indem sie Verluste im Auslandsgeschäft zu Lasten des Inlandsgewinns in Kauf nehmen oder, falls dies möglich ist, die Preisdifferenz auf die Inlandspreise schlagen. Dumping kann ferner die Folge einer Währungsabwertung sein, die ein Land aus Wettbewerbsgründen vornimmt, oder einer Wechselkurspolitik, die zu einer Unterbewertung der betreffenden Währung führt *(Währungs-* oder *Valutadumping)*. Das Unterbieten ausländischer Preise durch Hersteller eines Landes mit niedrigem Lohnniveau bezeichnet man als soziales Dumping, obwohl hier keine Preisdifferenzierung vorliegt.

5. Staatliche Einfuhrpolitik

Die *staatliche Einfuhrpolitik* wirkt sich zumeist in der Weise aus, daß der Staat die Einfuhr zum Schutze der inländischen Erzeuger oder der nicht in in ausreichender Menge vorhandenen Devisenreserven mehr oder weniger erschwert. Zur Regulierung der Einfuhr wendet der Staat Einfuhrzölle und verschiedene nichttarifäre (d. h. nicht zollpolitische) Handelshemmnisse, vor allem mengenmäßige Beschränkungen, an.

Daneben gibt es auch Einfuhrverbote, die zumeist aus Gründen der Gesundheit, Sicherheit usw. oder aus politischen Gründen (Sanktionen) verfügt werden.

6. Einfuhrzölle

Einfuhrzölle auf ausländische Waren sind zumeist *Schutzzölle,* die die inländischen Erzeuger vor der ausländischen Konkurrenz schützen sollen. Daneben gibt es auch *Finanzzölle,* die nur den Zweck haben, dem Staat Einnahmen zuzuführen. Ein nur begrenzte Zeit angewandter Schutzzoll, der eine junge Industrie während ihrer Anlaufzeit abschirmt, wird *Erziehungszoll* genannt. Der Abwehr eines Dumping dient der *Antidumpingzoll.* Ein *Sperrzoll (Prohibitivzoll)* ist ein überhöhter Schutzzoll, der in der Absicht erhoben wird, die Einfuhr zu unterbinden, und somit die gleiche Wirkung hat wie ein Einfuhrverbot. Die Anwendung sehr hoher Zölle kann auch eine wirtschaftliche Vergeltungsmaßnahme bei der Benachteiligung der eigenen Erzeugnisse durch ein anderes Land sein *(Retorsions-, Vergeltungs-* oder *Kampfzoll)*. Wenn zwei Länder gegeneinander hohe Zölle anwenden, so spricht man von einem *Zollkrieg.*

Zölle werden entweder von einem Land autonom festgesetzt *(autonome Zölle)* oder in Verträgen vereinbart *(Konventionalzölle)*. Einem Vertragspartner eingeräumte, unter dem Normalzoll liegende Zölle werden *Vorzugszölle (Präferenzzölle)* genannt. Wenn auf die gleiche Ware verschieden hohe Zölle (je nach Ursprung) angewandt werden, spricht man von *Differentialzöllen.*

Nach der Art der Erhebung unterscheidet man Zölle, die aufgrund des Wertes der Einfuhrwaren berechnet werden *(Wertzölle),* und solche, denen Gewicht, Maß oder Menge der Waren zugrunde gelegt wird *(spezifische Zölle)*. Der wichtigste spezifische Zoll ist der Gewichtszoll. Werden Wertzoll und Gewichtszoll miteinander kombiniert, so liegt ein *Misch-*

zoll vor. Ein Zoll besonderer Art ist der *Gleitzoll,* der sich nach den Preisen der Einfuhrwaren richtet. Fallen die Preise, so erhöht sich der Zoll, steigen sie, so ermäßigt er sich.

7. Mengenmäßige Beschränkungen und Selbstbeschränkungsabkommen

Unter *mengenmäßigen Beschränkungen (Mengenbeschränkungen, Einfuhrkontingentierung)* versteht man die Festsetzung von Einfuhrkontingenten, durch die die Einfuhr bestimmter Waren während eines bestimmten Zeitraums mengen- oder wertmäßig begrenzt wird. Importeure, die kontingentierte Waren einführen wollen, benötigen eine staatliche Genehmigung (Einfuhrgenehmigung, Importlizenz). Man unterscheidet *Globalkontingente,* die für alle Länder gelten, und *Länderkontingente,* die auf bilateralem Weg mit einzelnen Ländern vereinbart worden sind. Außerdem sind noch die *Zollkontingente* und die *Messekontingente* zu erwähnen.

Bei den *Zollkontingenten* handelt es sich um eine begrenzte Menge bestimmter Waren, die zu einem ermäßigten Zollsatz oder zollfrei („Zollkontingent zum Nullsatz") eingeführt werden können. *Messekontingente* sind zusätzliche, anläßlich einer internationalen Messe eröffnete Einfuhrmöglichkeiten für kontingentierte Waren.

Die gleiche Wirkung wie die Festsetzung von Einfuhrkontingenten hat der Abschluß von *Selbstbeschränkungsabkommen* mit Lieferländern. In diesen Abkommen verpflichten sich die Lieferländer, die Ausfuhr bestimmter Waren durch autonome Exportbeschränkungen zu begrenzen. Man spricht hier auch von „freiwilliger Export-Selbstbeschränkung", obwohl sich Lieferländer stets nur unter dem Druck der Abnehmerstaaten zum Abschluß solcher Abkommen bereitfinden.

8. Andere nichttarifäre Handelshemmnisse

Nichttarifäre Handelshemmnisse sind neben den oben erwähnten mengenmäßigen Beschränkungen und Selbstbeschränkungsabkommen u.a. komplizierte Einfuhrbegleitpapier- und Zollvorschriften, diskriminierende (d. h. ausländische Erzeuger benachteiligende) technische Normen und Verbraucherschutzbestimmungen sowie Beschaffungsvorschriften für öffentliche Stellen, nach denen einheimische Firmen bei der Vergabe öffentlicher Aufträge zu bevorzugen sind. Zollabbau und Regionalismus haben zu einer erheblichen Zunahme der nichttarifären Handelshemmnisse geführt, die immer subtiler und raffinierter werden.

9. Staatliches Außenhandelsmonopol

Als *staatliches Außenhandelsmonopol* bezeichnet man das alleinige Recht des Staates, Außenhandelsgeschäfte durchzuführen. Es kann ein *totales Monopol* sein, das den gesamten Außenhandel umfaßt, oder ein *partielles Monopol,* bei dem sich nur der Außenhandel mit bestimmten Gütern in den Händen des Staates befindet.

XVII. Außenwirtschaftsrecht

1. Außenhandelsrecht

a) Inhalt und Funktion des Außenhandelsrechts

Inhalt der rechtlichen Regelungen für den grenzüberschreitenden Warenverkehr sind überwiegend staatliche Befugnisse, die Außenhandelsfreiheit der beteiligten Wirtschaftssubjekte zu beschränken. Entsprechendes gilt für das übrige Außenwirtschaftsrecht. Es gehört zum Verwaltungsrecht und ist damit ein Teil des öffentlichen Rechts. Zum Außenwirtschaftsrecht gehören nicht die Rechtsregeln für die Beziehungen zwischen den am Außenwirtschaftsverkehr beteiligten Personen, also z. B. das Kaufverhältnis zwischen dem Exporteur und dem Importeur oder das Vertragsverhältnis zwischen dem Importeur und einem ausländischen Spediteur. Diese werden zum Teil durch das sog. Internationale Privatrecht geregelt.

Zunächst ein kurzer Überblick über die rechtlichen Grundlagen des Außenhandels. Wichtige Regelungen für den Außenhandel trifft zunächst das *Außenwirtschaftsgesetz (AWG)* und die auf Grund des AWG von der Bundesregierung erlassenen *Rechtsverordnungen.* Wie der Name dieses Gesetzes bereits andeutet, gilt es sowohl für den Waren- als auch für den Dienstleistungs-, Kapital- und Zahlungsverkehr mit dem Ausland. Auch wenn das AWG seiner Bezeichnung nach eine abschließende und umfassende Regelung aller außenwirtschaftsrechtlichen Probleme vermuten läßt, ist dem bei weitem nicht so. Neben dem AWG enthält eine Vielzahl weiterer Gesetze, wie z. B. das Kriegswaffenkontrollgesetz, das Betäubungsmittel- oder das Arzneimittelgesetz, Beschränkungen für den grenzüberschreitenden Warenverkehr. Weiterhin sind die Handelsbeschränkungen in Verordnungen der Europäischen Gemeinschaften (EU) zu nennen. Schließlich ist das Zollrecht zu erwähnen, das durch EU-Verordnungen und nationale Gesetze geregelt und insbesondere bei der Wareneinfuhr von Bedeutung ist. Auch das Umsatzsteuergesetz und die Verbrauchsteuergesetze enthalten Regelungen für den Außenhandel.

In Anbetracht dieser Vielzahl gesetzlicher Regelungswerke lassen sich nur schwer allgemeine Aussagen zum sachlichen Inhalt der Rechtsgrundlagen des Außenhandels machen, abgesehen von der Feststellung, daß es sich um Wirtschaftsverwaltungsrecht handelt und den grenzüberschreitenden Handel meistens beschränkt, selten direkt fördert. Wichtig ist es jedoch, sich den Konflikt vor Augen zu führen, den diese Materie regelt. Die in der Bundesrepublik produzierten Waren, vor allen Dingen industrielle Fertigerzeugnisse, werden zum großen Teil im Ausland abgesetzt. Über viele zur Verarbeitung benötigte Rohstoffe verfügt die Bundesrepublik als Land mit knapper Rohstoffdecke nicht in ausreichendem Maße. Die einheimische Wirtschaft ist also gleichermaßen auf Ex- und Import angewiesen. Ebenso hat der internationale Handel für die gesamte Weltwirtschaft Bedeutung. Die mit dem grenzüberschreitenden Warenaustausch verbundene internationale Arbeitsteilung und Umstrukturierung von Produktionsfaktoren bedeutet für die Völkergemeinschaft insgesamt einen Produktionszuwachs. Allerdings dürfen auch die Gefahren eines völlig unkontrollierten Außenhandels nicht übersehen werden. Exporte von Rüstungsgütern in Krisengebiete gefährden sowohl den Weltfrieden als auch die Weltwirtschaft. Der Vorteil, der damit für einzelne Branchen verbunden sein mag, wird dadurch mehr als aufgehoben. Die plötzliche Aufhebung sämtlicher Zollbelastungen würde in bestimmten Branchen zur Massenarbeitslosigkeit führen. Diesen Konflikt zwischen einer möglichst weitgehenden Liberalisierung des Außenhandels und der wirksamen Bekämpfung der mit dem Außenhandel verbundenen Gefahren wirtschafts-, außen- und umweltpolitischer und sonstiger schützenswerter Interessen des Gemeinwohls regelt das Außenwirtschaftsgesetz und die anderen o. g. Rechtsvorschriften in unzähligen nach Warenart, Herkunfts-und Bestimmungsland etc. differenzierenden Regelungen. Jede außenwirtschaftspolitische Maßnahme der EU und der Bundesrepublik ist von dem Bestreben getragen, einen optimalen Ausgleich dieser widerstreitenden Interessen zu erreichen und daher, wie fast jede politische Entscheidung, in Effizienz und Effektivität umstritten.

b) Verhältnis zwischen EU-Recht und nationalem Recht

Bereits an dieser Stelle muß kurz auf die Bedeutung der Mitgliedschaft der Bundesrepublik in der EU und auf das Verhältnis des nationalen Außenhandelsrechts zum Recht der EU eingegangen werden. Besonders relevant wird diese Frage zwar erst im Bereich des Zollrechts. Doch auch in allen übrigen Bereichen des Außenhandelsrechts nimmt der Umfang der Rechtsakte der EU permanent zu.

Die unmittelbar geltenden Verordnungen der EU haben Vorrang vor nationalen Gesetzen, die ihnen inhaltlich widersprechen. Insofern ist das Verhältnis auf den ersten Blick einfach. Dies bliebe es auch, wenn die EU den gesamten Außenhandel durch Verordnungen abschließend und lückenlos geregelt hätte. Dies ist jedoch bis heute nicht geschehen. Vielmehr ist der Außenhandel durch EU-Verordnungen nur fragmentarisch geregelt. Daneben treten eine Vielzahl weiterhin anwendbarer nationaler Rechtsvorschriften. Dies macht das für den Außenhandel der BRD maßgebliche Recht sehr unübersichtlich. Dieses Problem wird noch dadurch verschärft, daß die Mitgliedstaaten das durch EU-Verordnungen verdrängte nationale Recht nicht streichen. In den nationalen Außenhandelsvorschriften entsteht so ein kurioses Nebeneinander von verdrängtem und nicht-verdrängtem Recht. Soweit das nationale Recht nicht verdrängt wird, spricht man von *Verzahnung zwischen Gemeinschafts- und nationalem Recht*. Es sind zwei Arten der Verzahnung zu unterscheiden. Bei der *horizontalen Verzahnung* stehen Gemeinschafts- und nationales Recht nebeneinander. Sie regeln jeweils auf gleicher Ebene stehende, aber einander nicht berührende Sachbereiche. So regelt z. B. das nationale Außenwirtschaftsrecht die Ausfuhrbeschränkungen für militärisch bedeutsame Waren und das Gemeinschaftsrecht Ausfuhrbeschränkungen für Grundnahrungsmittel zur Sicherung des Lebensbedarfs in der Gemeinschaft. Die Regelungen über die Beschränkungen der Warenausfuhr sind horizontal auf Gemeinschafts- und nationales Recht verteilt. Grob vereinfacht läßt sich sagen, daß alle in erster Linie handels- und wirtschaftspolitisch motivierten Regelungen des Außenhandels, also solche, die den Handelsaustausch zwischen der Gemeinschaft und Drittländern wirtschaftslenkend beeinflussen sollen, abschließend durch das EU-Recht getroffen worden sind. Insoweit gibt es keine horizontale Verzahnung. Dagegen sind Regelungen des Außenhandels aus außen- und sicherheitspolitischen Motiven (Waffen, Betäubungsmittel, Pflanzenschutz etc.) überwiegend noch durch nationales Recht geregelt. Insoweit besteht noch eine Regelungskompetenz der einzelnen Mitgliedstaaten. Bei der *vertikalen Verzahnung* hat das nationale Recht eine dem Gemeinschaftsrecht nachgeordnete, dessen Durchführung dienende Funktion. Diese Art der Verzahnung findet sich vor allen Dingen im Zollrecht.

EU-Verordnungen bestimmen z. B., wann, für welche Waren, in welcher Höhe und von wem Zoll zu entrichten ist. Das nationale Zollrecht regelt, welche Behörden zuständig sind und welche Pflichten den Zollschuldner im einzelnen treffen. Hier handelt es sich um bloße Unterstützung der Durchsetzung des EU-Zollrechts durch nationale Vorschriften.

Schließlich ist darauf hinzuweisen, daß der Begriff des Außenhandels im nationalen Recht und im EU-Recht ein unterschiedlicher ist. Soweit die Mitgliedstaaten selbst Außenhandelsrecht erlassen, betreiben sie eine eigene Außenpolitik und agieren als souveräne Staaten außerhalb des Staatenverbundes der EU. Gegenüber den anderen Mitgliedstaaten findet hier quasi ein Perspektivenwechsel statt. Der Handel mit ihnen ist Außenhandel. Dagegen ist der Handel zwischen den Mitgliedstaaten im Sinne des EU-Rechts innergemeinschaftlicher Binnenhandel und nur der Warenverkehr mit Drittstaaten Außenhandel.

Ein ähnlicher Perspektivenwechsel ist im Bereich der Einfuhrsteuern vorzunehmen, worauf unten noch näher einzugehen ist. Zölle sind in der EU harmonisiert. Beim Warenverkehr im EU-Binnenhandel werden daher keine Zölle erhoben. Die bei der Einfuhr zu erhebenden Verbrauchsteuern und die Umsatzsteuer sind dagegen noch nicht harmonisiert. Jeder Mitgliedstaat betreibt insoweit noch eine eigene Steuerpolitik. Demzufolge ist die Lieferung von Waren aus anderen Mitgliedstaaten der Lieferung aus Drittstaaten gleichgestellt und damit eine steuerpflichtige Einfuhr.

Zusammenfassend läßt sich also festhalten:

- EU-Verordnungen verdrängen ihnen widersprechendes nationales Recht.
- Das EU-Recht regelt den Außenhandel nicht abschließend. Sowohl zu seiner horizontalen als auch zu seiner vertikalen Ergänzung ist das nationale Außenhandelsrecht anwendbar.
- Außenhandel im Sinne des EU-Rechts ist nur der Warenverkehr mit Drittstaaten, im Sinne des nationalen Außenhandelsrechts dagegen auch der Warenverkehr mit Mitgliedstaaten.

2. Außenwirtschaftsgesetz (AWG) und Außenwirtschaftsverordnung (AWV)

§1 AWG formuliert die wirtschaftspolitische Grundentscheidung für das Außenwirtschaftsrecht der Bundesrepublik: „Der Außenwirtschaftsverkehr ist grundsätzlich frei.“ Dieser Grundsatz wird allerdings durch die vielfältigen Beschränkungen auf Grund des AWG und o.g. Rechtsvorschriften zum Außenhandel erheblich durchbrochen. Das AWG gliedert sich entsprechend der oben genannten Unterteilung in allgemeine Vorschriften und besondere Regelungen für den Waren-, Dienstleistungs- und Kapitalverkehr. Beschränkungen des Zahlungsverkehrs im Sinne einer Devisenbewirtschaftung bestehen gegenwärtig nicht. Beschränkungen des Goldverkehrs sind zur Zeit ebenfalls nicht vorgesehen.

Konkrete Angaben über die einzelnen Beschränkungen enthält das AWG kaum. Vielmehr ermächtigt es die Bundesregierung, die Einzelheiten durch Rechtsverordnung zu regeln. Dies ist für den Bereich der Ausfuhr mit der AWV und der ihr als Anlage beigefügten Ausfuhrliste geschehen. Der Umfang der Einfuhrbeschränkungen wird ebenfalls durch eine von der Bundesregierung als Rechtsverordnung erlassene Einfuhrliste konkretisiert. Damit wird ermöglicht, den Standard und Umfang der jeweiligen Beschränkungen des Außenwirtschaftsverkehrs für einzelne Warenarten und Zielländer je nach den aktuellen politischen und wirtschaftlichen Bedürfnissen zu regeln und eine schnelle Anpassung an sich ändernde Verhältnisse zu gewährleisten. Würde jede neue Waffenexportbeschränkung ein förmliches Gesetzgebungsverfahren im Bundestag erfordern, so wäre bis zum Gesetzesbeschluß die Krise in dem betroffenen Gebiet möglicherweise längst vorüber.

a) Ausfuhrbeschränkungen

Ausfuhr im Sinne des AWG ist das Verbringen von Sachen und Elektrizität aus dem Wirtschaftsgebiet nach fremden Wirtschaftsgebieten. Da das AWG ein nationales Gesetz ist, versteht es unter dem inländischen Wirtschaftsgebiet nur die Bundesrepublik Deutschland. Eine Beförderung von Waren aus Deutschland in andere EU-Staaten ist also Ausfuhr i.S.d. AWG. Beschränkungen der Ausfuhr werden sowohl auf Vorschriften des allgemeinen Teils des AWG als auch auf die besonderen Ermächtigungen im Abschnitt über den Warenverkehr gestützt.

Beschränkungen gem. § 7 AWG

Die für die Ausfuhr wichtigste allgemeine Beschränkungsmöglichkeit sieht § 7 AWG vor. *Beschränkungen* sind nach dieser Vorschrift zulässig:

1. zur Gewährleistung der Sicherheit der Bundesrepublik Deutschland. Gemeint ist damit sowohl die durch einen militärischen Angriff von außen gefährdete Sicherheit als auch die durch einen im Inland geplanten gewaltsamen Umsturz bedrohte innere Sicherheit,
2. zur Verhütung von Störungen des friedlichen Zusammenlebens der Völker. Hier geht es insbesondere um Gefahren für die Sicherheit anderer Staaten,
3. zur Verhütung einer erheblichen Störung der auswärtigen Beziehungen Deutschlands.

Diese dritte *Ermächtigung* ist wenig präzise. Gestützt wurden auf diese Vorschrift insbesondere Exportbeschränkungen im Rahmen eines gemeinsamen Handelsembargos der westlichen Industriestaaten gegenüber Drittstaaten zur Sanktionierung schwerer Mißstände oder Rechtsverletzungen. Hier ist es zur Pflege der auswärtigen Beziehungen zu ihren Bündnispartnern für die BRD erforderlich, das Handelsembargo aus Solidarität mitzutragen. Anwendung fand diese Ermächtigung z. B.bei dem Handelsembargo gegenüber Südafrika. Mit der Voraussetzung der „erheblichen" Störung soll eine einengende Auslegung dieser Ermächtigungsgrundlage gewährleistet werden.

Die Ermächtigung des § 57 AWG verfolgt keine wirtschaftspolitischen Ziele. Hier geht es vorangig um allgemeine außen- und sicherheitspolitische Interessen. Auf § 7 AWG insgesamt ist Teil I der Ausfuhrliste 5 gestützt. Er enthält, vereinfacht gesagt, eine Auflistung von Waren, die in irgendeiner Weise militärische Bedeutung haben können (sog. Embargo-Waren). Deren Ausfuhr ist regelmäßig nur nach vorheriger Erteilung einer Genehmigung erlaubt (präventives Verbot mit Genehmigungsvorbehalt), wobei für das Eingreifen der Genehmigungspflicht teilweise nach Bestimmungs-, Einkaufs- oder Einbauland unterschieden wird.

Mit den Beschränkungen für die Waren in Teil I Abschnitt A bis C und Nr. 2002 in Abschnitt D hat die Bundesrepublik in erster Linie völkerrechtliche Verpflichtungen erfüllt. Diese resultieren insbesondere aus dem *COCOM (Coordinating Committee for Multilateral Strategic Export Control),* einem nach dem zweiten Weltkrieg ins Leben gerufenen Zusammenschluß der NATO-Staaten (außer Island, Australien und Japan) zum Schutz der gemeinsamen Sicherheit, dem Rüstungsembargo der Vereinten Nationen (VN) gegen Südafrika, weiterer VN-Resolutionen, dem Atomsperrvertrag vom 1. Juli 1968 und dem Londoner Abkommen zur Begrenzung der Weitergabe von Raketentechnologie von 1987.

In ihrer Gesamtheit gehen die auf Grund von § 37 AWG erlassenen Beschränkungen allerdings noch über diese Verpflichtungen hinaus. Hervorzuheben ist weiterhin, daß Teil I der Ausfuhrliste nicht nur die Sache selbst, sondern teilweise auch die Unterlagen zu deren Fertigung und militärisch bedeutsame Technologien erfaßt, wenn sie in Form von Skizzen, Tonträgern, Disketten etc. verkörpert sind. Unter Technologien sind Kenntnisse und Erkenntnisse über technische Abläufe zu verstehen. Die Ausfuhrliste hat aber auch für den bloßen Dienstleistungsverkehr Relevanz. Personen, die im Ausland ihre Kenntnisse oder Arbeitskraft dem Bau militärischer Güter zur Verfügung stellen, können ebenfalls „Ausfuhrbeschränkungen" unterliegen. Im Kapitel der AWV über Beschränkungen des Dienstleistungsverkehrs (§ 544 ff.) sind der Einbau, die Kenntnisweitergabe und sonstige Dienstleistungen im Zusammenhang mit der ausländischen Produktion und Entwicklung der in Teil I der Ausfuhrliste genannten Sachen unter Genehmigungsvorbehalt gestellt, teilweise sogar absolut verboten. Bei den in Teil I genannten Sachen kommt es für das Eingreifen der Genehmigungspflicht nicht auf die subjektiven Absichten bezüglich deren späteren Verwendung an.

Die Beschränkungen knüpfen allein an objektive Beschaffenheitsmerkmale an. Dies gilt auch für die sog. „dual use"-Waren in Teil I. Mit diesem Begriff werden Waren bezeichnet, die nicht nur militärisch, sondern üblicherweise auch zu zivilen Zwecken verwendet werden. Diese Waren sind nicht im Hinblick auf eine spätere militärische Verwendung besonders konstruiert. Wegen der unterschiedlichen Verwendungsmöglichkeiten ist bei diesen Waren im Gegensatz zu spezifischen Militärgütern wie Panzern, Maschinengewehren, Handgranaten etc. eine künftige Verwendung zu Militärzwecken allein auf Grund ihrer objektiven Beschaffenheit nicht zwingend. Und dennoch löst allein die diesen Waren innewohnende Möglichkeit, auch zu Militärzwecken verwendbar zu sein, die Genehmigungspflicht aus. So werden von Teil I, Abschnitt C der Ausfuhrliste beispielsweise Kameras, bestimmte Softwareprogramme, Funkgeräte, Hubschrauber erfaßt. Der oben dargestellte Grundsatz, daß die Ausfuhrbeschränkungen durch spezifische Beschaffenheitsmerkmale der Ware ausgelöst werden, ist nun allerdings durch die neu eingeführten, ebenfalls auf § 7 AWG gestützten Ausfuhrbeschränkungen der §§ 5 b bis 5 d AWV durchbrochen. So sieht § 5 c AWV ein Genehmigungserfordernis für die Ausfuhr von Waren für Waffenanlagen oder zum Einbau in Militärgüter in bestimmte Länder vor, wenn der Ausführer Kenntnis über Land und Verwendungszweck hat.

Die hiervon erfaßten Waren sind listenmäßig nicht mehr erfaßbar. Theoretisch könnte noch ganz alltägliches Bau- und Installationsmaterial unter diese Vorschriften fallen. Konsequenterweise ist der Umfang der von diesen Ausfuhrbeschränkungen betroffenen Waren nicht in einem Abschnitt der Ausfuhrliste aufgezählt worden. Damit wird allerdings die mit dem oben dargestellten Grundsatz in gewisser Hinsicht gewährleistete Rechtssicherheit aufgegeben. Diese Unsicherheit und das erhöhte Strafbarkeitsrisiko für die betroffenen Exporteure soll dadurch *kompensiert werden,* daß die Genehmigungspflicht positive Kenntnis des Exporteurs über Zielland und Verwendungszweck voraussetzt.

Beschränkungen gem. § 5 AWG

Diese Vorschrift gestattet Beschränkungen des Außenwirtschaftsverkehrs zur Erfüllung von Verpflichtungen aus zwischenstaatlichen Vereinbarungen, also insbesondere aus völkerrechtlichen Verträgen. Auf diese Vorschrift ist die Ausfuhrbeschränkung für die in Teil II der Ausfuhrliste genannten Kaffeewaren gestützt, die die Verpflichtungen der EU und ihrer Mitgliedstaaten aus dem Internationalen Kaffee-Übereinkommen umsetzen.

Beschränkungen gem. § 8 (und gem. § 5) AWG

§ 8 AWG, eine Vorschrift aus dem Abschnitt des AWG über den Warenverkehr, ermächtigt speziell zur Beschränkung der Warenausfuhr,

1. um die Versorgung mit lebensnotwendigen Gütern im Inland zu gewährleisten.
   Hier geht es zunächst um den Schutz der Bevölkerung im Hinblick auf die Versorgung mit Grundnahrungsmitteln. Aber auch die Versorgung der weiterverarbeitenden Industriezweige mit den nötigen Rohstoffen ist vom Schutzzweck erfaßt.
2. von ernährungs- und landwirtschaftlichen Erzeugnissen.
   Um erhebliche Störungen der Ausfuhr durch Lieferung minderwertiger Erzeugnisse zu verhindern. Schutzzweck dieser Vorschrift ist die Förderung des Exports. Minderwertige Erzeugnisse können auf den Auslandsmärkten den „guten Ruf" der gesamten einheimischen Agrarproduktion beschädigen und zu Exporteinbußen führen.
3. zur sog. „Endverbleibsicherung."
   Sinn dieser Regelung ist der folgende: Setzt z. B. ein anderer Mitgliedstaat der EU gegenüber einem Drittstaat eine Mengenbeschränkungen oder Einfuhrverbote für die Einfuhr bestimmter Waren aus diesem Drittstaat fest, welche die Bundesrepublik nicht vorsieht, so könnte diese Einfuhrbeschränkung durch eine Verkehrsverlagerung über die BRD unterlaufen werden, indem die Waren hier zum freien Verkehr oder zum Veredelungsverkehr abgefertigt und dann im unbeschränkten EU-Binnenhandel in den anderen Mitgliedstaat reexportiert werden. Diese Vorschrift hat aber keine praktische Relevanz, da die EU derartige Einfuhrbeschränkungen für alle Mitgliedstaaten einheitlich regelt, so daß entsprechende Endverbleibssicherungen in den einzelnen Mitgliedstaaten entbehrlich sind.

Auf § 8 (und auf § 5) AWG sind die in §§ 6, 6a AWV vorgesehenen Ausfuhrbeschränkungen für Waren der Landwirtschaft und des Ernährungssektors sowie für Eisen- und Stahlwaren gestützt. Der hiervon betroffene Warenkreis ist in Teil II der Ausfuhrliste aufgeführt. Die Beschränkungen für Eisen- und Stahlwaren bestehen aus Gründen der Bedarfsdeckung (s.o. 1.), bei den Waren der Landwirtschaft und des Ernährungssektors geht es ebenfalls zum Teil um Gründe der Bedarfsdeckung, teilweise auch um die Qualitäts- und damit um Exportsicherung.

All diesen auf § 8 AWG gestützten Beschränkungen liegen Verordnungen der EU zugrunde. Daher sind sie außer auf § 8 auch auf § 5 AWG gestützt. Mit deren Übernahme in das nationale Außenwirtschaftsrecht erfüllt die Bundesrepublik Pflichten aus dem EU-Vertrag. Insoweit handelt es sich nur noch der Form nach um nationales Außenhandelsrecht der BRD. Inhaltlich sind diese Ausfuhrbeschränkungen quasi EU-Recht.

Die Beschränkungen auf Grund von § 8 AWG verfolgen im Gegensatz zu § 7 AWG wirtschaftspolitische Zwecke. Auch die Beschränkungen auf Grund von § 5 zur Erfüllung völkerrechtlicher Pflichten sind meistens wirtschaftspolitisch motiviert. Das internationale Kaffee-Übereinkommen betrifft z. B. die Festlegung von Ein- und Ausfuhrquoten zwischen den meisten Verkaufs- und Einkaufsländern zur Verhinderung von Preisschwankungen und zur Sicherung der wirtschaftlichen Entwicklung in den Verkaufsländern. Auch dürfen die Ausfuhrländer Nicht-Mitgliedstaaten keine günstigeren Einkaufsbedingungen bieten.

b) Die Erteilung der Ausfuhrgenehmigung

Materielle Voraussetzungen

Soweit nach der AWV i.V.m. der Ausfuhrliste eine Genehmigung vorgeschrieben ist, ist diese gem. § 3 AWG zu erteilen, wenn die Ausfuhr nicht die von der Beschränkungsvorschrift geschützten Interessen, also z. B. im Falle von § 7 AWG die Sicherheit der BRD, das friedliche Zusammenleben der Völker oder die auswärtigen Beziehungen, gefährdet. In diesem Fall besteht ein Anspruch auf Erteilung der Genehmigung.

Besteht aber eine Gefährdung für die von der Vorschrift geschützten Interessen, so kann die Genehmigung dennoch erteilt werden, wenn das volkswirtschaftliche Interesse an der Ausfuhr überwiegt. Unter volkswirtschaftlichen Interessen sind hier die in § 1 des Gesetzes zur Förderung der Stabilität und des Wachstums der Wirtschaft genannten Ziele zu verstehen, also Stabilität des Preisniveaus, hoher Beschäftigungsstand, außenwirtschaftliches Gleichgewicht und stetiges Wirtschaftswachstum. In diesem Fall steht der Behörde ein Ermessensspielraum zu. Ein Anspruch unmittelbar auf Erteilung der Genehmigung besteht nicht. Dennoch offenbart sich jedenfalls in dieser Vorschrift eine außenwirtschaftsfreundliche Grundtendenz des AWG.

Formelle Voraussetzungen

Die Ausfuhrgenehmigung ist vor der Ausfuhr bei der zuständigen Behörde zu beantragen.

Für den Bereich der Embargobeschränkungen ist dies das *Bundesausfuhramt (BAFA).* Dies ist eine Bundesoberbehörde (kein Behördenunterbau und örtliche Zuständigkeit für das gesamte Bundesgebiet), die im Rahmen der Verschärfung der Exportkontrollen zu Beginn der neunziger Jahre errichtet wurde. Die Genehmigung für die Ausfuhr der in Teil II der Ausfuhrliste genannten Eisen- und Stahlwaren und Kaffeewaren erteilt das *Bundesamt für Wirtschaft (BfW),* ebenso wie das BAA eine Bundesoberbehörde. BAA und BfW gehören zum Geschäftsbereich des Bundesministeriums für Wirtschaft. Für die Ausfuhrgenehmigung der in Teil II genannten Waren der Landwirtschaft und des Ernährungssektors sind das *Bundesamt für Ernährung und Forstwirtschaft* und die *Bundesanstalt für landwirtschaftliche Marktordnung* zuständig, die zum Geschäftsbereich des Bundesministeriums für Ernährung, Landwirtschaft und Forsten gehören bzw. unter dessen Aufsicht stehen.

Antragsberechtigt ist nur der Ausführer (§ 17 Abs.1 S. 2 AWV). Wer nur als Spediteur oder Frachtführer bei dem Verbringen der Ware in das Ausland tätig wird, ist nicht Ausführer (§ 8 Abs. 1 AWV). Maßgeblich ist, wer die grenzüberschreitende Transaktion auf Grund seiner rechtlichen oder faktischen Herrschaft steuert. Liegt der Ausfuhr eine vertragliche Vereinbarung zugrunde, so ist nur der gebietsansässige Vertragspartner Ausführer. Durch diese Eingrenzung wird gewährleistet, daß die Pflichten im Zusammenhang mit dem Genehmigungs- und dem Überwachungsverfahren bei der Ausfuhr (siehe dazu unten) eine Person treffen, die einerseits über die erforderlichen Kenntnisse über die Transaktion verfügt, andererseits im Falle der Verletzung dieser Pflichten für deutsche Behörden strafrechtlich verfolgbar ist.

Bei der Ausfuhr der in Teil I, Abschnitt A, B und C der Ausfuhrliste aufgeführten Embargowaren ist dem Antrag eine Internationale Einfuhrbescheinigung des Käuferlandes beizufügen, wenn dieses in der Länderliste D genannt ist. Dies sind die Länder des COCOM und Staaten (Österreich, Schweden, Schweiz), welche die COCOM-Kontrollen faktisch anwenden, aber wohl aus Neutralitätserwägungen dem COCOM als Begleitabkommen zum NATO-Vertrag nicht beigetreten sind. Die COCOM-Länder haben die Kontrollen der Ausfuhr von Rüstungsgütern koordiniert und sich zu gegenseitigen Überwachungsmaßnahmen verpflichtet (s. o.). Hierzu dient die *Internationale Einfuhrbescheinigung,* die nichts anderes ist als eine schriftliche und behördlich bestätigte Endverbleibserklärung des Importeurs. Der Endverbleib der Waren innerhalb des COCOM-Bereichs wird durch die Einfuhrbescheinigung des anderen COCOM-Staates bestätigt und überwacht. Die Einfuhrbescheinigung ist auch dann beizufügen, wenn zwar nicht das Käufer-, aber das Bestimmungsland in der Länderliste D genannt ist. Die Ausfuhr von Waren aus Abschnitt D und E ist nicht in das koordinierte Überwachungsverfahren einbezogen, da diese nicht vom COCOM erfaßt werden.

Weiterhin kann die Genehmigungsbehörde nach erfolgter Ausfuhr einen Nachweis über den Wareneingang im Bestimmungsland (sog. *Wareneingangsbescheinigung*) fordern. Dies hängt vom jeweiligen Wert und Bestimmungsland der Ausfuhrsendung ab. Bei den übrigen Embargo-Ausfuhren (weder Käufer- noch Bestimmungsland in Liste D genannt oder Waren aus Abschnitt D und E) sind andere Unterlagen zum Nachweis des Verbleibs der Waren in dem angegebenen Bestimmungsland beizubringen. Dies kann eine amtliche Bestätigung oder auch eine Verpflichtungserklärung des Einführers, die gelieferte Ware im eigenen Land zu behalten, sein.

Überwachung der Ausfuhr

Die Regelungen des AWG und der AWV über Genehmigungspflichten und Ausfuhrverbote machen nur Sinn, wenn die Einhaltung dieser Vorschriften am „Brennpunkt", hier also vor allen Dingen an den Grenzübergangsstellen, staatlich überwacht wird. Diese Überwachungsaufgabe ist der *Zollverwaltung* übertragen (vgl. § 46 Abs. 4 AWG).

Die Zollverwaltung muß im Rahmen dieser Aufgabe also bei der Ausfuhr folgendes prüfen:

a) Besteht für die zur Ausfuhr gestellten Waren ein absolutes Ausfuhrverbot? Wenn ja: Verweigerung der Ausfuhr.
b) Besteht für die Ware ein Genehmigungsvorbehalt? Wenn ja: Die Ausfuhr wird nur bei Vorlage der erforderlichen Genehmigung gestattet. Wenn nein: Die Ausfuhr wird gestattet.

Es wäre allerdings nicht sinnvoll, wenn diese Prüfung erst von der Zollstelle an der Grenze durchgeführt würde. Diese liegt möglicherweise weit vom Firmensitz des Exporteurs entfernt und ist meistens nicht zur effektiven Prüfung in der Lage. Deswegen ist gem. §§ 9, 18 AWV diese Prüfung in erster Linie der sog. Versandzollstelle übertragen. Dies ist die zuständige Binnenzollstelle am Firmensitz des Exporteurs. Diese kann vor Beginn des Exports die Zulässigkeit der Ausfuhr klären und sich die erforderlichen Informationen, insbesondere über die Beschaffenheit der Ware, an Ort und Stelle verschaffen. Der Ausführer hat hierzu der Versandzollstelle die Ausfuhrsendung zu gestellen, d. h., ihr körperlich zur Verfügung zu stellen. Ihr Prüfungsergebnis vermerkt die Versandzollstelle auf dem vom Exporteur auszufüllenden und vorzulegenden Ausfuhrschein. Ist die Ausfuhr zulässig, so vermerkt sie dies im Ausfuhrschein und behält die ersten beiden Ausfertigungen ein. Das zweite Exemplar sendet sie als Beleg für die Außenhandelsstatistik an das Statistische Bundesamt. Das dritte Exemplar erhält der Ausführer.

Die Ausgangszollstelle an der Grenze hat zu prüfen, ob die Versandzollstelle die Zulässigkeit der Ausfuhr der Sendung bejaht hat und ob die Angaben im Ausfuhrschein mit den tatsächlichen Verhältnissen übereinstimmen und nicht etwa auf dem Transport noch Ware beigeladen oder ausgetauscht wurde.

Diese gestattet demnach die Ausfuhr, wenn die Versandzollstelle auf dem Ausfuhrschein folgende Vermerke eingetragen hat:

„Die Ausfuhr ist genehmigungspflichtig. Ausfuhrgenehmigung des BAA/BfW usw. hat vorgelegen."

„Die Ausfuhr ist genehmigungsfrei."

und

die bei der Ausgangszollstelle gestellte Sendung mit der von der Versandzollstelle abgefertigten identisch ist. In diesem Fall gibt sie dem Ausführer den Ausfuhrschein zurück, dem er als Nachweis zu Umsatzsteuerzwecken dient.

Verpflichtet zur Ausstellung und Vorlage des Ausfuhrscheins ist der Ausführer.

Vom oben dargestellten regulären Überwachungsverfahren gibt es verschiedene Abweichungen, die kurz dargestellt werden sollen.

Negativbescheinigung:

Nicht selten wird es bei der Prüfung einer Ausfuhrsendung durch die Versandzollstelle zu Zweifeln darüber kommen, ob die konkrete Ware unter Ausfuhrbeschränkungen fällt oder nicht. Greift die Beschränkung nicht ein, so kann eine sog. Negativbescheinigung durch die Genehmigungsbehörde ausgestellt werden. Diese dient dann gegenüber der Versandzollstelle quasi als „Beweis" für die Genehmigungsfreiheit der Ausfuhrsendung und befreit diese von ihren Zweifeln.

Versand-Ausfuhrerklärung:

Der Ausführer kann statt dem regulären Ausfuhrschein (Ausfuhrerklärung) eine Versand-Ausfuhrerklärung ausstellen. Dies wird der Ausführer z. B. tun, wenn er die zur Erfüllung des Exportgeschäfts benötigte Ware nicht selbst auf Vorrat hat, sondern sie erst selbst vom Produzenten, Großhandel etc. im Rahmen eines Liefervertrags erwirbt und diesen anweist, die Ware direkt ins Ausland zu liefern (sog. *Streckengeschäft,* bei dem mit einer einzigen Lieferung mehrere Lieferverträge erfüllt werden). In diesem Fall darf die Abfertigung bei der für den Lieferanten zuständigen Versandzollstelle vorgenommen werden. Hierzu muß der Ausführer seinem Lieferanten (sog. Versender) die Ausfuhrerklärung aushändigen, damit dieser die Abfertigungsformalitäten bei seiner Versandzollstelle für den Ausführer erledigen kann. In der Ausfuhrerklärung befinden sich aber Daten, an deren Geheimhaltung gegenüber dem Versender der Ausführer zur Wahrung von Geschäftsgeheimnissen interessiert ist. Hierzu dient die Versand-Ausfuhrerklärung. Sie ist nur ein vorläufiger Ausfuhrschein und enthält nicht alle Felder des Ausfuhrerklärung, wie z. B. die Angaben zum Grenzübergangswert, zu den Zahlungs- und Lieferungsbedingungen, zum Anlaß der Ausfuhr, zur Fälligkeit der Forderung und zum Käuferland.

3. Einfuhrvorschriften

a) Die Einfuhrerklärung

Die *Einfuhrerklärung* ist notwendig, wenn die Einfuhr von Waren zwar liberalisiert ist, aber dennoch einer vorherigen Einfuhrüberwachung unterliegt. Gründe für eine Überwachung sind zumeist ungewöhnliche Einfuhrentwicklungen. Oft ist das Einfuhrerklärungsverfahren Grundlage für die Einführung mengenmäßiger Einfuhrbeschränkungen.

Für welche Waren eine Erklärung beantragt werden muß:

Die *Einfuhrliste,* Anlage zum Außenwirtschaftsgesetz (AWG), enthält die Waren – in Verbindung mit bestimmten Ursprungsländern –, die einer Einfuhrerklärung bedürfen. In der Liste sind diese Waren mit einem entsprechenden Hinweiszeichen

EE = nationale Einfuhrüberwachung
EEU = von der Europäischen Gemeinschaft angeordnete Überwachung

gekennzeichnet.

Überwachungspflichtig nach diesem Verfahren sind z. Z. einige Waren der Kapitel 72 und 73 (Eisen und Stahl), Kapitel 61 und 62 (Bekleidung) sowie Kapitel 64 der Einfuhrliste. Anmerkungen zu den Warenpositionen weisen auf zusätzliche Angaben in der Einfuhrerklärung hin, die vom Einführer einzutragen sind. Die überwachungspflichtigen Waren der Kapitel 61 und 62 sowie 64 sind überdies im amtlichen Publikationsorgan „Bundesanzeiger“ gegenwärtig zur Einfuhr mit vorheriger Überwachung ausgeschrieben (Einfuhrausschreibungen).

Wer die Einfuhrerklärung bestätigt:

Für die Waren der gewerblichen Wirtschaft (laut Einfuhrliste Zuständigkeitsbereich 01–20) das Bundesamt für Wirtschaft, Postfach 51 71, 65726 Eschborn/Taunus. Für landwirtschaftliche Erzeugnisse das Bundesamt für Ernährung und Forstwirtschaft, Postfach 18 02 03, 60083 Frankfurt/Main.

Bestimmungen zur Bestätigung:

Grundlegende Bestimmungen über die Bestätigung von Einfuhrerklärungen enthält § 28 a der Außenwirtschaftsverordnung (AWV). Hiernach hat der Einführer vor der Einfuhr dem zuständigen Bundesamt eine Einfuhrerklärung abzugeben. Das Bundesamt trägt in der Einfuhrerklärung den Endtermin für die Verwendung des Formblattes ein sowie den vom-Hundert-Satz, bis zu dem eine Überschreitung des angegebenen Gesamtwertes oder der angegebenen Menge bei der Einfuhrabfertigung zulässig ist; es gibt die erste Ausfertigung dem Einführer zurück. Dieser hat die Einfuhrerklärung der Zollstelle bei der Einfuhrabfertigung vorzulegen.

b) Die Einfuhrgenehmigung

Eine *Einfuhrgenehmigung* ist notwendig, wenn die Einfuhr von Waren kontingentiert ist oder einer besonderen Überwachung unterliegt.

Für welche Waren eine Genehmigung beantragt werden muß:

Die *Einfuhrliste* als Anlage zum Außenwirtschaftsgesetz (AWG) gibt für jede Ware an, ob die Einfuhr ohne Genehmigung zulässig ist oder ob die Einfuhr der Genehmigung bedarf. Die Genehmigungsfreiheit oder Genehmigungsbedürftigkeit ergibt sich aus der Warenliste in Verbindung mit den Länderlisten A/B und C sowie den weiteren Anwendungsvorschriften der Einfuhrliste.

Einfuhrbeschränkungen können sich auch aus der Warenliste in Verbindung mit der Länderliste AKP ergeben.

Genehmigungspflichtig sind z. Z. überwiegend Erzeugnisse des Textil- und Aluminiumsektors, aber auch Porzellan- und Keramikerzeugnisse, Spielzeug u. a. m.

Wer die Genehmigung erteilt:

Für Waren der gewerblichen Wirtschaft (laut Einfuhrliste Zuständigkeitsbereiche 01–20) das Bundesamt für Wirtschaft, Postfach 51 71, 65726 Eschborn/Taunus. Für landwirtschaftliche Erzeugnisse das Bundesamt für Ernährung und Forstwirtschaft, Postfach 18 02 03, 60083 Frankfurt /Main.

Bestimmungen zur Erteilung:

Grundlegende Bestimmungen über die Erteilung von Einfuhrgenehmigungen enthält § 12 des AWG. Hiernach werden die genehmigungspflichtigen Waren grundsätzlich für alle berechtigten Interessenten im amtlichen Publikationsorgan „Bundesanzeiger" zur Einfuhr ausgeschrieben. In der Regel handelt es sich dabei um Jahresausschreibungen (1.1.–31.12.). Die Einfuhrliste und die jeweiligen Einfuhrausschreibungen können bei der Kammer eingesehen werden. Sie können auch direkt z. B. bei der Bundesanzeiger-Verlagsgesellschaft mbH, Postfach 10 05 34, 50445 Köln, bezogen werden.

c) Internationale Einfuhrbescheinigung (International Import Certificate) und Wareneingangsbescheinigung (Delivery Verification Certificate)

Was wird mit den Bescheinigungen bezweckt, und wer stellt sie aus?

Bei der Einfuhr von Waffen, Munition und Rüstungsmaterial, von Materialien, Anlagen und Ausrüstungen für kerntechnische Zwecke sowie sonstiger Waren und Technologien von strategischer Bedeutung, z. B. Computer oder Präzisions-Werkzeugmaschinen, kann der Einführer von seinem ausländischen Vertragspartner aufgefordert werden, ihm eine *Internationale Einfuhrbescheinigung (International Import Certificate)* und eine *Wareneingangsbescheinigung (Delivery Verification Certificate)* zu übersenden.

Die Internationale Einfuhrbescheinigung ist in der Regel Voraussetzung für die Erteilung der Ausfuhrgenehmigung im Lieferland, während mit der Wareneingangsbescheinigung der tatsächliche Eingang der Waren im Bestimmungsland bestätigt wird.

Zuständig für die Ausstellung der Bescheinigungen ist die *Außenstelle Berlin des Bundesausfuhramtes (BAFA),* Postfach, 10107 Berlin.

Bestimmungen zur Erteilung:

Grundlegende Bestimmungen über die Erteilung von Internationalen Einfuhrbescheinigungen sowie Wareneingangsbescheinigungen enthält § 22 a der Außenwirtschaftsverordnung (AWV).

Die internationale Einfuhrbescheinigung

Der gebietsansässige Einführer hat die Internationale Einfuhrbescheinigung auf einem Vordruck nach Anlage E 6 zur AWV „Antrag auf Ausstellung einer Internationalen Einfuhrbescheinigung“ bei der Außenstelle Berlin des Bundesausfuhramtes zu beantragen. Dieser Antrag ist Teil eines vom Antragsteller im Durchschreibeverfahren auszufüllenden Vordrucksatzes. Die Vordrucke sind bei den Industrie- und Handelskammern und im Formularhandel erhältlich. Das dem Antrag zugrunde liegende Rechtsgeschäft ist dem BAFA durch Vorlage geeigneter Unterlagen, z. B. Kaufvertrag, Auftragsbestätigung des ausländischen Lieferanten, nachzuweisen. Der Nachweis der Einfuhr der Ware in das Wirtschaftsgebiet ist durch eine Abfertigungsbescheinigung der Zollstelle, welche die Ware zur Einfuhr abfertigt, zu erbringen. Zu diesem Zweck hat der Einführer die mit der Abfertigungsbescheinigung der Zollstelle versehene 3. Ausfertigung der Internationalen Einfuhrbescheinigung (rosa Kopie) dem BAFA unverzüglich nach Eingang der Ware vorzulegen. Wird die Ware ohne Einfuhrabfertigung zunächst in einem Zoll- oder Freihafenlager gelagert, so ist nach der Einlagerung umgehend eine Abfertigungsbescheinigung der überwachenden Zollstelle – bei Lagerung im Freihafen Hamburg des Freihafenamtes – vorzulegen.

Die Wareneingangsbescheinigung

Der gebietsansässige Einführer hat die Wareneingangsbescheinigung auf einem Vordruck nach Anlage E 7 zur AWV „Antrag auf Erteilung einer Wareneingangsbescheinigung“ bei der Außenstelle Berlin des Bundesausfuhramtes zu beantragen. Dieser Antrag ist Teil eines vom Antragsteller im Durchschreibeverfahren auszufüllenden Vordrucksatzes. Die Vordrucke sind bei den Industrie- und Handelskammern und im Formularhandel erhältlich. Eine Wareneingangsbescheinigung wird grundsätzlich nur ausgestellt, wenn dem BAFA die Einfuhr der Waren in das Wirtschaftsgebiet durch eine zollamtliche Abfertigungsbescheinigung nachgewiesen wird. Wenn das Einfuhrgeschäft mit Unterstützung einer vom BAFA ausgestellten Internationalen Einfuhrbescheinigung durchgeführt wurde, geschieht dies durch den zollamtlichen Abfertigungsnachweis auf der 3. Ausfertigung (rosa Kopie) dieser Urkunde. In anderen Fällen ist der Antrag durch andere zollamtliche Abfertigungspapiere wie Zollanmeldung, Zollquittung u. ä. zu begründen.

d) Die Einfuhranmeldung zugleich Zollantrag

Alle Wareneinfuhren aus Drittländern in die Bundesrepublik Deutschland oder in einen anderen EU-Mitgliedstaat unterliegen der Überwachung durch die Zollstellen.

Die *Zollanmeldung* und der *Zollantrag* stehen am Anfang aller Formalitäten. Sie werden grundsätzlich in schriftlicher Form mit einem Vordruck des Einheitspapiers abgegeben. Bei Warensendungen bis zu einem Wert von 1600,– DM gibt sich der Zoll in der Regel mit der mündlichen Form zufrieden. Im Einheitspapier bestimmt der Zollanmelder, welche Zollbehandlung er wünscht. Dieser Willenserklärung muß die Zollstelle im allgemeinen folgen. Die von den verschiedenen Zollbehandlungen am häufigsten gewählte Art ist die Abfertigung zum zoll- und steuerrechtlich freien Verkehr. Dieser Erklärung des Zollanmelders, welche Zollbehandlung die eingeführte Ware erfahren soll, kommt eine besonders wichtige Bedeutung zu. Ist die Zollabfertigung nach der vom Zollanmelder bestimmten Art durchgeführt worden, kann sie nur noch unter ganz bestimmten Voraussetzungen wieder rückgängig gemacht werden. Mit einem vierstelligen Code wird in Feld 37 des Einheitspapiers die Art der Zollbehandlung gewählt. Dabei bestimmen die ersten beiden Ziffern die Art der Zollbehandlung. Mit der 3. und 4. Ziffer werden Angaben über ein eventuell vorausgegangenes Zollverfahren gemacht.

Besonders zu beachten ist auch, daß die eingeführte Ware „tarifgerecht" angemeldet wird. Das bedeutet, daß die Ware so genau beschrieben werden muß, daß die Einreihung in eine im Deutschen Gebrauchs-Zolltarif aufgeführte Codenummer zweifelsfrei möglich ist. Eine unzureichende Beschreibung der Ware kann zu einer falschen Einreihung in das Code-System führen. In solchen Fällen ist neben einer Nachverzollung auch noch mit einem Bußgeldbescheid zu rechnen.

Mit dem Einheitspapier ist bei einem Warenwert von mehr als 9800,– DM auch noch der Vordruck „Anmeldung der Angaben über den Zollwert" anzugeben. Es gibt allerdings auch Ausnahmen (bei Drittlandseinfuhren, die nur der Zahlung von Einfuhrumsatzsteuer unterliegen).

XVIII. Zölle und Steuern

A. Zollwesen

1. Einleitung

Mit Vollendung des Europäischen Binnenmarktes sind für den Warenverkehr zwischen den Mitgliedstaaten der Europäischen Union sowohl im gewerblichen Warenverkehr wie im privaten Reiseverkehr grundlegend neue Regeln eingeführt worden. Einerseits sind alle Zollformalitäten an den Binnengrenzen in der Europäischen Union entfallen, andererseits sind jedoch zahlreiche Verfahrensvorschriften für das Verbringen von Waren von einem Mitgliedstaat in einen anderen zu beachten.

Grundsätzlich können Gemeinschaftswaren, die allein der Umsatzsteuer unterliegen, wie beim Handel im Inland, seither ohne besondere amtliche Überwachung über die Binnengrenzen befördert werden. An die Stelle der früher zu erhebenden Einfuhrumsatzsteuer ist die Besteuerung des innergemeinschaftlichen Erwerbs getreten. In diesem neuen Besteuerungsverfahren ist die Zollverwaltung im Rahmen der Zusammenarbeit der Verwaltungsbehörden weiter beteiligt. So werden die zur Beantwortung von Einzelauskunftsersuchen anderer Mitgliedsstaaten erforderlichen Ermittlungen durch die Hauptzollämter durchgeführt.

Die folgende aktualisierte Zusammenstellung gibt einen Überblick über die wichtigsten verfahrensrechtlichen Neuregelungen für den grenzüberschreitenden Warenaustausch in der Union im Bereich des Zoll- und Verrbrauchsteuerrechts sowie der Statistik.

2. Rechtsakte seit Verwirklichung des Binnenmarktes

Seit der Vollendung des Europäischen Binnenmarktes sind auf europäischer Ebene weitere bedeutende Rechtsakte in Kraft getreten.

a) Der Vertrag über die Europäische Union

- Der Vertrag über die Europäische Union *(„Vertrag von Maastricht“)* vom 7. Februar 1992 (BGBl. 1992 II S. 1251) ist nach Ratifizierung durch alle Mitgliedstaaten am 1. November 1993 in Kraft getreten. Durch diesen Vertrag haben sich die Mitgliedstaaten u. a. zum Ziel gesetzt, einen Wirtschafts- und Steuerraum ohne Binnengrenzen zu schaffen (S. XX/A/3).

Auf die verfahrensrechtlichen Regelungen für den grenzüberschreitenden Warenverkehr in der EU hat der Vertrag keine Auswirkungen.

b) Das Abkommen über den Europäischen Wirtschaftsraum

Das Abkommen über den Europäischen Wirtschaftsraum *(EWR)* vom 2. Mai 1992 (BGBl. 1993 II S. 266) und das Anpassungsprotokoll vom 17. März 1993 (BGBl. 1993 II S. 1294) sind am 1. Januar 1994 in Kraft getreten. Ziel des Abkommens ist die Schaffung eines die EU und die EFTA (ohne Schweiz und Liechtenstein) umfassenden Wirtschaftsraums (s. XX/A/7).

Das Abkommen hat auf die bestehenden verfahrensrechtlichen Regelungen für den grenzüberschreitenden Warenverkehr ebenfalls keine Auswirkungen.

c) Der Zollkodex

Mit dem *Zollkodex (ZK)* der Gemeinschaften [VO (EWG) Nr. 2913/92 vom 12. Oktober 1992, ABl. EG Nr. L 302/1; ZK] und seiner Durchführungsverordnung [VO (EWG) Nr. 2454/93 vom 2. Juli 1993, ABl. EG Nr. L 253; ZK-DVO] ist seit dem 1. Januar 1994 ein in allen Mitgliedstaaten der EU unmittelbar geltendes einheitliches Zollrecht anwendbar, das die Behandlung des Warenverkehrs zwischen der Gemeinschaft und Drittländern zum Gegenstand hat. Zu dem genannten Zeitpunkt sind auf nationaler Ebene das Zollgesetz durch das *Zollverwaltungsgesetz (ZollVG)* vom 21. Dezember 1992 (s. Bekanntmachung über das vollständige Inkrafttreten des Zollrechtsänderungsgesetzes vom 27. Dezember 1993 BGBl. I S. 2493) sowie die Allgemeine Zollordnung durch die *Zollverordnung (ZollV)* vom 23. Dezember 1993 (BGBl. I S. 2449) ersetzt worden.

Das neue gemeinschaftliche Zollrecht besteht weitgehend in einer Zusammenfassung nahezu aller in den vergangenen 25 Jahren erlassenen EU-Zollrechtsakte, punktuell ist dabei das bisherige Recht überarbeitet worden. Zudem sind noch Lücken im Gemeinschaftsrecht – insbesondere im Bereich der Überführung von Waren in den zollrechtlichen freien Verkehr – geschlossen worden. In Teilbereichen enthält das seit 1. Januar 1994 anwendbare Zollrecht Neuregelungen (Einführung der indirekten Vertretung gem. Artikel 5 ZK Schaffung von Regelungen zum allgemeinen Verwaltungsrecht – Entscheidungen, Widerruf, Rücknahme und Änderung von Entscheidungen gem. Artikel 6 bis 10 ZK –, Regelung der nachträglichen Prüfung von Zollanmeldungen gem. Artikel 78 ZK sowie Festlegung der Grundsätze über die außergerichtlichen und gerichtlichen Rechtsbehelfe nach Artikel 243 bis 246 ZK).

Der Zollkodex regelt nicht das Recht der Zuwiderhandlungen gegen Zollbestimmungen, d. h. das diesbezügliche Straf- und Ordnungswidrigkeitsrecht (s. Artikel 246 ZK), das Vollstreckungsrecht (s. Artikel 232 Abs. 1 Buchstabe a ZK) und grundsätzlich die Zuständigkeit der nationalen Zollstellen (Artikel 60 ZK).

Die Durchführung der Zollverfahren bei der Einfuhr haben aufgrund des neuen einheitlichen Zollrechts keine wesentlichen Änderungen erfahren. Dies gilt insbesondere für die Sammelzollverfahren (vereinfachte Verfahren nach Artikel 76 ZK).

3. Allgemeine Regeln für den innergemeinschaftlichen Warenverkehr

a) Das Versandverfahren

Die Bestimmungen über das *gemeinschaftliche Versandverfahren* sind nunmehr im ZK sowie in der ZK-DVO enthalten. Inhaltliche Änderungen sind dadurch nicht eingetreten.

Der innergemeinschaftliche Verkehr mit Gemeinschaftswaren

Das *interne gemeinschaftliche Versandverfahren (T2-Verfahren)* ist nur noch in Ausnahmefällen vorgesehen.

So ist dieses Verfahren z. B. im Warenverkehr über die Schweiz vorgeschrieben. Der Versandschein T2 dient beim Wiedereingang der vorübergehend außerhalb des Zollgebiets der Gemeinschaft beförderten Waren als positiver Statusnachweis. Den Beteiligten wird nachdrücklich empfohlen, die Versandverfahren im Binnenland zu eröffnen und zu erledigen, um praktische Schwierigkeiten bei der Abfertigung an den Grenzen zwischen der EU und den EFTA-Ländern zu vermeiden.

Das T2-Verfahren ist ferner während der Übergangszeit bis zum vollständigen Abbau der Zölle oder anderer in der Beitrittsakte vorgesehener Maßnahmen (z. B. ergänzender Handelsmachanismus, Ausgleichsbeträge Beitritt) für die Beförderung der Erzeugnisse, die diesen Maßnahmen unterliegen, im Handel zwischen der Zehnergemeinschaft und Spanien bzw. Portugal vorgesehen.

Beitrittsausgleichsbeträge sowie Restzölle für Waren im Handel mit Spanien sind weggefallen.

Im Handel mit Portugal werden ebenfalls keine Restzölle mehr erhoben; Beitrittsausgleichsbeträge werden z. Zt. nicht angewandt.

Darüber hinaus läßt der ZK die Möglichkeit offen, das T2-Verfahren durch Gemeinschaftsrecht vorzuschreiben, wenn die Beförderung von Gemeinschaftswaren aus besonderen Gründen überwacht werden soll.

Einen Anwendungsfall dieser Ausnahmevorschrift sieht die ZK-DVO für die innergemeinschaftliche Beförderung von Gemeinschaftswaren im Schienenverkehr von und nach Griechenland vor, damit die Erleichterungen im Eisenbahnverkehr auch im Binnenmarkt erhalten und der jeweiligen Bahnverwaltung als Hauptverpflichteten Grenzaufenthalte in dieser Verkehrsrelation erspart bleiben.

In diesen Ausnahmefällen ist das T2-Verfahren neben den neuen Regelungen über die Besteuerung des innergemeinschaftliche Erwerbs, der Besteuerung verbrauchsteuerpflichtiger Waren und der Erhebung der Daten zur Intrahandelsstatistik anzuwenden.

Einen weiteren Anwendungsfall für das T2-Verfahren enthält die ZK-DVO für die Beförderung von Gemeinschaftswaren von den Kanarischen Inseln, den französischen überseeischen Departments (Französisch Guayana, Guadeloupe, Martinique und Réunion), den britischen Kanalinseln oder dem griechischen Berg Athos in einen anderen Teil des Zollgebiets der Gemeinschaft. Diese Waren sind aus einfuhrumsatzsteuerlichen Gründen im T 2-Verfahren zu befördern. Das gilt gleichfalls für die Beförderung von Waren in die genannten Gebiete.

Die im gemeinschaftlichen Versandverfahren zu leistenden Sicherheiten haben im gesamten Gebiet der Gemeinschaft Gültigkeit.

Der innergemeinschaftliche Verkehr mit Nichtgemeinschaftswaren

Nichtgemeinschaftswaren sind im externen gemeinschaftlichen Versandverfahren *(T 1-Verfahren)* zu befördern (u.a. mit dem Einheitspapier als Versandschein T 1).

Im Luft- und Seeverkehr ist das T 1-Verfahren im Falle der Verladung oder Umladung in einem Flughafen bzw. einem Hafen der Gemeinschaft zwingend vorgeschrieben. Eine Ausnahme gilt im Seeverkehr für die Freihäfen im Zollgebiet der Gemeinschaft. Dabei sind vor allem im Luftverkehr – neben der Abwicklung mit dem Einheitspapier – besonders vereinfachte Verfahren unter Verwendung der Manifeste als Versandschein vorgesehen.

Auch hier haben zu leistende Sicherheiten im gesamten Gebiet der Gemeinschaft Gültigkeit.

b) Andere Zollverfahren

Sammelzollverfahren

Die Abfertigung von Waren im Rahmen eines in Deutschland zugelassenen *Sammelzollverfahrens* in anderen EU-Mitgliedstaaten ist auch nach dem Inkrafttreten des ZK noch nicht möglich.

Zollagerverfahren

Der ZK sieht vor, daß von jedem EU-Mitgliedstaat *Zollager* mit Lagerstätten auch in anderen EU-Mitgliedstaaten bewilligt werden können. Voraussetzung dafür ist, daß sich die betroffenen Mitgliedstaaten insbesondere über die Kontrollmaßnahmen einigen und die Europäische Kommission, die über die beabsichtigte Bewilligung im voraus informiert werden muß, dagegen keine Einwände erhebt.

Darüber hinaus ist für die Bewilligung von Zollägern des Typs E (Zollagerverfahren ohne Festlegung bestimmter Lagerstätten) eine Verwaltungsabsprache angenommen worden, nach der die Europäische Kommission auf ihr Mitspracherecht verzichtet; die Bewilligung kann erteilt werden, wenn die beteiligten EU-Mitgliedstaaten die erforderlichen Regelungen einvernehmlich festgelegt haben.

Vorübergehende Verwendung

Im Bereich der vorübergehenden Verwendung besteht bei der Abfertigung von Waren auf Carnet ATA schon seit dem 1. Januar 1992 die Möglichkeit einer Anschlußverwendung in anderen Mitgliedstaaten, ohne daß beim Überschreiten der Binnengrenzen Zollformalitäten zu erfüllen sind. Das gleiche gilt, wenn zur Beendigung des Verfahrens der vorübergehenden Verwendung die Wiederausfuhr der Waren aus dem Zollgebiet der Gemeinschaft im Rahmen eines Versandverfahrens unter Verwendung der Transitblätter dieses Carnets überwacht wird.

Nach den Vorschriften des ZK ist im Normalverfahren vor der Einfuhr ein schriftlicher Antrag zu stellen. Die Abfertigung der Waren erfolgt erst nach Erteilung der entsprechenden schriftlichen Bewilligung. Unter bestimmten Voraussetzungen kann im Rahmen eines vereinfachten Verfahrens auf die vorherige schriftliche Antragstellung und Bewilligung verzichtet werden. In allen Fällen muß der Beteiligte bei der Einfuhrabfertigung für die vorübergehend zu verwendenden Waren die Erteilung eines Auskunftblattes (INF 6) beantragen, das eine vorübergehende Verwendung der Waren in allen Mitgliedstaaten ohne weitere Zollabfertigungen ermöglicht. Darüber hinaus ist zur Erledigung der Zollförmlichkeiten bei der Ein- und Ausfuhr jeweils ein Einheitspapier abzugeben.

c) Das Einheitspapier

Nach der ZK-DVO wird das *Einheitspapier* im innergemeinschaftlichen Warenverkehr mit Gemeinschaftswaren grundsätzlich nicht verwendet. Es ist jedoch weiterhin als Anmeldung zur Ausfuhr und Einfuhr von Waren aus dem oder in das Zollgebiet der Gemeinschaft sowie als Versandanmeldung T 1 oder – in den genannten Ausnahmefällen – als Versandanmeldung T 2 und Versandpapier T 2 L für die Beförderung von Waren im Zollgebiet der Gemeinschaft zu verwenden.

Darüber hinaus ist das Einheitspapier im Warenverkehr zwischen den Teilen des Zollgebiets der Gemeinschaft, in denen die Richtlinie 77/388/EWG (6. Mehrwertsteuerrichtlinie) Anwendung findet, und den Teilen des Zollgebiets der Gemeinschaft, in denen diese Richtlinie nicht gilt (Kanarische Inseln, den französischen überseeischen Departments, den britischen Kanalinseln oder dem griechischen Berg Athos), zu verwenden. Es dient der Anmeldung zur Versendung (Statistik) auf den Exemplaren Nr. 2 und ggf. 3 (für den Anmelder) und der Anmeldung zum Eingang (Einfuhrumsatzsteuer und Statistik) auf den Exemplaren Nr. 6, 7 und 8.

Für die Anmeldung zur Intrahandelsstatistik (Intrastat) steht den Auskunftpflichtigen neben den besonderen Instrastat-Vordrucken auch das Einheitspapier (Exemplar Nr. 2 für die Versendung; Exemplar Nr. 7 für den Eingang) zur Verfügung.

Die ZK-DVO sieht insbesondere wegen der Auswirkungen des Wegfalls der Grenzkontrollen auf die Verkehrsstatistik inhaltliche Änderungen bei der Ausfüllung des Einheitspapiers als Anmeldung zur Einfuhr von Waren in das oder zur Ausfuhr von Waren aus dem Zollgebiet der Gemeinschaft vor. In einigen Feldern werden nun anstelle der Gegebenheiten an der deutschen Hoheitsgrenze die Gegebenheiten an der Außengrenze der Gemeinschaft gefordert. Als Folge der geänderten Vorschriften über die Erhebung der Umsatzsteuer und der besonderen Verbrauchsteuern ist es zu Änderungen bei den anzumeldenden Verfahrenscodes gekommen. Das Muster des Einheitspapiers wurde jedoch nicht geändert.

Die Einzelheiten der Änderungen im Anwendungsbereich, der Verwendung beim Extrahandel sowie eine Ausfüllanleitung für die freiwillige Verwendung des Einheitspapiers als Anmeldung zur Intrahandelsstatistik sind in eine Neuauflage des Merkblattes zum Einheitspapier aufgenommen worden. Das aufgrund der ZK-DVO aktualisierte Merkblatt ist in einer Sonderausgabe der VSF-Nachrichten (VSF N 1994 Nr. 147) erschienen und kann beim Bundesanzeiger[1] gegen Gebühr bezogen werden. Ferner wird es als kostenloser Zollvordruck (Nummer 0781 – Ausgabe 1994 –) bei den Vordruckstellen der Hauptzollämter zur Verfügung gestellt.

d) Verbote und Beschränkungen

Im innergemeinschaftlichen Warenverkehr erfolgen an den Binnengrenzen grundsätzlich keine Kontrollen der sogenannten Verbote und Beschränkungen, obwohl in diesem Bereich eine vollständige Harmonisierung der entsprechenden Vorschriften noch nicht erreicht worden ist. Die Verbote und Beschränkungen bei dem Verbringen in das oder aus dem Gebiet der Bundesrepublik regelnden Gesetze bestehen – soweit sie mit dem Artikel 36 des EWG-Vertrages vereinbar sind – bis zu einer Harmonisierung dieser Bereiche auf der Gemeinschaftsebene fort und bedürfen weiterhin der Überwachung zur Sicherung der geschützten Rechtsgüter. Dabei wirkt die Zollverwaltung mit.

So ist zum Beispiel bei der Ein-, Aus- und Durchfuhr von Kriegswaffen nach wie vor ihre Gestellung zur Erledigung von Formalitäten nach dem Kriegswaffenkontrollgesetz bei den zuständigen Binnenzollstellen vorgeschrieben. Für die Einfuhr anderer Waffen sind ggf. waffenrechtliche Bescheinigungen erforderlich, die für eine Übergangszeit auf Antrag der Beteiligten ebenfalls durch die Zollstelle erteilt bzw. erledigt werden.

Ferner ist u.a. in den Bereichen der Betäubungsmittel, der Lebensmittelüberwachung, der Überwachung von gefährlichen (insbesondere radioaktiven) Stoffen oder bei der Einhaltung der Bestimmungen zum Artenschutz sowohl nach dem Gemeinschaftsrecht als auch nach nationalen Vorschriften weiterhin eine Überwachung durch die zuständigen Behörden vorgesehen.

4. Die Erhebung der besonderen Verbrauchsteuern auf Mineralölerzeugnisse, Alkohol und alkoholische Getränke sowie Tabakwaren

Die grundlegenden Bestimmungen für den Verkehr mit verbrauchsteuerpflichtigen Waren sind in der „Richtlinie 92/12/EWG des Rates vom 25. Februar 1992 über das allgemeine System, den Besitz, die Beförderung und die Kontrolle verbrauchsteuerlicher Waren“ (ABl. EG Nr. L 766 S. 1) sowie in der Änderungsrichtlinie 92/108/EWG des Rates vom 14. Dezember 1992 (ABl. EG Nr. L 390 S. 124) enthalten. Nach dem gemeinschaftsweit geltenden allgemeinen Verbrauchsteuersystem unterliegen Mineralöle, Alkohol und alkoholische Getränke (dazu gehören auch Bier, Schaumwein und – mit Einschränkungen – Wein) sowie Tabakwaren mit ihrer Herstellung im Gebiet der Gemeinschaft der entsprechenden Verbrauchsteuer. Die Herstellung, die Verarbeitung und der Besitz dieser verbrauchsteuerpflichtigen Waren sollen bis zur Entrichtung der Steuer in einem Steuerlager erfolgen, d. h. an einem Ort, an dem sie nach nationalem Recht unter Aussetzung der Steuer verbleiben dürfen.

1 Bundesanzeiger Verlagsgesellschaft mbH, Postfach 1320, 53003 Bonn

Im Verkehr zwischen den Mitgliedstaaten werden diese Waren in der Regel in einem besonderen Überwachungsverfahren befördert, das neben das neue System der Umsatzbesteuerung tritt und ebenfalls die Besteuerung im Bestimmungsland sicherstellt.

Die Beförderung im gewerblichen Verkehr zwischen den Mitgliedstaaten erfolgt grundsätzlich unter Steueraussetzung, also unversteuert, zwischen Steuerlagern. In diesem Fall hat der Versender eine Sicherheit für das Steuerausfallrisiko zu leisten, die für die gesamte Gemeinschaft gelten muß. Beim Versand innerhalb der Bundesrepublik Deutschland ist grundsätzlich keine Sicherheitsleistung erforderlich. Der Empfänger nimmt die Ware in sein Steuerlager auf und bestätigt dem Versender den Empfang. Damit wird der Versender aus seiner Haftung für die ordnungsgemäße Durchführung des Verfahrens entlassen.

Wer nicht nur gelegentlich zu gewerblichen Zwecken unversteuerte Verbrauchsteuerwaren aus anderen Mitgliedstaaten bezieht, kann dies tun, auch wenn er nicht Inhaber eines Steuerlagers ist. Er muß dann bei den Steuerbehörden seines Mitgliedstaates Sicherheit leisten und registriert sein, wobei in der Bundesrepublik Deutschland an die Stelle der Registrierung eine Zulassung tritt. Damit unterliegt er der steuerlichen Überwachung. Unter bestimmten Voraussetzungen können auch Spediteure als berechtigte Empfänger zugelassen werden.

Werden nur gelegentlich unversteuerte verbrauchsteuerpflichtige Waren aus einem Steuerlager in einem anderen Mitgliedstaat bezogen, wird der Empfänger in Deutschland im Einzelfall zugelassen, sobald er für die betreffende Warensendung vor ihrem Versand beim zuständigen Hauptzollamt Sicherheit geleistet hat. Die Steuern entstehen beim Empfang der Waren.

Beim Versand unversteuerter Waren hat der versendende Lagerinhaber der Warensendung ein Beförderungspapier nach dem Muster der „Verordnung (EWG) Nr. 2225/93 der Kommission vom 27. Juli 1993 zum begleitenden Verwaltungsdokument bei der Beförderung verbrauchsteuerpflichtiger Waren unter Steueraussetzung“ (ABl. EG L 198 S. 5) beizufügen, das u.a. Angaben über Versender und Empfänger, die jeweils zuständigen Steuerbehörden, die Menge und Beschaffenheit der Waren und die Sicherheitsleistenden enthält. Vordrucke, die auf der Verordnung (EWG) Nr. 2719/92 vom 11. September 1992 (ABl. EG Nr. L 267 S. 1) beruhen, können aufgebraucht werden. Das Begleitpapier wird in vier Ausfertigungen ausgestellt, von den eine als Rückschein dient, der nach der Auskunft der Waren an den Versender zurückgesandt wird. In Deutschland wurde vorgeschrieben, daß dieser Rückschein von den zuständigen Behörden durch einen Sichtvermerk bestätigt wird.

Im Verkehr über EFTA-Staaten kann ein Versandschein T 2 an die Stelle des Beförderungspapiers treten, sofern dem versendenden Lagerinhaber die Bewilligung als zugelassener Versender und dem Warenempfänger die Bewilligung als zugelassener Empfänger im Sinne des Versandrechts erteilt wurde.

Will ein Wirtschaftsbeteiligter verbrauchsteuerpflichtige Waren, die bereits versteuert sind, an einen gewerblichen Abnehmer in einem anderen Mitgliedstaat versenden, ist eine Erstattung der Verbrauchsteuern möglich. Für den Versand von Waren des freien Verkehrs ist ein vereinfachtes Begleitdokument vorgesehen.

Die Regelungen der Gemeinschaft sind mit dem Verbrauchsteuer-Binnenmarktgesetz in nationales Recht umgesetzt worden. Das Gesetz ist zum 1. Januar 1993 in Kraft getreten ((BGBl. 1992 Teil I, S. 2150 ff.).

Deutschland erhebt keine besondere Verbrauchsteuer auf Wein. Zur Wahrung der steuerlichen Belange anderer Mitgliedstaaten sind der Versand von Wein in diese bzw. der Bezug aus diesen in das innergemeinschaftliche Beförderungsverfahren einzubeziehen. Für Kleinbetriebe mit einer Erzeugung unter 1000 Hektolitern sind Erleichterungen vorgesehen.

Die Mitgliedstaaten haben sich bei Alkohol auf einen Mindeststeuersatz von 550 ECU/hl geeinigt. Alkohol zur Herstellung von Kosmetika und Arzneimitteln ist künftig steuerfrei. Ferner ist Alkohol zur Herstellung alkoholhaltiger Lebensmittel (außer Getränken) steuerbefreit, sofern der Alkoholgehalt 8,5 Liter reinen Alkohols je 100 kg des Erzeugnisses bei Pralinen und 5 Liter reinen Alkohols je 100 kg des Erzeugnisses bei anderen Waren nicht überschreitet.

Im Bereich des Brennens unter Abfindung gibt es keine Änderungen. Die Abfindungsbrenner sind jedoch nicht berechtigt, den von ihnen erzeugten Alkohol in andere Mitgliedstaaten zu liefern.

Weitere Änderungen betreffen die Form des Lagers. Branntweinsteuerlager sind in aller Regel nicht mehr unter Verschluß, sondern in offener Form zu führen.

Die bisherigen Verteilerlager zur Belieferung steuerbegünstigter Verwender werden künftig Steuerlager. Die insofern möglicherweise zu leistende Sicherheit gilt zugleich als Sicherheit für das Beförderungsverfahren.

Die Umformung der Lager führt zu einer größeren Dispositionsfreiheit der Unternehmer, da sie nicht mehr an die Öffnungszeiten der Zollämter gebunden sind.

Bei der Biersteuer konnte der Erhalt der Biermengenstaffel erreicht werden. Alkoholfreies Bier ist künftig steuerfrei.

Auf dem Gebiet der Mineralölsteuer ist keine Schmierstoffsteuer mehr vorgesehen. Damit werden die Wettbewerbsbedingungen der deutschen Schmierstoffproduzenten denen der Wettbewerber auf dem Europäischen Binnenmarkt angepaßt.

Für die sogenannten Zwischenerzeugnisse, d.h. alkoholische Getränke, die ihrer Beschaffenheit nach zwischen Spirituosen und Wein liegen (z.B. Likörweine), sieht das Gesetz anstelle der bisherigen anteiligen Branntweinbesteuerung eine eigene Steuer vor, die unabhängig vom Alkoholgehalt ist.

Nähere Einzelheiten zum Versand unter Steuerausetzung u.ä. werden in der Mineralölsteuer-Durchführungsverordnung (BGBl. I S. 1602 vom 22. September 1993) sowie der Tabaksteuer-Durchführungsverordnung (BGBl. I S. 1378 vom 14. Oktober 1993) geregelt. Die Tabaksteuervordrucke sind seit ihrer Aktualisierung nur noch über die Zentrale Steuerzeichenstelle in Bünde zu beziehen. Die Verordnung zur Durchführung des Gesetzes zur Besteuerung von Schaumwein und Zwischenerzeugnissen (BGBl. I S. 568 vom 17. März 1994) und die Branntweinsteuerverordnung (BGBl. I S. 104 vom 21. Januar 1994) sind ebenfalls in Kraft getreten; die Biersteuer-Durchführungsverordnung wurde im Herbst 1994 erlassen.

5. Die nicht zu harmonisierenden Verbrauchsteuern auf Kaffee, Tee, Zucker, Salz und Leuchtmittel

Nach der Richtlinie über das allgemeine Verbrauchsteuersystem können die Mitgliedstaaten nicht zu harmonisierende Verbrauchsteuern einführen oder beibehalten, sofern ihre Erhebung keine mit dem Grenzübergang verbundenen Formalitäten nach sich zieht.

Die *Verbrauchsteuern auf Tee, Zucker, Salz und Leuchtmittel* wurden zum 1. Januar 1993 aufgehoben. Eine Beibehaltung dieser Steuern hätte die betroffenen Unternehmen im Wettbewerb mit Unternehmen anderer Mitgliedstaaten benachteiligt.

Die *Kaffeesteuer* wurde dagegen beibehalten. Ihre Binnenmarkt- und Gatt-konforme Aufrechterhaltung erforderte jedoch eine Umgestaltung der Steuererhebung. Anstelle von Rohkaffee wird künftig Röstkaffee und löslicher Kaffee der Steuer unterliegen. Das neue *Kaffeesteuergesetz,* das zum 1. Januar 1993 in Kraft getreten ist, wurde weitgehend den aus den zu harmonisierenden Verbauchsteuergesetzen bekannten Strukturen nachgebildet. Die *Kaffeesteuer-Durchführungsverordnung* wurde im BGBl. I S. 1447 vom 14. Oktober 1993 veröffentlicht.

6. Die Überwachung der Ausfuhr von Waren aus dem Gebiet der Gemeinschaft

Das *gemeinschaftliche Verfahren für die Ausfuhr von Waren aus dem Gebiet der Gemeinschaft* ist im *ZK* und in der *ZK-DVO* geregelt.

Die Durchführungsvorschriften zu den das Ausfuhrverfahren betreffenden Artikeln des ZK sehen die Abgabe einer Ausfuhranmeldung (Exemplare Nr. 1 bis 3 des Einheitspapieres) bei der Ausfuhrzollstelle vor, der die Waren zu gestellen sind. Darunter ist die für den Sitz/Wohnsitz des Ausführers oder die für den Ort des Verpackens oder Verladens zur Ausfuhr zuständige Zollstelle zu verstehen. Die Ausfuhrzollstelle behält (nach Prüfung und Bestätigung der Ausfuhr) das Exemplar Nr. 1 ein, sendet das Exemplar Nr. 2 an das Statistische Bundesamt und händigt das Exemplar Nr. 3 dem Beteiligten aus. Das Exemplar Nr. 3 ist der Ausgangszollstelle, d. h. der Zollstelle an der Außengrenze der Gemeinschaft, die den Ausgang aus dem Zollgebiet der Gemeinschaft überwacht, vorzulegen. Diese überwacht und bestätigt den Ausgang und gibt es der Person, die es ihr vorgelegt hat, zurück, damit diese es an den Anmelder weiterleitet, der es ggf. als Ausfuhrnachweis für Umsatzsteuerzwecke verwendet. Für Waren im Wert bis 3000 ECU, deren Ausfuhr keinen Verboten oder Beschränkungen unterliegen, darf die Ausfuhranmeldung auch unmittelbar bei der Ausgangszollstelle abgegeben werden. Bei Waren mit einem höheren Wert ist dies oder die Anmeldung bei einer dritten Zollstelle nur in besonders begründeten Ausnahmefällen, z. B. bei einer unvorhersehbaren Änderung der Bestimmung einer Sendung, die zunächst an einen Empfänger in der Gemeinschaft auf den Weg gebracht worden ist, zulässig.

Neben diesem Regelverfahren wurden Verfahren erarbeitet, die die zu erledigenden Förmlichkeiten bei der Ausfuhrstelle vereinfachen. Dem *Anschreibeverfahren* dürfte zumindest in Deutschland die weitaus größte praktische Bedeutung zukommen. Es bietet die Möglichkeit, die Ausfuhrförmlichkeiten für die auszuführenden Waren in den Geschäftsräumen des Beteiligten oder anderen von den Zollbehörden zugelassenen Orten zu erledigen. In diesem Verfahren ist – wie im Versandverfahren beim zugelassenen Versender – die weitgehende unausgefüllte Ausfuhranmeldung im voraus mit dem Dienststempelabdruck der zuständigen Ausfuhrzollstelle und amtlicher Unterschrift, mit Sonderstempelabdruck oder mit eingedrucktem Stempelabdruck zu versehen.

Das *Verfahren der unvollständigen Anmeldung* ermöglicht der Ausfuhrzollstelle in begründeten Fällen die Annahme einer Anmeldung, die nicht alle für die Ausfuhr erforderlichen Angaben enthält oder der nicht alle Unterlagen beigefügt sind. Der Anmelder ist verpflichtet, innerhalb einer von der Ausfuhrstelle festgesetzten Frist die bei der Annahme fehlenden Angaben oder Unterlagen nachzureichen. Die Abgabe einer zusammenfassenden Anmeldung für mehrere unvollständige Anmeldungen ist in diesem Verfahren möglich, wenn der gesamte Ausfuhrvorgang im Wirtschaftsgebiet erfolgt und die Waren in einer Ausfuhrsendung ausgeführt werden.

Im *vereinfachten Anmeldeverfahren,* das nur nach entsprechender Bewilligung in Anspruch genommen werden kann, können Waren mit vereinfachter Anmeldung ausgeführt werden. Auch hier ist innerhalb einer von der Zollbehörde festgesetzten Frist eine ergänzende Anmeldung abzugeben, die jedoch periodischer und zusammenfassender Art sein kann.

Im ZK und in der ZK-DVO sind Regelungen enthalten, in welchen Fällen eine schriftliche Ausfuhranmeldung nicht erforderlich ist. Dies ist insbesondere der Fall bei der Ausfuhr zu nichtkommerziellen Zwecken, von Waren zu kommerziellen Zwecken, wenn der Gesamtwert der Sendung 800 ECU nicht übersteigt, und von Waren mit geringer wirtschaftlichen Bedeutung.

Die Mitgliedstaaten wurden ermächtigt, neben dem „vereinfachten Anmeldeverfahren" und dem „Anschreibeverfahren" und unter Beachtung der Gemeinschaftspolitiken weitere Vereinfachungen vorzusehen, wenn der gesamte Ausfuhrvorgang auf dem Gebiet eines einzigen Mitgliedstaates erfolgt. Das bedeutet, daß bei Direktausfuhren von der Bundesrepublik Deutschland in ein Drittland z. B. die Anwendung des Vorausanmeldeverfahrens nach § 13 AWV unbefristet möglich ist.

Bei Waren, deren Ausfuhr aus dem Zollgebiet der Gemeinschaft Verboten und Beschränkungen unterliegt oder zur Erhebung einer Ausfuhrabgabe oder einer sonstigen Abgabe bei der Ausfuhr führt und die vorübergehend aus dem Zollgebiet der Gemeinschaft verbracht werden, um über ein Drittland in einen anderen Teil dieses Gebietes verbracht zu werden, ist ein Kontrollexemplar T 5 auszustellen. Dies gilt nicht für Waren, die bereits einem Zollverfahren unterliegen, und nicht für Beförderungen durch Luftverkehrsgesellschaften und in bestimmten Fällen nicht für Beförderungen durch Schiffahrtsgesellschaften.

Die Vorschläge der Europäischen Kommission über eine Harmonisierung der Ausfuhrbeschränkungen von dual-use-Waren gehen davon aus, daß bei Ausfuhren über einen oder mehrere andere Mitgliedstaaten die im absendenden Mitgliedstaat geltenden materiellen Ausfuhrbeschränkungen Anwendung finden. Die von der zuständigen Behörde erteilte Ausfuhrgenehmigung soll in der gesamten Gemeinschaft gelten. Die Beratungen über eine

Harmonisierung der Ausfuhrvorschriften für dual-use-Waren und zu einer einheitlichen Liste von dual-use-Waren sind noch nicht abgeschlossen. Außerdem wird voraussichtlich vorgesehen werden, daß Mitgliedstaaten grundsätzlich Maßnahmen ergreifen können, um im Einzelfall die Ausfuhr einer nicht in der „Einheitsliste" aufgeführten Ware zu verhindern, wenn die zuständigen Behörden Grund zur Annahme haben, daß diese Ware für Zwecke verwendet werden könnte, die nicht mit den einschlägigen internationalen Verpflichtungen und den Sicherheitsinteressen vereinbar sind.

7. Die Erhebung der Außenhandelsstatistik

Mit Vollendung des europäischen Binnenmarktes und dem damit verbundenen Wegfall der Binnengrenzen in der Gemeinschaft ist auch die bisherige Einbindung des außenhandelsstatistischen Erhebungsverfahrens in die zoll- und außenwirtschaftsrechtlichen Kontroll- und Anmeldeverfahren für den Teilbereich des innergemeinschaftlichen Warenverkehrs mit Gemeinschaftswaren entfallen. Stattdessen wurde ein neues Erhebungskonzept, das sogenannte *„permanente statistische Erhebungssystem (Intrastat)"* in Form einer direkten Firmenanmeldung bei den zuständigen statistischen Erhebungsstellen (in Deutschland beim Statistischen Bundesamt) eingeführt. Die Erfassung des Warenverkehrs mit Drittländern einschließlich der EFTA-Länder ist weiterhin in die zollrechtlichen Formalitäten eingebunden, die nunmehr im ZK und in der ZK-DVO geregelt sind.

Den gesetzlichen Rahmen des Erhebungssystems bildet die *„Verordnung (EWG) Nr. 3330/91 des Rates vom 7. November 1991 über die Statistiken des Warenverkehrs zwischen Mitgliedstaaten"* (ABl. EG Nr. L 316 S. 1). Sie enthält Grundsätze für alle drei Statistiken *(Statistik des Handels zwischen den Mitgliedstaaten, Durchfuhrstatistik* und *Statistik des Lagerverkehrs).* Sie regelt das Erhebungsverfahren sowie die grundsätzlichen Bestimmungen über die Statistik des Handels zwischen den Mitgliedstaaten und legt unter anderem fest, daß grundsätzlich jede beteiligte natürliche oder juristische Person, die in Deutschland umsatzsteuerpflichtig ist und sich am Handel mit anderen Mitgliedstaaten beteiligt, auskunftspflichtig ist. Die auskunftspflichtigen Personen können sich, wie bisher, von einem sogenannten Drittanmelder vertreten lassen, ohne jedoch ihre Verantwortung zu mindern. Auskunftspflichtige sind grundsätzlich nur dann zu einer statistischen Meldung verpflichtet, wenn der Wert ihrer im Intrahandel getätigten Versendungen in andere Mitgliedstaaten 200 000 DM im Vorjahr überschritten hat oder im laufenden Jahr überschreitet. Bei der Berechnung der Schwellen sind auch unentgeltliche Versendungen bzw. Eingänge zu berücksichtigen.

Gegenstand der *Statistik des Handels* zwischen den Mitgliedstaaten sind alle Gemeinschaftswaren, die aus einem Mitgliedstaat in einen anderen Mitgliedstaat befördert werden. Gleiches gilt für alle Nichtgemeinschaftswaren, soweit sich diese im zollrechtlichen Verfahren der aktiven Veredelung oder Umwandlung befinden. Die Erfassung in der Intrahandelsstatistik erfolgt auch dann, wenn diese Waren aus einem Mitgliedstaat durch ein Drittland in einen anderen Mitgliedstaat verbracht werden.

Die Anmeldung im Rahmen des *Intrastat-Systems* kann sowohl mit einem speziellen Erhebungsvordruck als auch (nach vorheriger Abstimmung mit dem Statistischen Bundesamt) mit magnetischem Datenträger erfolgen. Ferner können die statistischen Angaben auch weiterhin mit dem Einheitspapier – beschränkt auf die Merkmale des speziellen Intrastat-Erhebungsvordruckes – angemeldet werden.

Bei der Verwendung des speziellen Instrastat-Erhebungsvordruckes oder des Einheitspapiers ist es den auskunftspflichtigen Unternehmen freigestellt, diese Meldungen auch bei einer Zollstelle zur Weiterleitung an das Statistische Bundesamt abzugeben.

Auskunftspflichtige, die mittels des Intrastat-Erhebungsvordruckes melden möchten, können mit einem Bestellzettel oder formlos die Vordrucke sowie eine Ausfüllanleitung kostenlos über das Statistische Bundesamt beziehen. Die Ausfüllanleitung enthält Einzelheiten des Anmeldeverfahrens, Muster der Erhebungsvordrucke „Versendung" und „Eingang", Ausführungen zu den einzelnen Erhebungsmerkmalen sowie die zu verwendenden Schlüsselnummern mit Ausnahme der Warennummern; diese ergeben sich aus dem Warenverzeichnis für die Außenhandelsstatistik. Es kann über das Statistische Bundesamt[1] erworben werden. Informationen über die Anmeldung mit magnetischen Datenträgern können beim Statistischen Bundesamt angefordert werden.

Berichtszeitraum für die Intrahandelstatistik ist der Kalendermonat, auch kürzere Zeitabschnitte (z. B. Woche oder Dekade) sind möglich. In jedem Fall müssen die statistischen Meldungen spätestens am 10. Werktag nach Ablauf des Berichtsmonats abgeschickt worden sein.

Um eine direkte Plausibilitätskontrolle der gemeldeten Intrahandelsstatistischen Daten zu gewährleisten, wird mit Hilfe eines beim Statistischen Bundesamt geführten Registers aller am Intrahandel beteiligten Auskunftspflichtigen ein vierteljährlicher wertmäßiger Abgleich mit dem im Rahmen des Mehrwertsteuersystems gemeldeten Intra-Umsätzen vorgenommen.

Definitionen der anzumeldenden Merkmale und die zu verwendenden Codes enthält die „Verordnung (EWG) Nr. 3046/92 der Kommission vom 22. Oktober 1992 zur Festlegung von Durchführungsvorschriften für die Verordnung (EWG) Nr. 3330/91 des Rates über Statistiken des Warenverkehrs zwischen Mitgliedstaaten und zur Änderung dieser Verordnung" (ABl. EG Nr. L 307 S. 27).

Ferner ist die „Verordnung (EWG) Nr. 854/93 des Rates vom 5. April 1993 über die Durchfuhrstatistik und die Statistik des Lagerverkehrs im Warenverkehr zwischen Mitgliedstaaten" (ABl. EG Nr. L 90 S.1) in Kraft getreten. Die Erhebung der entsprechenden statistischen Daten erfolgt weiterhin im Rahmen der zollamtlichen Formalitäten.

---

1 Statistisches Bundesamt, Gruppe V B-Außenhandel, 65180 Wiesbaden

8. Die Durchführung der Agrarmarktordnungen

a) Verwendung und/oder Bestimmung von Erzeugnissen aus Beständen der Interventionsstellen

Die besondere Verwendung und/oder Bestimmung von Interventionserzeugnissen ist auch im Binnenmarkt vorgesehen.

Das bisherige Kontrollverfahren konnte jedoch nicht beibehalten werden, weil es sich auf das Dokument stützt, das den Gemeinschaftscharakter einer Ware nachweist (Versandschein T 2 bzw. Versandpapier T 2 L) und weil dieses Dokument im innergemeinschaftlichen Verkehr mit Gemeinschaftswaren grundsätzlich gegenstandslos geworden ist.

Das Kontrollverfahren ist daher mit der „Verordnung (EWG) Nr. 3002/92 der Kommission vom 16. Oktober 1992 über gemeinsame Durchführungsbestimmungen für die Überwachung der Verwendung und/oder Bestimmung von Erzeugnissen aus den Beständen der Interventionsstellen" (ABl. EG Nr. L 301 S. 17) neu festgelegt worden.

Danach wird die Kontrolle von Interventionserzeugnissen vom Zeitpunkt ihrer Auslagerung aus dem Interventionslager bis zu ihrer ordnungsgemäßen Verwendung und/oder Bestimmung (z. B. Verarbeitung in einem anderen Mitgliedstaat) grundsätzlich mit Hilfe des von der Zollstelle auszustellenden Kontrollexemplars T 5 durchgeführt werden.

b) Ausgleichsbeträge

Währungsausgleichsbeträge im Agrarsektor werden aufgrund der „Verordnung (EWG) Nr. 3813/92 des Rates vom 28. Dezember 1992 über die Rechnungseinheit und die im Rahmen der gemeinsamen Agrarpolitik anzuwendenden Umrechnungskurse" (ABl. EG Nr. L 387 S. 1) nicht mehr angewendet.

Stattdessen sieht das agromonetäre System die Beibehaltung eines landwirtschaftlichen Umrechnungskurses (sog. grüner Kurs) sowie eine auf zunächst zwei Jahre befristete Beibehaltung des sogenannten „switch-over"-Systems vor.

Der *landwirtschaftliche Umrechnungskurs* ist der in den die gemeinsame Agrarpolitik betreffenden Rechtsakten verwendete Kurs zur Umrechnung der

- in ECU ausgedrückten Beträge in die Währung eines Mitgliedstaates bzw.
- in der Währung eines Mitgliedstaates ausgedrückten Beträge in ECU.

Unter bestimmten Voraussetzungen ist es möglich, den landwirtschaftlichen Umrechnungskurs im voraus festsetzen zu lassen. Die Gültigkeitsdauer der Vorausfestsetzung endet am Ende des dritten Monats nach dem Monat der Vorausfestsetzung.

Damit ist es den Beteiligten möglich, die Geschäfte weitgehend von währungspolitischen Einflüssen frei zu halten.

Bei dem *„switch-over"-System* werden positive Währungsabweichungen in künstliche negative Währungsabweichungen umgewandelt, wodurch aufwertungsbedingte Einkommensverluste vermieden werden.

9. Die zollamtliche Überwachung des grenzüberschreitenden Warenverkehrs im Binnenmarkt

Der Wegfall der Kontrollen und Förmlichkeiten an den Binnengrenzen hat zu einer Erleichterung sowohl des gewerblichen Warenverkehrs als auch des privaten Reiseverkehrs zwischen den Mitgliedstaaten der EU geführt.

Der Wegfall der Kontrollen darf jedoch nicht zu Sicherheitsdefiziten bei der Überwachung von Verboten und Beschränkungen für den grenzüberschreitenden Warenverkehr, zur steuerlichen Ungleichbehandlung von Unternehmen sowie Gefährdung des nationalen Abgabenaufkommens und der Eigenmittel der EU führen. Daher besteht weiterhin ein Bedürfnis für eine – wenn auch stark eingeschränkte – zollamtliche Überwachung des innergemeinschaftlichen Warenverkehrs.

Das *Zollrechtsänderungsgesetz* vom 21. Dezember 1992 (BGBl. 1992 Teil I S. 2155 ff.) trägt diesem Bedürfnis dadurch Rechnung, daß Kontrollen nunmehr im Landesinnern durchgeführt werden können.

Die Kontrollen werden von mobilen Einheiten der Zollverwaltung im gesamten Bundesgebiet auch im Bereich der Binnengrenzen der Gemeinschaft durchgeführt. Sie überwachen den Verkehr mit Nichtgemeinschaftswaren, die Einhaltung der Vorschriften über Verbote und Beschränkungen im Warenverkehr (z. B. für Rauschgift, Waffen, radioaktive Stoffe, Abfälle, geschützte Tierarten) sowie Verkehr mit verbrauchsteuerpflichtigen Waren (Mineralöle, Alkohol und alkoholische Getränke, Tabakwaren, Kaffee). Ferner kontrollieren sie die Einhaltung sonstiger Vorschriften, deren Überwachung der Zollverwaltung durch gesetzliche Bestimmungen zugewiesen ist (z. B. die Pflicht zum Mitführen eines Sozialversicherungsausweises im Personen- und Güterbeförderungsgewerbe).

Die Beamten sind u.a. befugt, Personen und Fahrzeuge anzuhalten sowie Gepäck, Beförderungsmittel und Ladung zu durchsuchen. Diese Befugnisse bestehen uneingeschränkt im sog. grenznahen Raum, d. h. bis zu einer Tiefe von 30 km am deutschen Teil der Außengrenze der EU. Außerhalb des grenznahen Raumes bestehen die gleichen Rechte unter der Voraussetzung, daß zureichende tatsächliche Anhaltspunkte dafür vorliegen, daß vorschriftswidrig Nichtgemeinschaftswaren und Waren, die Verboten und Beschränkungen unterliegen, mitgeführt werden.

10. Aktive Veredelung

a) Wirtschaftlicher Hintergrund

Hinter dem Begriff *aktive Veredelung* verbirgt sich folgender wirtschaftlicher Sachverhalt: Üblicherweise erfolgt die Herstellung eines Fertigprodukts in mehreren selbständigen Produktionsschritten in verschiedenen Betrieben. Infolge der internationalen Arbeitsteilung finden die einzelnen Produktionsschritte nicht selten in verschiedenen Ländern statt.

Wird nun eine Ware in ein Land importiert, um dort in einem oder mehreren Produktionsschritten bearbeitet oder zu einem anderen höherwertigen Produkt verarbeitet zu werden, so wird die eingeführte Ware veredelt.

Aktiv ist diese Veredelung aus der Sicht dieses Landes, weil die inländische Volkswirtschaft die Veredelung durchführt und deswegen aktiv ist.

Aktive Veredelung liegt aber nicht nur vor, wenn eine Ware be- oder verarbeitet, also in einen neuen Zustand versetzt, sondern auch dann, wenn sie bloß repariert oder ausgebessert und damit ihr früherer Zustand wiederhergestellt wird. Auch die reparierte, zuvor schadhafte Ware ist durch die Reparatur im Wert gestiegen und deswegen veredelt worden. Kennzeichnend für eine Veredelung ist, daß die Ware durch die inländische Bearbeitung eine Wertsteigerung erfahren hat.

Aktive Veredelung läßt sich also definieren als eine wertsteigernde Behandlung einer zu diesem Zweck vorübergehend eingeführten Drittlandsware durch die inländische Wirtschaft.

b) Inhalt und Zweck des Zollverfahrens

Grundsätzlich ist die aktive Veredelung ein Nichterhebungsverfahren, d. h., die auf der Nichtgemeinschaftsware lastenden Einfuhrabgaben werden nicht erhoben, wenn das Verfahren ordnungsgemäß durchgeführt wird.

Oberflächlich betrachtet leuchtet dies auch ein, denn die Nichtgemeinschaftsware verbleibt ja nicht endgültig im Zollgebiet, sondern erfährt dort nur eine wertsteigernde Behandlung. Würde der bei einer Überführung in den zollrechtlich freien Verkehr zu erhebende Zollbetrag entrichtet werden müssen, so würde dies die zu veredelnde Ware verteuern und deren anschließenden Export behindern.

Doch bedenkt man dies genauer, so stellt sich folgende Frage:

Warum sollte die Fa. X im Zollgebiet, die an eine drittländische Fa. Y Kunststofffertigprodukte zu liefern hat, durch Zollfreiheit für die zur Herstellung benötigten Kunststoffe dazu motiviert werden, sich diese auf dem Auslandsmarkt zu beschaffen?

Dazu dienen doch gerade die Wirtschafts- und Schutzzölle. Diese sollen doch die EU-Produkte gegenüber Nichtgemeinschaftswaren wettbewerbsmäßig besserstellen.

Eine pauschale zollrechtliche Sonderbehandlung aller aktiven Veredelungsvorgänge läßt sich somit nicht rechtfertigen.

Dementsprechend müssen besondere wirtschaftliche Voraussetzungen vorliegen, damit die Überführung in die aktive Veredelung, verbunden mit einer Befreiung von den Einfuhrabgaben, bewilligt werden kann.

c) Bewilligungsvoraussetzungen

Die aktive Veredelung bedarf der vorherigen *Bewilligung.*

a) Deren Erteilung setzt voraus,
   - daß der Veredelungsverkehr dazu beiträgt, günstige Voraussetzungen für den Export der veredelten Waren zu schaffen und
   - daß wesentliche Interessen von EU-Herstellern nicht beeinträchtigt werden.

   Das eingangs genannte Beispiel mit den Kunststofffertigprodukten betrifft einen Fall der sog. *Eigenveredelung.*

Eigenveredeler ist, wer den Veredelungsvorgang als Hersteller in eigener Regie durchführt. Typisch für ihn ist, daß er die unveredelte Ware meist im Rahmen eines Liefergeschäfts (z. B. Kaufvertrag) zu Eigentum erwirbt und die veredelte Ware im Rahmen eines Liefergeschäfts weiterveräußert. Dieser kann also grundsätzlich selbst entscheiden, wo er die unveredelte Ware bezieht. Der Fall der Eigenveredelung kann daher aus den o.g. Gründen nicht pauschal bewilligt werden.

Die o.g. Voraussetzungen gelten als erfüllt, wenn die unveredelten Waren nicht, nicht in ausreichender Menge, nicht innerhalb der erforderlichen Schnelligkeit oder nicht mit den notwendigen Beschaffenheitsmerkmalen erzeugt werden.

Gemeinsam ist allen diesen Fällen, daß hinsichtlich der konkret benötigten unveredelten Erzeugnisse kein adäquates Angebot in der EU besteht.

Dann ist kein Schutz der inländischen Wirtschaft geboten, da im Hinblick auf das nachgefragte Produkt keine echte Wettbewerbssituation zwischen ausländischen und inländischen Anbietern besteht. Da ohne den Bezug der drittländischen unveredelten Produkte regelmäßig der Exportvertrag über die veredelten Erzeugnisse nicht abgewickelt würde, entgeht der inländischen Wirtschaft trotz des Bezugs der unveredelten Produkte im Ausland, plakativ gesagt, kein Geschäft.

Generell als erfüllt gelten die o.g. Voraussetzungen dagegen im Falle der *Lohnveredelung*. Damit sind Veredelungsvorgänge gemeint, in denen der Veredeler die unveredelten Waren im Dienste und unter Anweisung eines anderen vornimmt. Zivilrechtlich liegt einem solchen Veredelungsvorgang regelmäßig ein Werkvertrag zugrunde. Bringt z. B. die in einem Drittland ansässige Fa. X ihre Fahrzeuge zur Lackierung zu der in der EU ansässigen Lackiererei Y, so ist die Fa. Y Lohnveredeler.

Lohnveredelung findet häufig in der Textilindustrie statt. Läßt das drittländische Modeunternehmen M aus ihren Stoffen in dem EU-Betrieb E Hosen fertigen, so stellt sie diese in Lohnveredelung her. Typisch für die Lohnveredelung ist, daß wirtschaftlich betrachtet nicht der Veredeler, sondern sein Auftraggeber Hersteller der veredelten Ware ist. Dieser ist regelmäßig Eigentümer der unveredelten Ware und erwirbt auch Eigentum an den veredelten Waren (vgl. § 950 BGB).

Die generelle Bewilligungsfähigkeit der Lohnveredelungsfälle macht auch Sinn. Denn der Lohnveredeler veredelt nur auf fremde Veranlassung. Er hat keinen Einfluß darauf, wo seine Auftraggeber die unveredelten Produkte beziehen. Verzollung der unveredelten Ware wäre echte Behinderung des Exports (seiner Dienstleistung).

b) Auf Verlangen der für die Bewilligung zuständigen Zollstelle hat der Veredeler in Höhe der auf den unveredelten Waren lastenden Zölle Sicherheit zu leisten.

c) Weitere Voraussetzung für die Bewilligung des aktiven Veredelungsverkehrs ist dessen zolltechnische Durchführbarkeit.

   Diese Voraussetzung wird verständlich, wenn man sich verdeutlicht, daß die Zollfreistellung grundsätzlich davon abhängt, daß die unveredelte Ware in Gestalt der veredelten das Zollgebiet der EU wieder verläßt. Es muß also ein sog. *Nämlichkeitsnachweis* geführt werden. Dasselbe Produkt, das bei der Einfuhr zur Aktiven Veredelung abgefertigt wurde, muß (abgesehen von der veredelungsbedingten stofflichen Änderung) auch wieder ausgeführt werden.

Dies setzt voraus, daß die Zollstelle tatsächlich die Nämlichkeit von unveredelten und veredelten Produkten nachprüfen kann. In den geschäftlichen Aufzeichnungen der Produktionsvorgänge muß also unter Umständen vermerkt werden, ob Waren für die Wiederausfuhr im Rahmen des aktiven Verdelungsverkehrs oder für den inländischen Absatz produziert werden.

Das Nämlichkeitsprinzip ist aber nicht zwingend. Der Veredeler kann u.U. hiervon befreit werden und statt dessen nach dem *Äquivalenzprinzip* verfahren.

Zur Verdeutlichung folgendes Beispiel:

Der deutsche Automobilhersteller M soll 1 000 Spezial-LKW in Teillieferungen bis Jahresende nach Kanada liefern. Zum Einbau in den LKW benötigt er 8 000 Spezial-Scheinwerferlampen. 2 000 hat er bereits in der EU bezogen. Wegen Streiks in den einschlägigen Branchen in der EU ist der Bezug der übrigen 6 000 bis Jahresende nicht mehr möglich. Rechtzeitig kann M sie nur noch in Japan beziehen. Ihm wird für 6 000 Lampen ein aktiver Veredelungsverkehr bewilligt.

Er muß also 750 LKW zur Wiederausfuhr gestellen. Hier kann M jedoch bewilligt werden, bereits die in den ersten 250 in Teillieferungen ausgeführten LKW enthaltenen EU-Lampen als veredelte Ware zur Wiederausfuhr zu gestellen, obwohl die Lampen nicht die aus Japan sind. In diesem Fall kommt es nur darauf an, daß insgesamt 6 000 äquivalente Lampen wiederausgeführt werden.

Maßgeblich für die zur Wiederausfuhr zu gestellende Menge veredelter Waren ist der bei der Bewilligung festgestellte Veredelungsschlüssel (die Ausbeute).

Wird ein Veredelungsverkehr für Mehl zur Herstellung von Broten bewilligt und stellt der Veredeler aus 1 Tonne Mehl und den erforderlichen Zutaten 800 kg Brote her, so ist der Veredelungsschlüssel 0,8.

Die Feststellung des Veredelungsschlüssels richtet sich grundsätzlich nach den individuellen Produktionsbedingungen des Veredelers.

d) Bei kommerziellen Veredelungsvorgängen muß der Antragsteller in der EU ansässig sein.

e) Die Bewilligung der aktiven Veredelung als Zollverfahren mit wirtschaftlicher Bedeutung setzt schließlich voraus, daß der erforderliche Verwaltungsaufwand nicht außer Verhältnis zum wirtschaftlichen Nutzen des Antragstellers steht.

d) Zollschuld

Werden die unveredelten Waren nicht in der erforderlichen Menge in Form von veredelten Erzeugnissen zur Wiederausfuhr gestellt, so entsteht eine *Zollschuld.*

Maßgeblich für deren Berechnung sind Menge, Zollsatz und Bemessungsgrundlagen zum Zeitpunkt der Einfuhr der unveredelten Waren, die nicht in Form von veredelten Erzeugnissen zur Wiederausfuhr gestellt wurden. *Zollschuldner* ist derjenige, dem der Veredelungsverkehr bewilligt wurde.

e) Zollrückvergütungsverfahren

Grundsätzlich wird die Zollfreistellung für die unveredelten Waren bereits bei deren Einfuhr und Überführung in die aktive Veredelung gewährt (Nichterhebungsverfahren, s.o.).

Stattdessen kann jedoch auch das sog. *Zollrückvergütungsverfahren* angewandt werden. In diesem Fall wird für die unveredelten Waren bei der Einfuhr wie bei der Überführung in den zollrechtlich freien Verkehr Zoll erhoben.

Bei deren Wiederausfuhr in Form von veredelten Waren wird der Zoll für die ausgeführte Menge nach Maßgabe des Veredelungsschlüssels wieder zurückgezahlt. Im übrigen besteht kein wesentlicher Unterschied zum Nichterhebungsverfahren.

f) Verfahrensablauf

Die *aktive Veredelung* ist auf besonderem Vordruck bei der zuständigen Zollbehörde zu beantragen. Dies ist regelmäßig das örtlich zuständige Hauptzollamt.

Die *unveredelten Waren* sind bei ihrer Einfuhr bei der für die Überwachung des aktiven Veredelungsverkehrs zuständigen Zollstelle auf dem Einheitspapiervordruck – Teilsatz mit den Exemplaren 6/7/8 – zur Überführung in die aktive Veredelung anzumelden.

Die Anmeldung der veredelten Waren zur Wiederausfuhr erfolgt auf dem Teilsatz mit den Exemplaren 1/2/3.

■ Rechtsgrundlagen: Art.85,86, Art.114–129 ZK, DVO aktiver Veredelungsverkehr.

11. Einfuhrabgaben

Bei diesem Begriff ist zwischen den Einfuhrabgaben nach EU- und nationalem Zollrecht zu unterscheiden.

Einfuhrabgaben im Sinne des EU-Zollrechts sind *Zölle* und *Abschöpfungen,* nicht dagegen die Einfuhrumsatzsteuer und die besonderen Verbrauchsteuern bei der Einfuhr einfuhrumsatzsteuer-/ verbrauchsteuerpflichtiger Nichtgemeinschaftswaren.

Diese sind noch nicht vollständig durch Rechtsakte der EU harmonisiert und werden von den einzelnen Mitgliedstaaten aufgrund nationaler Gesetze in unterschiedlicher Höhe erhoben.

Daher umfaßt der Begriff der Einfuhrabgabe im nationalen Zollrecht neben den harmonisierten Einfuhrabgaben – Zoll und Abschöpfung – auch noch die Einfuhrumsatzsteuer und die besonderen Verbrauchsteuern.

Keine Einfuhrabgaben sind die Steuer auf den innergemeinschaftlichen Erwerb und die besonderen Verbrauchsteuern, die anläßlich von gewerblichen Lieferungen aus anderen Mitgliedstaaten in der Bundesrepublik erhoben werden.

■ Rechtsgrundlage: Art. 4 Nr.10 ZK, 1 Abs.1 S.2 ZollVG

12. Carnet TIR

Neben dem gemeinschaftlichen Versandverfahren gibt es jedoch noch andere *internationale Versandverfahren.*

Von diesen ist vor allen Dingen das *TIR-Verfahren* zu nennen *(Transport International des Marchandises par la Route),* welches für alle Verkehrsarten anwendbar ist.

Diesem Verfahren liegt ein internationales Abkommen zugrunde.

Der territoriale Anwendungsbereich des TIR-Verfahrens umfaßt alle Länder des geographischen Europas, sowie Afghanistan, Chile, Iran, Israel, Japan, Jordanien, Kananda, Korea, Kuweit, Marokko und Uruguay.

Gegenüber dem gemeinschaftlichen Versandverfahren hat es also den Vorteil, daß Beförderungen, die sowohl über das Gebiet der EU als auch über nicht-EFTA-Drittstaaten verlaufen, mit einem Versandschein durchgängig im Zollversandverfahren erfolgen können.

13. Zollanmeldung

a) Rechtsnatur

Die Erklärung, mit der eine Person die Überführung einer Ware in ein bestimmtes Zollverfahren beantragt, ist die *Zollanmeldung*. Insoweit ist sie als Willenserklärung zu qualifizieren und entspricht dem Zollantrag i.S.d. aufgehobenen deutschen Zollrechts (10 ZG).

Zur Zollanmeldung zählen aber auch die Angaben des Zollanmelders über Warenmerkmale, Wert, Beförderungsart und sonstige Umstände im Zusammenhang mit der Warenlieferung, die für das jeweilige Zollverfahren von Relevanz sind. Hierbei handelt es sich um eine *Wissenserklärung*.

Im früheren Zollrecht wurde scharf zwischen Zollantrag als Willenserklärung und Zollanmeldung als Wissenserklärung differenziert. Unter Zollanmeldung versteht der Zollkodex also grundsätzlich sowohl den Zollantrag als auch die Zollanmeldung des aufgehobenen deutschen Zollgesetzes.

Nur dann, wenn ein Zollverfahren Gegenstand der zollrechtlichen Bestimmung ist, liegt eine Zollanmeldung im Sinne des Zollkodex vor. Es erscheint aber sinnvoll, die Regeln über die Zollanmeldung sinngemäß auch auf die sonstigen zollrechtlichen Bestimmungen anzuwenden.

Der Besitzer gestellter Nichtgemeinschaftswaren ist verpflichtet, für diese eine zollrechtliche Bestimmung zu beantragen.

b) Zur Abgabe einer Zollanmeldung berechtigte Personen

Berechtigt zur Abgabe einer Zollanmeldung ist jede Person, die zur Gestellung der Ware in der Lage ist, sie also in Besitz hat. Um die Berechtigung zum Besitz kümmert sich die Zollstelle grundsätzlich nicht.

Weiterhin ist erforderlich, daß der Anmelder in der EU ansässig ist. Hiervon gibt es jedoch diverse Ausnahmen.

Eine *EU-Ansässigkeit* ist entbehrlich,

- wenn die Zollanmeldung mündlich abgegeben werden kann (insbesondere im Reiseverkehr)
- bei einer Anmeldung zum Versandverfahren oder zur vorübergehenden Verwendung (dem Sinn und Zweck dieser Zollverfahren entspricht es, daß die Anmelder oft gerade nicht in der EU ansässig sind)
- bei Personen, die gelegentlich Waren anmelden, sofern die Zollbehörden dies für gerechtfertigt halten.

c) Annahme der Zollanmeldung

Die Zollbehörde nimmt die Zollanmeldung an, wenn sie von einer berechtigten Person in der vorgeschriebenen Form abgegeben wird und die betreffenden Waren gestellt worden sind.

a) Grundsätzlich sind Zollanmeldungen *schriftlich* auf dem amtlichen Vordruck abzugeben. Zu verwenden ist das sog. *Einheitspapier.*

   Mit Ausnahme der Anmeldung zum Versandverfahren ist hierzu der Teilsatz mit den Exemplaren 6/7/8 zu verwenden.

   Exemplar 6 ist für die Zollbehörde, Exemplar 7 ist die Einfuhranmeldung für die vom Statistischen Bundesamt geführte Außenhandelsstatistik, und Exemplar 8 ist für den Anmelder bzw. dessen Auftraggeber Buchführungs- und bezüglich der entrichteten Einfuhrumsatzsteuer Vorsteuerbeleg.

   Für die *Anmeldung zum Versandverfahren* ist ein spezieller Teilsatz mit den Exemplaren 1/4/5/7 vorgeschrieben.

   Statt der förmlichen Anmeldung auf dem Standard-Einheitspapiervordruck kann dem Anmelder die Abgabe der Anmeldung im vereinfachten Verfahren bewilligt werden. Dies sind die sog. *Sammelzollverfahren.*

   Im Reiseverkehr und anderen Bagatellfällen kann die Zollanmeldung *mündlich* abgegeben werden.

b) Die Annahme der Zollanmeldung setzt die Gestellung der Ware voraus. Wird eine Anmeldung abgegeben, bevor die Ware an der Zollstelle eingetroffen ist, so wird diese erst mit Ankunft und Gestellung der Ware wirksam angenommen. Dies hat vor allen Dingen bei einer Anmeldung von Nichtgemeinschaftswaren zur Überführung in den zollrechtlich freien Verkehr Bedeutung. Soweit hierbei eine Zollschuld entsteht, ist der Zeitpunkt der Annahme der Anmeldung für die Bemessungsgrundlagen maßgebend.

   Bei Zollkontingenten und Zollsatzänderungen kann es entscheidend darauf ankommen, wann die Zollanmeldung angenommen wurde.

c) Darüber hinaus muß die Zollbehörde die Annahme der Zollanmeldung ablehnen,
   - wenn sie sachlich nicht zuständig ist

- die Voraussetzungen für das beantragte Zollverfahren nicht vorliegen oder
- Verbote und Beschränkungen entgegenstehen.

Ein Beispiel für das Nichtvorliegen der Voraussetzungen für das beantragte Zollverfahren ist das Fehlen einer Sicherheitsleistung oder die Unmöglichkeit der Nämlichkeitssicherung beim Versandverfahren.

Die Ablehnung liegt im Ermessen der Zollbehörde, wenn
- sie örtlich nicht zuständig ist oder
- die Regelungen über den Amtsplatz oder die Öffnungszeiten nicht beachtet worden sind.

d) Ungültigkeit der Zollanmeldung

Die Zollanmeldung als Antrag auf Überführung der Waren in ein bestimmtes Zollverfahren ist, wie bereits erwähnt, eine Willenserklärung. Insoweit hat der Zollanmelder die Möglichkeit, seine zollrechtlichen Verhältnisse nach seinem Willen zu gestalten.

Wie bei jeder Willenserklärung stellt sich auch hier die Frage, ob Irrtümer ihre Gültigkeit beeinflussen.

Eine *Ungültigkeitserklärung der Zollanmeldung* durch die Zollbehörden auf Antrag des Anmelders ist in zwei Fällen vorgesehen:

- Der Anmelder weist nach, daß die Waren irrtümlich zu dem in der Zollanmeldung bezeichneten Zollverfahren angemeldet worden sind.
- Der Anmelder weist nach, daß infolge besonderer Umstände die Überführung der Waren in das betreffende Zollverfahren nicht mehr gerechtfertigt ist.

Im übrigen sind Irrtümer des Anmelders für die Wirksamkeit der Zollanmeldung unbeachtlich.

e) Vertretung bei der Zollanmeldung

Der Anmelder kann sich bei Abgabe der Zollanmeldung *vertreten* lassen.

Besteht keine wirksame Vertretungsmacht, so wird der Vertreter automatisch selbst Zollanmelder.

- Rechtsgrundlagen: Art. 59 ff., Art. 49, Art. 4 Nr. 17, Art. 5 Abs. 4 ZK 7 ZollVG.

B. Steuern

(außer den bereits in Teil A behandelten Verbrauchsteuern)

1. Umsatzsteuer im innergemeinschaftlichen Warenverkehr

Für die *Umsatzbesteuerung im Europäischen Binnenmarkt* gilt für eine Übergangsfrist bis 31.12.1996 das *Bestimmungslandprinzip*. Die Übergangsfrist verlängert sich, wenn nicht vor dem 1.1.97 eine endgültige Regelung beschlossen wird.

Innergemeinschaftliche Lieferungen sind grundsätzlich umsatzsteuerfrei, wohingegen der innergemeinschaftliche Erwerb der Umsatzsteuer unterliegt. Als *innergemeinschaftliche Lieferung* bezeichnet man die (entgeltliche) Lieferung eines Gegenstandes durch einen Unternehmer (nicht Kleinunternehmer) in einem Mitgliedstaat an einen Unternehmer (Erwerber) in einem anderen. Der *innergemeinschaftliche Erwerb* ist der gleiche Vorgang vom Standpunkt des Erwerbers aus gesehen. Der Erwerber beim innergemeinschaftlichen Erwerb ist ein Unternehmer oder eine nicht als Unternehmer tätige juristische Person. Bestimmte Erwerber (Kleinunternehmer, die keine Umsatzsteuer zu entrichten haben; Unternehmer, die vom Vorsteuerabzug ausgeschlossen sind; Land- und Forstwirte, die eine pauschalierte Umsatzsteuer zahlen; juristische Personen, die keine Unternehmer sind) führen keinen innergemeinschaftlichen Erwerb aus, wenn der Gesamtbetrag der Entgelte für derartige Lieferungen einen bestimmten Betrag *(„Erwerbsschwelle")* nicht überschreitet.

Der Lieferer hat über die steuerfreie innergemeinschaftliche Lieferung eine Rechnung zu erteilen und darin neben den üblichen Angaben grundsätzlich seine eigene *Umsatzsteuer-Identifikationsnummer (USt-IdNr.)* und die seines Abnehmers anzugeben. In den Ländern, in denen dies vorgeschrieben ist (z. B. Deutschland), muß er außerdem auf die Umsatzsteuerfreiheit der Lieferung hinweisen. (Ein Unternehmer beantragt eine USt-IdNr. in dem EU-Land bzw. den EU-Ländern, in denen er Umsätze durchführt.) Der Lieferer ist verpflichtet, die steuerfreien innergemeinschaftlichen Lieferungen in besonderen *Zusammenfassenden Meldungen* aufzuführen, die vierteljährlich oder jährlich beim Bundesamt für Finanzen abzugeben sind. Der Erwerber muß die innergemeinschaftlichen Erwerbe zusammen mit seinen anderen Umsätzen in den Umsatzsteuer-Vorausmeldungen und -Erklärungen angeben. Er kann die für den innergemeinschaftlichen Erwerb geschuldete Umsatzsteuer als Vorsteuer abziehen, soweit er vom Vorsteuerabzug nicht ausgeschlossen ist.

Das unternehmensinterne innergemeinschaftliche Verbringen wird ebenfalls als umsatzsteuerfreie innergemeinschaftliche Lieferung bzw. als umsatzsteuerpflichtiger Erwerb behandelt. Ein solches Verbringen liegt vor, wenn ein Unternehmer einen Gegenstand seines Unternehmens zu einer nicht nur vorübergehenden Verwendung aus dem Inland in das übrige Gemeinschaftsgebiet befördert (und umgekehrt). Innergemeinschaftliche Lohnveredelungen werden im Umfang der Lohnveredelung der innergemeinschaftlichen Lieferung sowie dem innergemeinschaftlichen Erwerb gleichgestellt. Innergemeinschaftliche Versendungslieferungen an Letztverbraucher bzw. Endabnehmer werden grundsätzlich im Bestimmungsland der Umsatzsteuer unterworfen. Innergemeinschaftliche Lieferungen von Neufahrzeugen, die auch von Nichtunternehmern ausgeführt werden können, sind im Ausgangsland stets umsatzsteuerfrei. Ihr Erwerb unterliegt der Umsatzsteuer im Bestimmungsland, ohne Rücksicht darauf, ob der Erwerber Unternehmer ist oder nicht. Innergemeinschaftliche Güterbeförderungen sind in dem Staat umsatzsteuerpflichtig, in dem die Beförderung beginnt oder die vom Leistungsempfänger angegebene USt-IdNr. erteilt wurde. Vermittlungsleistungen sind grundsätzlich in dem Staat zu versteuern, in dem der vermittelte Umsatz ausgeführt wird, bzw. in dem Staat, von dem der Leistungsempfänger eine USt-IdNr. erhalten hat.

Gegenstände, die private Reisende aus EU-Mitgliedstaaten in anderen Mitgliedstaaten erwerben, unterliegen ausschließlich der Umsatzsteuer (und gegebenenfalls der Verbrauchsteuer) im Erwerbsland. Der Warenverkauf durch einen deutschen Einzelhändler an einen Kunden mit Wohnsitz in einem anderen EU-Land wird somit umsatzsteuerlich genau so behandelt wie ein Verkauf an einen Kunden mit Wohnsitz in Deutschland. Der Käufer kann die Ware in sein Wohnsitzland frei von Umsatzsteuer (und Verbrauchsteuer) einführen. Ausgenommen von dieser Regelung sind lediglich Lieferungen neuer Fahrzeuge (s. oben).

2. Umsatzsteuer im Warenverkehr mit Drittländern

Für den *Warenverkehr mit Drittländern* gilt das bisherige Umsatzsteuerrecht. Danach sind Ausfuhren umsatzsteuerfrei, während Einfuhren der *Einfuhrumsatzsteuer (EUSt.)* unterliegen.

Bei Warenverkäufen an Reisende aus Drittländern wird weiterhin das für den *„Export über den Ladentisch"* geltende Verfahren angewandt: Dem Reisenden wird die Ware zunächst unter Berechnung der Umsatzsteuer verkauft. Diese Umsatzsteuer bekommt er erstattet, sobald er dem Einzelhändler einen zollamtlich bestätigten Beleg über die Ausfuhr vorlegt. Hier entsteht ein Problem, wenn ein Besucher aus einem Drittland, der Ware in Deutschland gekauft hat, das Gebiet der EU nicht an der deutschen EU-Außengrenze, sondern von einem anderen EU-Land aus verläßt. So findet z. B. ein amerikanischer Tourist, der eine Ware in Deutschland gekauft hat und die EU vom Flughafen Paris verläßt, dort natürlich keinen deutschen Zollbeamten, der ihm die Ausfuhr der Ware bestätigen könnte. Er ist dann darauf angewiesen, daß ihm ein französischer Zollbeamter diesen Nachweis erteilt.

3. Steuerharmonisierung in der EU: direkte Steuern

Die bisher in Kraft getretenen Richtlinien im Bereich der direkten Steuern haben vor allem das Ziel, die Diskriminierung grenzüberschreitender wirtschaftlicher Tätigkeit zu beseitigen.

a) Fusionsrichtlinie (90/434/EWG vom 23.07.1990)

Die *Fusionsrichtlinie* gibt den Unternehmen die Möglichkeit, grenzüberschreitende Umstrukturierungen durchzuführen, ohne die stillen Reserven aufzudecken. Sie erstreckt sich auf vier Anwendungsfälle: die Fusion, die Spaltung, die Einbringung von Unternehmensteilen und den Austausch von Anteilen. Eine Mißbrauchsklausel soll Umstrukturierungen verhindern, die nicht aus einem vernünftigen wirtschaftlichen Grund oder nur zu dem Zweck erfolgen, Vorschriften zur Mitbestimmung der Arbeitnehmer zu umgehen.

b) Mutter-/Tochterrichtlinie (90/435/EWG vom 23.07. 1990)

Durch diese Richtlinie soll die mögliche Doppelbesteuerung von Gewinnen, die eine Tochtergesellschaft an ihre Muttergesellschaft in einem anderen Mitgliedstaat ausschüttet, vermieden werden. Dies wird entweder dadurch bewirkt, daß der Staat der Muttergesellschaft die Dividenden von der Steuer befreit oder die von der Tochtergesellschaft entrichtete Steuer auf die Steuerschuld der Muttergesellschaft anrechnet. Die Richtlinie sieht außerdem die Abschaffung der Quellensteuer im Staat der Tochtergesellschaft vor, wenn die Muttergesellschaft eine Anteil von mindestens 25% am Kapital der Tochter hält.

c) EG-Schiedsabkommen (90/436/EWG von 23.07.1990)

Das *EG-Schiedsabkommen,* das am 1. Januar 1995 in Kraft trat, ist ein multilaterales Übereinkommen zur Regelung von Streitigkeiten aus Doppelbesteuerungsabkommen (z. B. wegen der Angemessenheit von Verrechungspreisen), welches über das in diesen Abkommen vorgesehene Verständigungsverfahren hinausgeht. Zunächst wird ein dem Artikel 25 des OECD-Musterabkommens entsprechendes Verständigungsverfahren durchgeführt. Falls dies nicht innerhalb von zwei Jahren zum Erfolg führt, kommt es zu einem Schlichtungsverfahren, bei dem ein *Beratender Ausschuß* einberufen wird. Dieser muß innerhalb von sechs Monaten zu dem Fall Stellung nehmen. Die Stellungsnahme ist zunächst unverbindlich, wird aber verbindlich, wenn es innerhalb von sechs weiteren Monaten zu keiner Einigung zwischen den betreffenden Behörden kommt.

XIX. Internationale Übereinkünfte

1. Verträge und Abkommen

Zwischenstaatliche Übereinkünfte können Verträge oder Abkommen sein. *Verträge* sind Übereinkünfte grundsätzlicher, insbesondere politischer Art, die für längere Zeit oder auf unbegrenzte Zeit gelten sollen; sie bedürfen stets der Ratifizierung. Bei den *Abkommen* handelt es sich um finanzielle, wirtschaftliche, kulturelle oder technische Übereinkünfte, die nicht als Grundsatzübereinkünfte anzusehen sind. Verträge und Abkommen können *zweiseitig (bilateral)* oder *mehrseitig (multilateral)* sein. *Multilaterale Abkommen* werden auch *Übereinkommen* genannt.

Bilaterale Handelsverträge haben vor allem den Zweck, die Wirtschaftsbeziehungen zwischen den Vertragspartnern zu fördern. Daneben können sie auch Vereinbarungen über die Vermeidung der Doppelbesteuerung, den gewerblichen Rechtsschutz (Patent-, Marken- und Musterschutz), die Niederlassungsfreiheit, den Schutz von Kapitalinvestitionen, Fragen der Schiffahrt, konsularrechtliche Fragen u.a.m. enthalten. Neben den umfassenden Handelsverträgen gibt es auch bilaterale Verträge begrenzten Inhalts, wie z.B. die Investitionsförderungsverträge. *Multilaterale Verträge* sind z.B. die Verträge über die europäischen Gemeinschaften, NAFTA, Mercosur usw.

Die *bilateralen Abkommen* wirtschaftlicher Art befassen sich meist nur mit bestimmten Einzelaspekten der beiderseitigen Wirtschaftsbeziehungen. So gibt es z.B. Meistbegünstigungsabkommen, Investitionsförderungsabkommen, Doppelbesteuerungsabkommen, Kapitalhilfeabkommen, Schiffahrts- und Konsularabkommen. Der Förderung und Regelung des Warenaustauschs zwischen zwei Ländern dienen die bilateralen Handelsabkommen. Ein *multilaterales Abkommen* ist z.B. das Allgemeine Zoll- und Handelsabkommen (GATT).

2. Meistbegünstigung, Parität und Reziprozität

Ein Land, das einem anderen die *Meistbegünstigung* gewährt, darf bei der Einfuhr von Erzeugnissen dieses Landes keine höheren Zölle erheben als bei der Einfuhr der gleichen Erzeugnisse aus dritten Ländern. Die Anwendung der Meistbegünstigung ist aber nicht auf das Gebiet der Zölle beschränkt; sie kann sich auch auf den Personen- und Kapitalverkehr erstrecken, wobei die rechtliche, steuerliche und sonstige Behandlung von Staatsangehörigen des Landes, das Meistbegünstigung genießt, in keinem Fall schlechter sein darf als die irgendeinem dritten Land gewährte Behandlung.

Die Meistbegünstigung wird in der Regel durch Aufnahme einer Meistbegünstigungsklausel in einen Handelsvertrag oder durch Abschluß eines Meistbegünstigungsabkommens vereinbart. Neben der Meistbegünstigung *de jure,* d.h. der vertraglich festgesetzten Meistbegünstigung, gibt es auch eine Meistbegünstigung *de facto,* die ein Land von sich aus einem anderen gewährt, wenn letzteres die Waren des ersteren nicht mit höheren Zöllen belegt als Waren aus dritten Ländern.

Wird die Meistbegünstigung ohne jede Beschränkung oder Bedingung angewandt, so spricht man von unbeschränkter bzw. *unbedingter Meistbegünstigung*. Die *beschränkte Meistbegünstigung* bezieht sich nur auf bestimmte Waren oder die bestimmten Ländern eingeräumten Vorteile. Bei der *bedingten Meistbegünstigung* wird die Gewährung der Meistbegünstigung von einer entsprechenden Gegenleistung des Partnerlandes abhängig gemacht.

Während die Meistbegünstigung die Waren oder Staatsangehörigen des Partnerlandes bzw. der Partnerländer den Waren oder Staatsangehörigen dritter Länder gleichstellt, beseitigt die *Paritätsklausel* die Diskriminierung der Angehörigen des Partnerlandes gegenüber den Inländern. Die Paritätsklausel kann sich auf das Arbeits- und Sozialrecht, das Niederlassungs- und Gewerberecht, die Besteuerung usw. beziehen, wobei die Staatsangehörigen des Partnerlandes in jedem Fall genauso behandelt werden müssen wie die Staatsangehörigen des eigenen Landes *(Inländerbehandlung)*.

Als *Reziprozität* bezeichnet man das Prinzip der Gegenseitigkeit. Die Anwendung dieses Prinzips auf internationale Verträge und Abkommen bedeutet, daß dem Vertragspartner bestimmte Vorteile nur bei einer gleichwertigen Gegenleistung eingeräumt werden. Dies ist z. B. bei der Gewährung der bedingten Meistbegünstigung der Fall.

3. Investitionsförderungsverträge

Investitionsförderungsverträge und *-abkommen,* auch *Kapitalschutzverträge* bzw. *-abkommen* genannt, sind bilaterale Übereinkünfte, vor allem mit Entwicklungsländern, die der Förderung und dem Schutz privater Kapitalanlagen in diesen Ländern dienen. Sie garantieren den freien Transfer von Kapital und Erträgen, enthalten eine Schiedsklausel für den Fall von Meinungsverschiedenheiten und sehen Regelungen für eventuelle Enteignungen vor.

4. Doppelbesteuerungsabkommen

Als *Doppelbesteuerung* bezeichnet man im internationalen Bereich die Erhebung einer inländischen und einer ausländischen Steuer auf das gleiche Steuerobjekt. Dies ist z. B. der Fall, wenn der Gewinn einer im Ausland tätigen Tochtergesellschaft zunächst in dem Land besteuert wird, in dem die Tochtergesellschaft ihren Sitz hat, und dann nach Transferierung in das Land der Muttergesellschaft dort noch einmal der Steuer unterliegt. Da die Doppelbesteuerung den internationalen Kapitalverkehr hemmt, schließen die Staaten bilaterale Abkommen zur Vermeidung der Doppelbesteuerung, kurz *Doppelbesteuerungsabkommen* genannt. Diese Abkommen befassen sich in erster Linie mit der Einkommen- und Körperschaftsteuer, sie können sich aber auch auf andere direkte Steuern, wie die Vermögensteuer, erstrecken.

Die Doppelbesteuerungsabkommen basieren auf dem Grundsatz des gegenseitigen Steuerverzichts. Die Beseitigung der Doppelbesteuerung kann durch die Anwendung der *Zuteilungs-* oder der *Anrechnungsmethode* erreicht werden. Bei der *Zuteilungsmethode* erfolgt die Erhebung der Steuer entweder durch den Wohnsitzstaat, d. h. den Staat, in dem der Steuerpflichtige seinen Wohnsitz hat, oder den Quellenstaat, d. h. den Staat, aus dem er Einkünfte bezieht oder in dem er Vermögensteile besitzt. Es findet also hier eine Zu- oder Aufteilung des Besteuerungsrechts statt. Bei der *Anrechnungsmethode* muß der Steuerpflichtige in beiden Staaten Steuer zahlen; die im Quellenstaat entrichtete Steuer wird jedoch im Wohnsitzstaat auf seine Steuerschuld angerechnet.

Soweit keine Doppelbesteuerungsabkommen bestehen, kann die Doppelbesteuerung durch einseitige innerstaatliche Regelungen gemildert oder beseitigt werden, wie dies z. B. in der Bundesrepublik der Fall ist.

XX. Überstaatliche Zusammenschlüsse

A. Überstaatliche Zusammenschlüsse in Europa

1. Die europäischen Gemeinschaften

Die drei europäischen Gemeinschaften sind die *Europäische Gemeinschaft für Kohle und Stahl,* die *Europäische Wirtschaftsgemeinschaft* und die *Europäische Atomgemeinschaft.*

Die *Europäische Gemeinschaft für Kohl und Stahl (EGKS),* auch „Montanunion" genannt, wurde von Belgien, der Bundesrepublik Deutschland, Frankreich, Italien, Luxemburg und den Niederlanden durch den Vertrag von Paris vom 18. April 1951, der am 25. Juli 1952 in Kraft trat, mit Sitz in Luxemburg errichtet. Die Gründung der EGKS, des ersten überstaatlichen Zusammenschlusses in Europa, erfolgte aufgrund eines Planes des damaligen französischen Außenministers Robert Schuman („Schuman-Plan") und sollte durch Errichtung eines gemeinsamen Marktes für Kohle und Stahl die Einigung Europas einleiten.

Am 25. März 1957 wurden die *Europäische Wirtschaftsgemeinschaft (EWG)* und die *Europäische Atomgemeinschaft (EAG oder Euratom)* in Rom gegründet. Die betreffenden Verträge, die am 1. Januar 1958 in Kraft traten, werden als „Verträge von Rom" oder „Römische Verträge" bezeichnet.

Der Pariser Vertrag und die Römischen Verträge wurden 1986 durch die *Einheitliche Europäische Akte (EEA)* und 1992 durch den in Maastricht geschlossenen *Vertrag über die Errichtung der Europäischen Union (Vertrag von Maastricht* oder *EU-Vertrag)* revidiert und ergänzt.

2. Benelux

Bereits 1944 schlossen Belgien, die Niederlande und Luxemburg ein Abkommen über eine Zollunion („Benelux"), die später zu einer Wirtschaftsunion ausgebaut wurde. Belgien und Luxemburg bilden außerdem eine Währungsunion. Diese regionalen Vereinbarungen gelten weiter, soweit sie nicht durch die fortschreitende europäische Integration gegenstandslos geworden sind bzw. werden.

3. Zollunion, Binnenmarkt und Europäische Union

Die EWG wurde errichtet, um die „Grundlagen für einen immer engeren Zusammenschluß der europäischen Völker zu schaffen" (Präambel des EWG-Vertrages). Nach Artikel 3 des Vertrages sind dazu im wesentlichen folgende Maßnahmen erforderlich:

- die Abschaffung der Zölle und mengenmäßigen Beschränkungen sowie aller sonstigen Maßnahmen gleicher Wirkung zwischen den Mitgliedstaaten;
- die Einführung eines gemeinsamen Zolltarifs und einer gemeinsamen Handelspolitik gegenüber dritten Ländern;
- die Beseitigung der Hindernisse für den freien Personen-, Dienstleistungs- und Kapitalverkehr zwischen den Mitgliedstaaten;
- die Einführung einer gemeinsamen Politik auf dem Gebiet der Landwirtschaft;
- die Einführung einer gemeinsamen Politik auf dem Gebiet des Verkehrs;
- die Errichtung eines Systems, das den Wettbewerb innerhalb des Gemeinsamen Marktes vor Verfälschung schützt;
- die Anwendung von Verfahren, die die Koordinierung der Wirtschaftspolitik der Mitgliedstaaten und die Behebung von Störungen im Gleichgewicht ihrer Zahlungsbilanzen ermöglichen;
- die Angleichung der innerstaatlichen Rechtsvorschriften, soweit dies für das ordnungsgemäße Funktionieren des Gemeinsamen Marktes erforderlich ist.

Die beiden ersten Ziele wurden bis 1968 im Rahmen der *Zollunion* erreicht: Die Mitgliedstaaten bauten ihre Binnenzölle ab und glichen ihre Zölle gegenüber Drittländern an den Gemeinsamen Zolltarif der Gemeinschaft an. Die anderen im EWG-Vertrag genannten Ziele, mit Ausnahme des Ziels einer gemeinsamen Agrarpolitik, konnten jedoch lange Zeit nicht oder nur zum Teil verwirklicht werden. Der nächste Integrationsschritt wurde durch die Einheitliche Europäische Akte eingeleitet, die u.a. folgendes vorsah:

- die schrittweise Realisierung des *europäischen Binnenmarktes* bis zum 31. Dezember 1992, d.h. die Verwirklichung des freien Verkehrs von Waren, Personen, Dienstleistungen und Kapital (die „vier Freiheiten“);
- die Verbesserung des Entscheidungsverfahrens im Ministerrat (Beschlüsse mit qualifizierter Mehrheit bei den meisten den Binnenmarkt betreffenden Vorhaben);
- die Erweiterung der Befugnisse des Europäischen Parlaments („Verfahren der Zusammenarbeit“);
- die Erweiterung der Kompetenzen der Gemeinschaft (Regionalausgleich, Forschungs- und Technologiepolitik, Umweltpolitik);
- die Ausrichtung des Integrationsprozesses auf eine Europäische Union.

Im Februar 1988 genehmigte der Europäische Rat die zur Verwirklichung des Binnenmarktes erforderlichen Mittel. Gleichzeitig beschloß er, die aus Zöllen und Abschöpfungen sowie einem Anteil an den Mehrwertsteuereinnahmen der Mitgliedstaaten bestehenden Eigenmittel der Gemeinschaft durch einen am Bruttosozialprodukt orientierten Beitrag zu ergänzen.

Der Vertrag von Maastricht trat am 1. November 1993 in Kraft. Die dadurch geschaffene *Europäische Union (EU)* bildet seither den Rahmen für die supranationale Zusammenarbeit; die Europäischen Gemeinschaften bestehen gleichwohl als Teil der EU weiter, sind allein rechtsfähig und besitzen Vertragsschlußkompetenz. Rechtssetzend kann die Gemeinschaft nur im Rahmen der bestehenden Verträge – des EGKS-Vertrags, des Euratom-Vertrags und des erweiterten EWG-Vertrags (der seither als „EG-Vertrag“ bezeichnet wird) – tätig werden.

Der Vertrag über die Europäische Union steht auf drei Säulen:

1. den drei Europäischen Gemeinschaften. Die bedeutendste davon ist die Europäische Gemeinschaft (EG), wie die durch den Vertrag von Maastricht ergänzte EWG genannt wird;
2. der gemeinsamen Außen- und Sicherheitspolitik (GASP);
3. der Zusammenarbeit in der Justiz- und Innenpolitik.

Zentrales Element des Vertrages ist die Vollendung der *Europäischen Wirtschafts- und Währungsunion* (siehe XV/7). Daneben sieht der Vertrag u.a. folgendes vor:

- die Einführung einer Unionsbürgerschaft;
- ein Mitspracherecht des Europäischen Parlaments bei der Ernennung des Präsidenten und der Mitglieder der Kommission;
- eine zusätzliche Erweiterung der Befugnisse des Europäischen Parlaments („Verfahren der Mitentscheidung");
- die Erweiterung des Anwendungsbereichs des Mehrheitsprinzips im Rat der Europäischen Union;
- die Einsetzung eines Ausschusses der Regionen;
- die Schaffung eines Kohäsionsfonds.

Für das Gemeinschaftsrecht gilt erstmals das im Vertrag verankerte „Subsidiaritätsprinzip". Danach ist zuerst zu prüfen, ob eine Maßnahme ausreichend auf der Ebene der Mitgliedstaaten verwirklicht werden kann. Ist dies nicht möglich, kann die Gemeinschaft die Angelegenheit im Rahmen ihrer Kompetenzen regeln.

Dem Vertrag sind eine Reihe von Protokollen beigefügt, darunter auch das Protokoll über die Europäische Sozialpolitik, das von allen Mitgliedstaaten außer Großbritannien angenommen wurde.

Im März 1996 soll eine Konferenz aus Vertretern der Regierungen aller Mitgliedstaaten („Maastricht II") prüfen, ob zur Erreichung der Ziele der Europäischen Union weitere vertragliche Änderungen erforderlich sind.

4. Mitgliedstaaten, Assozierungs- und andere Abkommen

Die EU umfaßt derzeit 15 Mitgliedstaaten. Die ältesten Mitglieder sind die sechs Gründerstaaten der Europäischen Gemeinschaften. Zum 1. Januar 1973 traten Großbritannien, Irland und Dänemark bei. Am 1. Januar 1981 wurde Griechenland in die Gemeinschaft aufgenommen. Portugal und Spanien traten am 1. Januar 1986 bei. Der Beitritt Österreichs, Finnlands und Schwedens erfolgte zum 1. Januar 1995.

Den Beitritt zur EU haben beantragt: Malta, Polen, Türkei, Ungarn und Zypern. Im Dezember 1995 stimmte das Europäische Parlament der Errichtung einer Zollunion mit der Türkei zu.

Zwischen der EU und zahlreichen Drittländern bestehen Assoziierungs-, Präferenz-, Handels- und Kooperationsabkommen (siehe auch VIII/4/f). So hat die EU mit einer Reihe

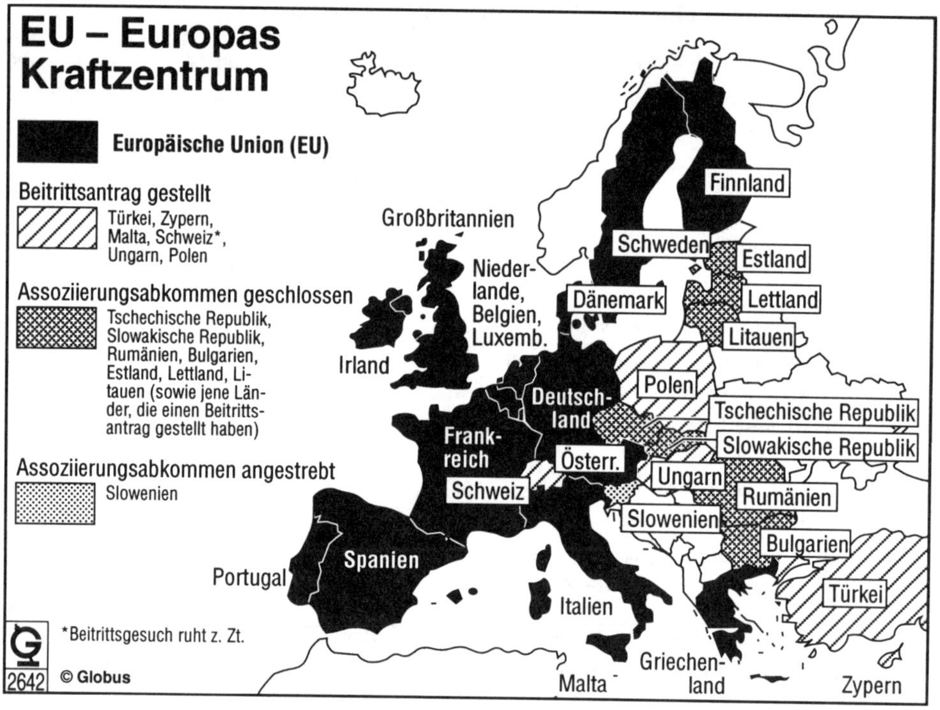

mittel- und osteuropäischer Staaten Assoziierungsabkommen („Europa-Abkommen“) geschlossen, die auf eine spätere Mitgliedschaft hinführen sollen. Eine besondere Form der Assoziierung ist die Entwicklungsassoziierung der sog. „AKP-Staaten“ und der von EU-Mitgliedstaaten abhängigen überseeischen Länder und Gebiete („ÜLG“). Als AKP-Staaten bezeichnet man die aufgrund des Abkommens von Lomé mit der EU assoziierten afrikanischen, karibischen und pazifischen Staaten.

Durch das IV. Lomé-Abkommen sind insgesamt 70 Entwicklungsländer in Afrika, der Karibik und dem pazifischen Raum mit der Gemeinschaft verbunden. Die Gemeinschaft gewährt diesen Ländern Handelsvergünstigungen, Kredite und nicht rückzahlbare Zuschüsse. Das IV. Lomé-Abkommen, das 1990 für eine Laufzeit von zehn Jahren in Kraft gesetzt wurde, sah eine Überprüfung nach fünf Jahren vor. Der Änderungsvertrag wurde Anfang November 1995 in Le Reduit auf Mauritius unterzeichnet. Zugleich unterschrieben die jüngsten EU-Mitgliedstaaten Finnland, Österreich und Schweden das Beitrittsprotokoll zum IV. Lomé-Abkommen. Mit dem Änderungsvertrag macht die EU die Entwicklungshilfe für die AKP-Staaten künftig von der Einhaltung der Menschenrechte sowie von demokratischen und rechtsstaatlichen Prinzipien abhängig. Auf Mauritius einigte man sich auch darauf, besonders die Wettbewerbsfähigkeit der AKP-Staaten zu fördern. Um den Privatsektor in diesen Ländern zu stärken, sollen die Finanzierungsbedingungen der Europäischen Investitionsbank flexibler gestaltet werden.

5. Organe der EU

Die Hauptorgane der Europäischen Gemeinschaften sind der Rat, die Kommission, das Parlament und der Gerichtshof. Parlament und Gerichtshof, die als Organe der EGKS geschaffen wurden, sind seit der Errichtung von EWG und Euratom gemeinsame Organe aller Gemeinschaften. Durch den sog. „Fusionsvertrag", der am 1. Juli 1967 in Kraft trat, wurden die Ministerräte der drei Gemeinschaften zum „Rat der Europäischen Gemeinschaften" und die Hohe Behörde der Montanunion und die Kommissionen von EWG und Euratom zur „Kommission der Europäischen Gemeinschaften" verschmolzen.

Seit Abschluß des Vertrages von Maastricht wird der Ministerrat der Europäischen Gemeinschaften als „Rat der Europäischen Union" und die Kommission der Europäischen Gemeinschaften als „Europäische Kommission" bezeichnet.

Der *Rat der Europäischen Union* setzt sich aus den Vertretern der Regierungen der Mitgliedstaaten zusammen. Er tagt in wechselnder Zusammensetzung als Rat der Außenminister, Wirtschaftsminister, Finanzminister usw. Den Vorsitz hat der jeweilige Ratspräsident. Der Rat tagt gewöhnlich in Brüssel, in drei Monaten im Jahr aber auch in Luxemburg. Die Präsidentschaft wechselt alle 6 Monate nach einer gemeinsam festgelegten Reihenfolge. Früher hatte der Rat die alleinige gesetzgebende Gewalt. Heute muß er bei vielen seiner Entscheidungen mit dem Europäischen Parlament zusammenarbeiten; in einigen Fällen benötigt er dessen Zustimmung. Der Rat trifft seine Entscheidungen aufgrund von Vorschlägen der Kommission, die er auch anfordern kann. Er wird bei seiner Arbeit von einem Generalsekretariat und dem *Ausschuß der Ständigen Vertreter* unterstützt. Als *Ständige Vertreter* bezeichnet man die von den Regierungen der Mitgliedstaaten nach Brüssel entsandten Beamten im Range von Botschaftern.

Beschlüsse kann der Rat mit einfacher Mehrheit, mit qualifizierter Mehrheit oder einstimmig fassen. Die EU-Verträge schreiben vor, in welchen Bereichen einstimmige Beschlüsse gefaßt werden müssen und in welchen Bereichen qualifizierte oder einfache Mehrheitsbeschlüsse möglich sind. Bei einstimmigen Beschlüssen hat jedes Land eine Stimme, ohne Rücksicht auf seine Größe. Wenn Beschlüsse mit qualifizierter Mehrheit zu treffen sind, gilt folgende Stimmengewichtung:

- Deutschland, Frankreich, Großbritannien und Italien: je 10 Stimmen
- Spanien: 8
- Belgien, Griechenland, Niederlande und Portugal: je 5
- Österreich und Schweden: je 4
- Dänemark, Irland und Finnland: je 3
- Luxemburg: 2

Von diesen insgesamt 87 Stimmen werden 62 Stimmen zur qualifizierten Mehrheit benötigt.

Vom Rat der Europäischen Union getrennt zu betrachten ist der *„Europäische Rat"* der Staats- und Regierungschefs der Mitgliedstaaten, dem auch der Präsident der Europäischen Kommission angehört; er tritt mindestens zweimal jährlich zusammen. Der Europäische Rat wurde in der Einheitlichen Europäischen Akte erstmals vertraglich verankert und ist auch im EU-Vertrag geregelt. Danach gibt er der Europäischen Union die notwendigen

Impulse und legt die allgemeinen politischen Zielvorstellungen für die weitere Entwicklung fest.

Die *Europäische Kommission* besteht seit 1995 aus 20 Mitgliedern. Jeder Mitgliedstaat entsendet mindestens einen Kommissar, höchstens zwei. Präsident der Kommission ist seit dem 25. Januar 1995 der Luxemburger Jacques Santer. Sitz der Kommission ist Brüssel. Die Kommissare sind für bestimmte Aufgabenbereiche zuständig. Die Kommission erläßt Rechtsakte (Initiativrecht) und führt die von Rat und Parlament erlassenen Rechtsakte durch (Exekutivrecht). Zu diesem Zweck erläßt sie Durchführungsvorschriften (soweit diese nicht vom Rat selbst erlassen werden). Rat und Parlament ihrerseits können nur Gesetze verabschieden, wenn ein Vorschlag der Kommission vorliegt. Die Kommission stellt auch den Haushaltsentwurf auf und verwaltet die Fonds. Außerdem hat sie darüber zu wachen, daß die Verträge und das Recht der Europäischen Union eingehalten werden („Hüterin der Verträge").

Die Kommission hat Vertretungen in allen Mitgliedstaaten und Delegationen in über 100 Staaten der Welt. Andererseits unterhalten über 140 Staaten diplomatische Beziehungen zur EU und sind in Brüssel durch Missionen vertreten.

Die Verordnungen des Rates und der Kommission sind in allen Mitgliedstaaten unmittelbar verbindlich und stehen über dem nationalen Recht. Verbindlich sind auch die Richtlinien und Entscheidungen. Richtlinien binden die Mitgliedstaaten jedoch nur hinsichtlich der Ziele; zur Erreichung dieser Ziele müssen die Richtlinien in nationales Recht umgesetzt werden. Entscheidungen sind Rechtsakte, die Einzelfälle verbindlich regeln (z. B. für einen Staat oder ein Unternehmen). Empfehlungen und Stellungnahmen sind dagegen nicht verpflichtend.

Das *Europäische Parlament* besteht seit 1995 aus 626 Abgeordneten, die alle 5 Jahre direkt gewählt werden. Deutschland entsendet 99 Abgeordnete, Frankreich, Großbritannien und Italien je 87, Spanien 64, die Niederlande 31, die übrigen EU-Staaten 25 und weniger. An der Spitze des Parlaments stehen der Präsident und 14 Vizepräsidenten. Das Parlament hat seinen Sitz in Straßburg; das Generalsekretariat befindet sich in Luxemburg. Die Plenartagungen werden in Straßburg abgehalten; Ausschüsse und Fraktionen tagen gewöhnlich in Brüssel.

Das Europäische Parlament hat Gesetzgebungs-, Haushalts- und Kontrollrechte sowie Rechte im außenpolitischen Bereich. Obwohl seine Befugnisse laufend erweitert worden sind, vor allem durch die Einheitliche Europäische Akte und den EU-Vertrag, ist das Europäische Parlament noch immer kein vollwertiges Gesetzgebungsorgan.

Das Parlament ist gemeinsam mit dem Rat an der Beratung und Verabschiedung des Haushalts der EU beteiligt. Es kann Ausgaben, die sich nicht unmittelbar oder mittelbar aus den EU-Verträgen ergeben („nichtobligatorische Ausgaben"), in begrenztem Maße erhöhen oder umschichten. Bei obligatorischen Ausgaben kann es lediglich Änderungen vorschlagen. Das Parlament kann überdies den Haushalt insgesamt ablehnen. Die Kontrollrechte des Parlaments erstrecken sich in erster Linie auf die Kommission, die das Parlament durch ein Mißtrauensvotum zum Rücktritt zwingen kann. Die Ernennung der Kommission und ihres Präsidenten bedürfen der Zustimmung des Parlaments. Das gleiche gilt für völkerrechtliche Verträge, wie Beitrittsverträge und Assoziierungsabkommen.

Der *Europäische Gerichtshof* besteht aus 15 Richtern und 8 Generalanwälten, die von den Regierungen der EU-Staaten in gegenseitigem Einvernehmen auf 6 Jahre ernannt werden. Der Sitz des Gerichts ist Luxemburg. Das Gericht entscheidet über die Auslegung der Verträge und stellt aufgrund einer Klage eines Mitgliedstaates, eines Organs der EU, eines Unternehmens oder einer Einzelperson fest, ob gegen geltendes Gemeinschaftsrecht verstoßen wurde. Dem Gerichtshof ist ein Gericht erster Instanz beigeordnet.

Der *Europäische Rechnungshof* prüft die Einnahmen und Ausgaben der Gemeinschaft im Hinblick auf deren Rechtmäßigkeit und Ordnungsmäßigkeit und veröffentlich jährlich einen Rechnungsprüfungsbericht. Der Rechnungshof hat seinen Sitz in Luxemburg. Durch den EU-Vertrag erhielt er den Status eines Gemeinschaftsorgans.

Einen organähnlichen Status haben der *Wirtschafts- und Sozialausschuß (WSA)* und der *Ausschuß der Regionen (AdR)*. Der WSA ist ein beratendes Gremium von Rat und Kommission. In ihm wirken Vertreter des wirtschaftlichen und sozialen Lebens an der Gestaltung der Gemeinschaft mit. Der EG-Vertrag schreibt für die meisten Teile der Gesetzgebung der Gemeinschaft eine obligatorische Anhörung durch das WSA vor. Im EU-Vertrag wurde die Pflicht zur obligatorischen Anhörung noch weiter ausgedehnt. Der aufgrund des EU-Vertrages errichtete *Ausschuß der Regionen (AdR)* ist ebenfall ein beratendes Gremium von Rat und Kommission. In ihm sind die regionalen und lokalen Gebietskörperschaften der Gemeinschaft vertreten. WSA und AdR verfügen über einen gemeinsamen organisatorischen Unterbau.

6. Spezielle Fonds der Gemeinschaft; EIB

Spezielle Fonds der Gemeinschaft sind der *Europäische Ausrichtungs- und Garantiefonds für die Landwirtschaft*, der *Europäische Fonds für regionale Entwicklung*, der *Europäische Sozialfonds*, der *Kohäsionsfonds* und der *Europäische Entwicklungsfonds*.

Der *Ausrichtungs- und Garantiefonds* ist ein Fonds zur Finanzierung der gemeinsamen Agrarpolitik. Der Fonds umfaßt die Abteilung „Garantie" und die Abteilung „Ausrichtung". Erstere finanziert insbesondere die Marktordnungsausgaben (Interventionskosten, Exporterstattungen), letztere leistet unter besonderen Voraussetzungen Zuschüsse zu öffentlichen und privaten Vorhaben, die der Verbesserung der Produktionsstrukturen, der Anpassung der Erzeugung an den Markt, der Hebung der Qualität der Produkte und der Absatzförderung dienen.

Der *Regionalfonds* ist das zentrale Instrument der gemeinschaftlichen Regionalpolitik. Er dient der Finanzierung der regionalen Wirtschaftsstruktur in weniger entwickelten Gebieten, in Industriegebieten mit rückläufiger Entwicklung und in strukturschwachen ländlichen Räumen. Der *Sozialfonds* ist ein Instrument der Beschäftigungspolitik mit arbeitsmarktpolitischer Zielsetzung. Der auf der Grundlage des EU-Vertrages geschaffene *Kohäsionsfonds* soll den wirtschaftlichen und sozialen Zusammenhalt zwischen den Mitgliedstaaten stärken. Unterstützung wird den Mitgliedstaaten gewährt, deren Pro-Kopf-Bruttoinlandsprodukt weniger als 90% des Gemeinschaftsdurchschnitts beträgt und die ein Programm zur Erfüllung der im EU-Vertrag genannten Bedingungen der wirtschaftlichen Konvergenz vorweisen können.

Der *Europäische Entwicklungsfonds* ist ein von den Mitgliedstaaten gespeister Fonds für die Finanzierung von Maßnahmen zur Förderung der wirtschaftlichen und sozialen Entwicklung der überseeischen Entwicklungsländer, die durch das Abkommen von Lomé mit der Gemeinschaft verbunden sind, sowie der mit der Gemeinschaft assoziierten überseeischen Länder und Gebiete. Mit dem IV. Abkommen von Lomé wurde eine Fazilität zur Unterstützung von Strukturanpassungsmaßnahmen in den AKP-Staaten eingeführt.

Die *Europäische Investitionsbank (EIB)* – engl.: *European Investment Bank;* franz.: *Banque Européenne d'Investissement* – wurde 1958 durch den EWG-Vertrag mit Sitz in Luxemburg errichtet. Ihre Aufgabe besteht darin, zu einer ausgewogenen und reibungslosen Entwicklung des Gemeinsamen Marktes beizutragen. Zu diesem Zweck erleichtert sie durch Gewährung von Darlehen und Bürgschaften die Finanzierung von Vorhaben zur Erschließung wirtschaftlich zurückgebliebener oder benachteiligter Regionen der Gemeinschaft, Vorhaben zur Modernisierung oder Umstellung von Unternehmen und zur Schaffung von Arbeitsplätzen sowie Vorhaben von gemeinsamem Interesse für mehrere Mitgliedstaaten. Über ihre Aufgaben in der Gemeinschaft hinaus gibt die Bank Darlehen an die mit der Gemeinschaft assoziierten afrikanischen, karibischen und pazifischen Staaten, an die assoziierten überseeischen Länder und Gebiete sowie an andere Länder (im Mittelmeerraum, Mittel- und Osteuropa, Lateinamerika).

7. Europäische Freihandelsassoziation und Europäischer Wirtschaftsraum

Die *Europäische Freihandelsassoziation* – engl.: *European Free Trade Association (EFTA)* – wurde durch den Vertrag von Stockholm, der am 3. Mai 1960 in Kraft trat, mit Sitz in Genf gegründet. Die Gründerstaaten waren Dänemark, Großbritannien, Norwegen, Schweden, Schweiz, Österreich und Portugal. 1970 trat Island bei. Finnland, das seit 1961 assoziiertes Mitglied war, wurde 1986 Vollmitglied. Liechtenstein schloß sich 1991 an.

Das Ziel des Stockholmer Vertrages, nämlich der völlige Abbau der Zölle auf gewerbliche Erzeugnisse zwischen den Mitgliedstaaten, wurde im wesentlichen Ende 1966 erreicht. Da die EFTA eine Freihandelszone ist, behält jedes Mitgliedsland das Recht, gegenüber Drittländern autonome Zölle anzuwenden.

Dänemark und Großbritannien schieden durch ihren Beitritt zur Europäischen Gemeinschaft am 1. Januar 1973 aus der EFTA aus. Die übrigen EFTA-Staaten schlossen Freihandelsabkommen im Bereich des gewerblichen Güterverkehrs mit der Gemeinschaft. Durch den Beitritt Portugals zur Europäischen Gemeinschaft im Jahre 1986 verringerte sich die Zahl der EFTA-Mitglieder auf sechs. Im Juni 1990 nahmen die Gemeinschaft und die EFTA-Staaten Verhandlungen über die Schaffung eines *Europäischen Wirtschaftsraums (EWR)* auf.

Noch während der Verhandlungen über den Europäischen Wirtschaftsraum beantragten Österreich, Finnland, Schweden und Norwegen den Beitritt zur Europäischen Union. Der

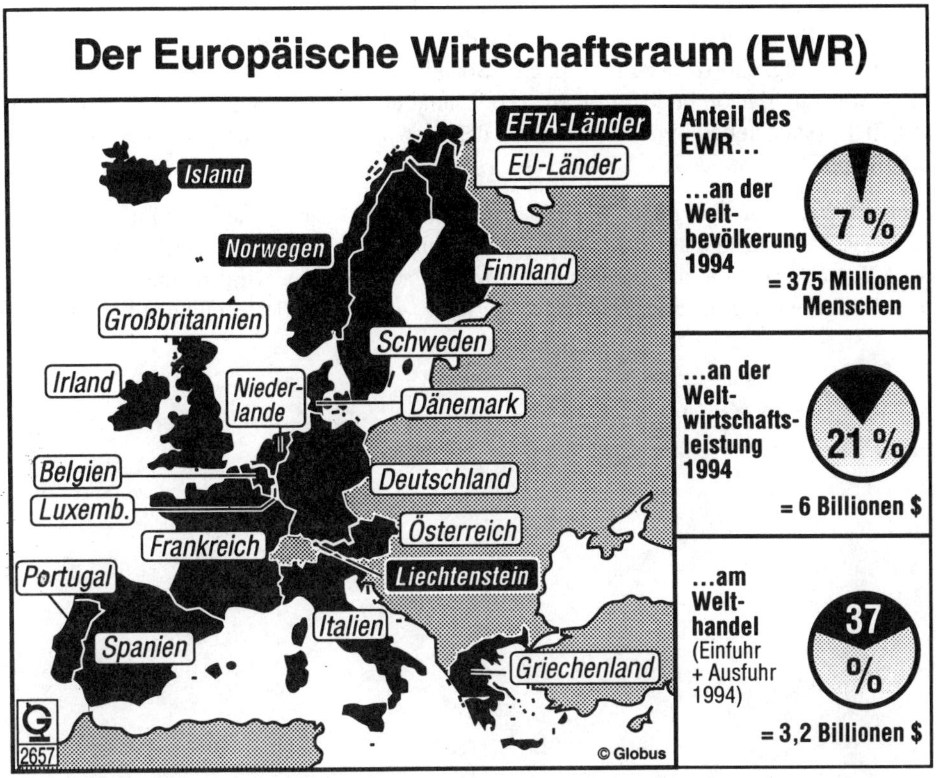

Beitritt Norwegens scheiterte am negativen Ausgang einer Volksabstimmung. Somit sind nur die Staaten Island, Liechtenstein, Norwegen und die Schweiz in der EFTA verblieben.

Das EWR-Abkommen wurde am 2. Mai 1992 in Porto (Portugal) unterzeichnet. Nachdem sich die Mehrheit der Schweizer in einem Referendum vom 6. Dezember 1992 gegen eine Teilnahme am EWR ausgesprochen hatte, vereinbarten die übrigen Teilnehmer ein Anpassungsprotokoll. Das Anpassungsprotokoll legt fest, daß der Schweiz die Möglichkeit einer späteren Teilnahme offengehalten wird und das Abkommen mit Liechtenstein dann in Kraft tritt, wenn seine Zollunion mit der Schweiz die Vereinbarungen nicht beeinträchtigt. Das EWR-Abkommen (einschließlich des Anpassungsprotokolls) trat am 1. Januar 1994 in Kraft.

Das Abkommen sieht die Schaffung eines einheitlichen Wirtschaftsraums in Europa, in dem gleiche Wettbewerbsbedingungen gelten, und die Verwirklichung der „vier Freiheiten" nach EU-Recht vor. Zu diesem Zweck übernahmen die EFTA-Länder die meisten der für den EU-Binnenmarkt geltenden Regeln. Um diesen Ländern die Anpassung an das EU-Recht zu erleichtern, wurden ihnen Übergangsfristen und Ausnahmen gewährt. Über die Ausdehung neuer EU-Vorschriften auf den EWR entscheidet der Gemischte EWR-Ausschuß. Diese Entscheidungen sind einvernehmlich zwischen den Staaten der EU und der EFTA zu treffen.

Die politische Zusammenarbeit innerhalb des EWR soll die Wettbewerbsfähigkeit der Unternehmen fördern und die Verwirklichung der vier Freiheiten unterstützen. Sie erstreckt sich auf die sog. „horizontalen Politiken“ (Sozialpolitik, Verbraucherpolitik, Umweltpolitik) sowie auf „flankierende Politiken“ (Forschung und Entwicklung, berufliche Bildung). Die EFTA-Staaten beteiligen sich auch an der Entwicklung strukturschwacher Gebiete in der EU im Rahmen des Kohäsionsfonds.

Da der EWR keine Zollunion ist, gilt der freie Warenverkehr nur für Waren mit Ursprung im EWR. Deshalb sind auch weiterhin Grenzkontrollen zwischen den Staaten der EU und der EFTA erforderlich; diese sollen jedoch vereinfacht werden. Für den Handel mit sensiblen Gütern wie Agrar- und Fischereierzeugnisse wurden Sonderregelungen vereinbart.

B. Andere überstaatliche Zusammenschlüsse

1. Freihandelszonen und gemeinsame Märkte außerhalb Europas

a) Nordamerika

Der Vertrag über die *Nordamerikanische Freihandelszone – North American Free Trade Association (NAFTA)* – wurde von den Präsidenten der Vereinigten Staaten und Mexikos sowie vom kanadischen Ministerpräsidenten im Dezember 1992 unterzeichnet und trat nach Ratifizierung durch die Parlamente der drei Länder am 1. Januar 1994 in Kraft. Er sieht den Abbau der wichtigsten Handelsschranken zwischen den Mitgliedstaaten innerhalb von 10 Jahren vor.

b) Mittelamerika und Karibik

Der von Costa Rica, El Salvador, Guatemala und Honduras im Jahre 1960 gegründete *Zentralamerikanische Gemeinsame Markt* – span.: *Mercado Común Centroamericana (MCCA)* – liegt seit dem „Fußballkrieg" zwischen El Salvador und Honduras (1969) praktisch auf Eis.

Im Mai 1992 unterzeichneten die Präsidenten von El Salvador, Guatemala und Honduras ein Freihandelsabkommen.

Bei der seit 1974 bestehenden *Karibischen Gemeinschaft* – engl.: *Caribbean Community (CARICOM)* – läßt die geplante Errichtung einer Zollunion nach dem Muster der EWG weiter auf sich warten.

Am 1. Januar 1994 wurde in Caracas die Bildung einer *Vereinigung Karibischer Staaten* – engl.: *Association of Caribbean States (ACS)* – beschlossen.

c) Südamerika

Die 1969 gegründete *Gemeinschaft des Anden-Pakts,* die Bolivien, Ecuador, Kolumbien, Peru und Venezuela umfaßt, ist der älteste überstaatliche Zusammenschluß in Südamerika. Bisher sind jedoch kaum Fortschritte erzielt worden. Dies gilt auch für die *Lateinamerikanische Integrationsassoziation* – span.: *Asociación Latinoamericana de Integración (ALADI).*

Seit dem 1. Januar 1995 sind Argentinien, Brasilien, Paraguay und Uruguay im *„Gemeinsamen Markt der Südspitze"* – span.: *Mercado Común del Cono Sur (Mercosur)* – zusammengeschlossen. Dieser Zusammenschluß ist derzeit neben der NAFTA der aussichtsreichste Integrationsversuch auf dem amerikanischen Kontinent.

Nach einer Idee von Präsident Bush, die von Präsident Clinton wieder aufgegriffen wurde, soll eine die gesamte Hemisphäre umfassende Freihandelszone – *Free Trade Area of the Americas* – angestrebt werden.

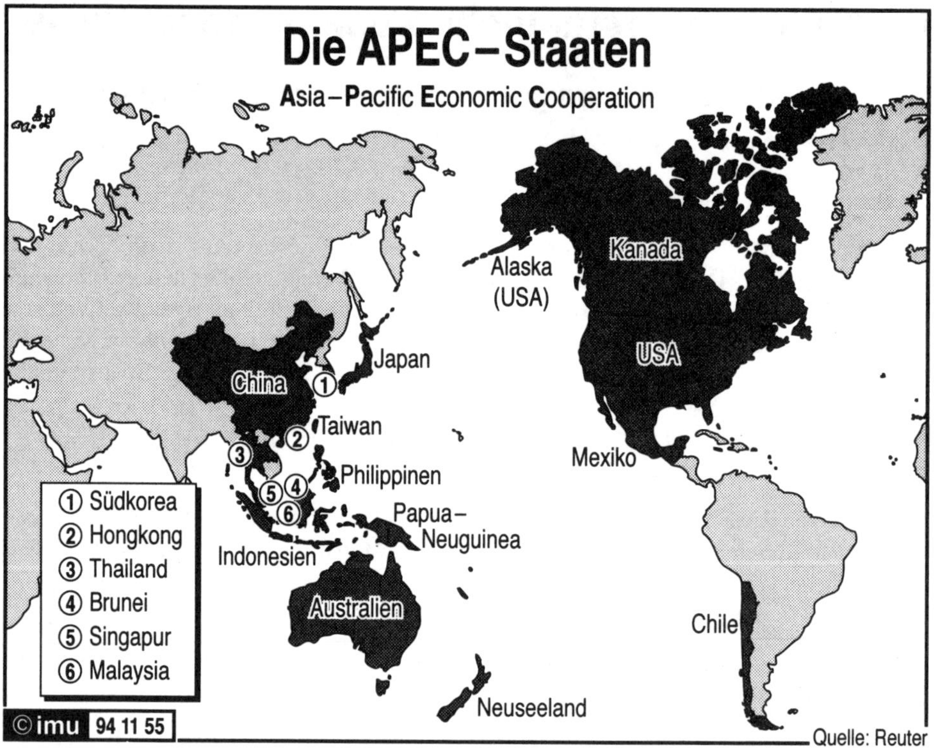

d) Afrika

Die *Wirtschaftsgemeinschaft der Staaten Westafrikas* – engl.: *Economic Community of West African States (ECOWAS)* – und die frankophone Konkurrenzorganisation *Communauté Economique de l'Afrique de l'Ouest (CEAO)* bestehen weiter, haben aber kaum praktische Bedeutung erlangt. Dies gilt auch für die anderen Zusammenschlüsse in Afrika. 1991 haben die Präsidenten von 51 Staaten der *Organisation für Afrikanische Einheit* – engl.: *Organization of African Unity (OAU)* – einen Vertrag zur Schaffung einer Afrikanischen Wirtschaftsgemeinschaft bis zum Jahr 2025 unterzeichnet. Schon vor 13 Jahren hatte die 1963 gegründete OAU eine Wirtschaftsgemeinschaft bis zum Jahr 2000 vereinbart.

e) Asien

Die *Association of South East Asian Nations (ASEAN)*, der Brunei, Indonesien, Malaysia, die Philippinen, Singapur, Vietnam (seit 1995) und Thailand angehören, plant die Errichtung einer Freihandelszone – der *ASEAN Free Trade Area (AFTA)*.

Bangladesch, Bhutan, Indien, die Malediven, Nepal, Pakistan und Sri Lanka bilden einen losen Zusammenschluß unter dem Namen *Südasiatische Gemeinschaft für Regionale Zusammenarbeit* – engl.: *South Asia Association for Regional Cooperation (SAARC)*. 1993 wurde die Gründung einer Handelsgemeinschaft beschlossen und ein Rahmenvertrag für ein *Südasiatisches Handelspräferenz-Abkommen – South Asia Preference Trade Agreement (SAPTA)* – unterzeichnet.

f) Asien-Pazifischer Raum

Die 1989 gegründete *Asia-Pacific Economic Cooperation (APEC)* umfaßt 18 Staaten des asiatisch-pazifischen Raums, darunter die USA, Japan und China. Auf der Gipfelkonferenz in Bongor (Indonesien) im Jahre 1994 verpflichteten sich die APEC-Staaten, Handel und Investitionen bis zum Jahr 2010 bzw. 2020 zu liberalisieren (die entwickelten Staaten unter den Mitgliedern 10 Jahre früher als die Entwicklungsländer). Bei dem Gipfeltreffen in Osaka (Japan) im Jahre 1995 wurde ein Arbeitsplan aufgestellt, der die Schritte zur Erreichung des Freihandelsziels festlegt.

g) Australien und Neuseeland

Zwischen Australien und Neuseeland besteht seit 1965 ein Freihandelsabkommen.

Die vorstehende Übersicht erhebt keinen Anspruch auf Vollständigkeit.

2. Organisation erdölexportierender Länder

Die *Organisation erdölexportierender Länder* – engl.: *Organization of Petroleum Exporting Countries (OPEC)* – wurde 1960 gegründet. Mitglieder: Algerien, Gabun, Indonesien, Irak, Iran, Katar, Kuwait, Libyen, Nigeria, Saudi-Arabien, Venezuela und die Vereinigten Arabischen Emirate. Oberstes Organ der OPEC ist die aus Vertretern der Mitgliedstaaten bestehende Konferenz. Die Leitung obliegt einem Gouverneursrat, in dem alle Mitglieder vertreten sind, unterstützt von einem Sekretariat unter Leitung eines Generalsekretärs. Sitz der Organisation ist Wien, wo sich auch das Sekretariat befindet. Ziele der OPEC sind die Wahrung der Interessen der Förderländer und die Steigerung der Exporterlöse durch eine koordinierte Angebotspolitik („Ölkartell"). Algerien, Irak, Katar, Kuwait, Libyen, Saudi-Arabien und die Vereinigten Arabischen Emirate sind gleichzeitig Mitglieder der *Organisation arabischer erdölexportierender Länder* – engl.: *Organization of Arab Petroleum Exporting Countries (OAPEC)*. Die OAPEC, der außerdem Ägypten (1979–1989 suspendiert), Bahrain, Syrien und Tunesien angehören, wurde 1968 mit Sitz in Kuwait gegründet.

3. Organisation für wirtschaftliche Zusammenarbeit und Entwicklung

Die *Organisation für wirtschaftliche Zusammenarbeit und Entwicklung* – engl.: *Organization for Economic Cooperation and Development (OECD)* – ist Nachfolgerin der *Organization for European Economic Cooperation (OEEC)*, die 1948 von den am Marshall-Plan teilnehmenden europäischen Staaten gegründet wurde. Im Jahre 1960, als der Wiederaufbau Europas weitgehend abgeschlossen war und die OEEC somit ihren Zweck erreicht hatte, wurde die Konvention über die Errichtung der OECD unterzeichnet, die am 30. September 1961 in Kraft trat.

Derzeit gehören der OECD die folgenden Staaten als Mitglieder an: Australien, Belgien, Deutschland, Dänemark, Finnland, Frankreich, Griechenland, Großbritannien, Irland, Island, Italien, Japan, Kanada, Luxemburg, Neuseeland, Niederlande, Norwegen, Österreich, Portugal, Schweden, Schweiz, Spanien, Türkei und die USA. Die Europäische Kommission nimmt ebenfalls an den Arbeiten der OECD teil.

Das leitende Organ der OECD, die ihren Sitz in Paris hat, ist der Rat, in dem alle Mitgliedstaaten vertreten sind. Getagt wird i.d.R. einmal im Jahr auf Ministerebene. Der Exekutivausschuß bereitet die Sitzungen des Rates vor und koordiniert die Arbeit der Ausschüsse. Das Sekretariat wird von einem Generalsekretär geleitet, der für eine Amtszeit von fünf Jahren vom Rat ernannt wird. Mehr als 200 Fachausschüsse und Arbeitsgruppen befassen sich mit wirtschafts- und sozialpolitischen, wissenschaftlichen und technologische Fragen sowie mit Fragen des Umweltschutzes und der Entwicklungshilfe.

Sonderorganisationen der OECD sind das *Development Assistance Committee (DAC),* die *International Energy Agency (IEA)* und die *Nuclear Energy Agency (NEA).* Aufgabe des *DAC* ist die Koordinierung der Entwicklungshilfe der westlichen Industrieländer. Hauptziel der *IEA* ist die Sicherung der langfristigen Zusammenarbeit der OECD-Länder auf dem Energiesektor. Die *NEA* hat den Zweck, die Erforschung und Entwicklung der Atomenergie zu friedlichen Zwecken zu fördern und zu koordinieren. Sie befaßt sich außerdem mit der Harmonisierung und Rationalisierung nationaler Forschungs- und Investitionsprogramme sowie dem wissenschaftlich-technischen Erfahrungsaustausch.

Die OECD hat die Aufgabe, eine optimale Wirtschaftsentwicklung der Mitgliedstaaten, die wirtschaftliche Expansion in den Entwicklungsländern und die Ausweitung des Handels zu fördern. Sie beobachtet die Wirtschaftsentwicklung in den Mitgliedstaaten und bemüht sich um eine Abstimmung zwischen den Mitgliedern in Fragen der Wirtschafts-, Handels-, Finanz- und Währungspolitik. Im Rahmen ihrer Aufgaben als Beobachter der wirtschaftlichen Entwicklung führt die OECD zahlreiche Untersuchungen durch und veröffentlicht deren Ergebnisse. So erscheinen z. B. jährlich Länderberichte über die Wirtschaftslage in den Mitgliedstaaten. Außerdem erarbeitet die OECD Konventionen auf wissenschaftlichem und technologischem Gebiet.

4. Allgemeines Zoll- und Handelsabkommen und Welthandelsorganisation

Das *Allgemeine Zoll- und Handelsabkommen* – engl.: *General Agreement on Tariffs and Trade (GATT)* – wurde am 30. Oktober 1947 in Genf unterzeichnet und trat am 1. Januar 1949 in Kraft. Es war ursprünglich als Provisorium gedacht, das später von einer internationalen Handelsorganisation abgelöst werden sollte. Der Versuch, eine solche Organisation zu errichten, scheiterte jedoch u.a. am Widerstand der Vereinigten Staaten. Das GATT entwickelte sich daraufhin zu einer ständigen internationalen Organisation.

Hauptziel des GATT ist der Abbau der Zölle und anderer Handelsschranken sowie die Beseitigung der Diskriminierung im internationalen Handel. Das GATT basiert auf dem Prinzip der *Meistbegünstigung* (s. XIX/2). Als Ausnahme von diesem Prinzip erlaubt es jedoch die Errichtung von Zollunionen und Freihandelszonen, soweit dadurch keine neuen Hindernisse für den Handel mit der übrigen Welt geschaffen werden.

Im Rahmen des GATT werden von Zeit zu Zeit Verhandlungen *(„GATT-Runden")* durchgeführt. Bisher haben acht GATT-Runden stattgefunden. Die ersten fünf – Genf (1947), Annecy (1949), Torquay (1951), Genf (1956), Dillon-Runde (1960–61) – waren reine Zollrunden, bei denen es nur um dem Abbau von Zöllen ging. Die Kennedy-Runde (1964–67) und die Tokio-Runde (1973–79) befaßten sich darüber hinaus zunehmend mit nichttarifären Handelshemmnissen. Durch den im Rahmen der Tokio-Runde vereinbarten Zollwertkodex, der das Brüsseler Zollwertabkommen im Jahre 1951 ersetzte, wurde eine weltweite Vereinheitlichung der Bemessungsgrundlage für die Zollwertermittlung erreicht.

Die 8. GATT-Runde, die im uruguayischen Seebad Punta del Este 1986 eröffnete sog. „Uruguay-Runde", war wesentlich breiter angelegt als die vorausgehenden Runden. Es sollten nicht nur die Zölle weiter gesenkt und die nichttarifären Hemmnisse effektiver als bisher abgebaut werden; die Verhandlungen hatten auch das Ziel, zusätzliche Bereiche wie Agrarhandel, Textilhandel, den Handel mit Dienstleistungen und den Schutz geistigen Eigentums in das GATT zu integrieren. Die Verhandlungen erwiesen sich als sehr schwierig. Es wurden immer wieder neue Schlußtermine verkündet, die jedoch alle ergebnislos verstrichen. Erst 1992 wurden u. a. durch die Beilegung des Agrarkonflikts zwischen den USA und der EU („Blair-House-Abkommen") die Voraussetzungen für einen erfolgreichen Abschluß geschaffen. Die Uruguay-Runde wurde 1993 abgeschlossen und das Schlußdokument im April 1994 auf einer Ministerkonferenz in der marokkanischen Stadt Marrakesch unterzeichnet.

Mit dem Abkommen von Marrakesch wurde außerdem die Errichtung einer Welthandelsorganisation – *World Trade Organization (WTO)* – mit eigener Rechtspersönlichkeit beschlossen. Diese Organisation soll die Einhaltung der internationalen Vereinbarungen, die insbesonders im Hinblick auf den Waren- und Dienstleistungsverkehr sowie auf den Schutz des geistigen Eigentums getroffen wurden, überwachen, als Schiedsstelle für außenwirtschaftliche Konflikte dienen sowie in einem permanenten internationalen Dialog weitere Vereinbarungen zum Abbau und der Verhinderung von protektionistischen Maßnahmen möglich machen. Die drei Säulen der WTO sind das *revidierte Allgemeine Zoll- und Handelsabkommen („GATT 1994"),* das *Allgemeine Abkommen über den Handel mit Dienstleistungen (GATS = General Agreement on Trade in Services)* und das *Abkommen über den Schutz geistigen Eigentums (TRIPS = Agreement on Trade-Related Aspects of Intellectual Property Rights).* Die beiden zuletzt genannten Abkommen sind im Rahmen der Uruguay-Runde entstanden und Teil des Abkommens von Marrakesch.

Die WTO nahm ihre Arbeit am 1. Januar 1995 in Genf auf. Sie hat derzeit (Januar 1996) 112 Mitglieder. 16 Staaten haben ihre GATT-Mitgliedschaft noch nicht auf die WTO übertragen, und 27 Staaten haben die Aufnahme in die WTO beantragt.

5. Konferenz der Vereinten Nationen über Handel und Entwicklung

Die 19. Generalversammlung der Vereinten Nationen beschloß im Dezember 1964, der *Konferenz der Vereinten Nationen über Handel und Entwicklung* – engl.: *United Nations Conference on Trade and Development (UNCTAD)* – den Status einer neuen ständigen Unterorganisation der UNO zu geben. Die UNCTAD, die ihren Sitz in Genf hat, verfügt über zwei Organe, nämlich den Rat für Handel und Entwicklung (Trade and Development Board) und das Sekretariat. Der Rat für Handel und Entwicklung wählt aus seinen eigenen Reihen einen Präsidenten. Die Aufgabe der UNCTAD besteht vor allem in der Förderung des Handels zwischen Industrieländern und Entwicklungsländern.

6. Internationaler Währungsfonds

Die Errichtung des *Internationalen Währungsfonds (IWF)* – engl.: *International Monetary Fund (IMF)* – und der Internationalen Bank für Wiederaufbau und Entwicklung (Weltbank) wurde 1944 auf der Währungs- und Finanzkonferenz der Vereinten Nationen in Bretton Woods (USA) beschlossen. Sitz des IWF ist Washington. Dem IWF gehören derzeit (April 1995) 179 Länder als Mitglieder an.

Das oberste Organ des IWF ist der Gouverneursrat (Board of Governors); jedes Mitgliedsland stellt einen Gouverneur und dessen Stellvertreter. Gouverneur ist i.d.R. der für Währungspolitik zuständige Minister oder der Präsident der Notenbank. (Seit dem Beitritt der Bundesrepublik zum IWF fungiert der Präsident der Deutschen Bundesbank als deutscher IWF-Gouverneur.) Der Gouverneursrat tritt in der Regel einmal jährlich zusammen. Als beratende Gremien fungieren der IWF-Interimsausschuß und der gemeinsam von der Weltbank und dem IWF eingesetzte Entwicklungsausschuß. Der Interimsausschuß kann in einen Rat auf Ministerebene umgewandelt werden, der dann nicht nur beratende Aufgaben, sondern Entscheidungsbefugnisse hat. Für die Führung der laufenden Geschäfte ist das Exekutivdirektorium (Board of Executive Directors) verantwortlich. Der Geschäftsführende Direktor (Managing Director) ist der Vorsitzende des Exekutivdirektoriums und Chef des IWF-Mitarbeiterstabes.

Artikel I des IWF-Übereinkommens sieht u. a. folgende Ziele vor: Förderung der internationalen Zusammenarbeit auf dem Gebiet der Währungspolitik, Stärkung des Welthandels, Stabilisierung der Währungen im Rahmen geordneter Währungsbeziehungen und die Bereitstellung befristeter Devisenkredite zur Überbrückung von Zahlungsbilanzungleichgewichten. Die Tätigkeit des IWF und die Änderungen, die sich seit dem Abkommen von Bretton Woods ergeben haben, werden in Kapitel XV beschrieben.

7. Internationale Bank für Wiederaufbau und Entwicklung (Weltbank)

Die *Internationale Bank für Wiederaufbau und Entwicklung* – engl.: *International Bank for Reconstruction and Development (IBRD)* – wurde wie der Internationale Währungsfonds auf der Konferenz in Bretton Woods gegründet. Die Bank, die meist als *„Weltbank"*

(World Bank) bezeichnet wird, nahm 1946 ihre Geschäftstätigkeit auf und hat ihren Sitz ebenfalls in Washington. Mitglieder der Weltbank können nur solche Länder werden, die bereits dem Internationalen Währungsfonds angehören.

Die Weltbank hat wie der IWF einen Gouverneursrat und ein Exekutivdirektorium. Im Gouverneursrat ist jedes Mitgliedsland durch einen Gouverneur und dessen Stellvertreter repräsentiert. Der Weltbankgouverneur eines Landes ist in der Regel dessen Wirtschafts- oder Finanzminister. In das Exekutivdirektorium entsenden die fünf Mitgliedstaaten mit den größten Kapitalbeteiligungen je einen Exekutivdirektor; die übrigen Direktoren werden von den anderen Mitgliedsländern bestimmt. Die Direktoren wählen den Präsidenten der Weltbank, der weder Gouverneur noch Direktor sein darf. Der Präsident ist der Vorsitzende des Direktoriums, hat aber kein Stimmrecht, außer bei Stimmengleichheit.

Gemäß der Satzung von Bretton Woods sollte die Weltbank vor allem die vom Krieg verwüsteten Länder bei ihrem Wiederaufbau finanziell unterstützen. Da diese Funktion jedoch weitgehend vom amerikanischen Marshall-Plan übernommen wurde, konnte sich die Weltbank schon bald ihrer zweiten Aufgabe, nämlich der Entwicklungshilfe, zuwenden. Heute ist die Weltbank die wichtigste internationale Entwicklungsbank. Sie spielt auch eine wichtige Rolle bei der Gründung und Förderung nationaler Entwicklungsbanken.

Die Darlehen der Weltbank sind für Entwicklungsländer in einem fortgeschrittenen Stadium des wirtschaftlichen Wachstums bestimmt und werden nur für genau umrissene, international ausgeschriebene Entwicklungsprojekte vergeben, soweit dafür kein Kapital aus anderen Quellen zu angemessenen Bedingungen zur Verfügung steht. Ist die Regierung eines Mitgliedslandes nicht selbst Kreditnehmer, muß sie eine Garantie für die vertragsgemäße Verzinsung und Tilgung des Darlehens übernehmen. Seit 1983 ist die Weltbank immer mehr dazu übergegangen, ihre Kreditgewährung an Darlehen von Geschäftsbanken zu koppeln.

Als Kapitalquelle stehen der Weltbank zunächst die Kapitalbeteiligungen der Mitgliedstaaten zur Verfügung. Beim Beitritt zur Weltbank zeichnet jedes Mitgliedsland gemäß seiner Wirtschafts- und Finanzkraft eine bestimmte Anzahl von Anteilen. 10% des gezeichneten Betrages sind tatsächlich einzuzahlen, die restlichen 90% können von der Weltbank abgerufen werden, wenn sie zur Erfüllung von Verbindlichkeiten aus der Aufnahme von Darlehen oder aus Garantieverpflichtungen benötigt werden.

Den überwiegenden Teil der zur Erfüllung ihrer Finanzierungsaufgaben erforderlichen Mittel beschafft sich die Weltbank aber durch Ausgabe von Schuldverschreibungen. Zum Teil werden die Weltbanktitel von Regierungen und Zentralbanken übernommen, zum Teil werden sie mittels öffentlicher Emissionen oder Privatplazierungen auf dem Kapitalmarkt untergebracht. Außerdem stehen die eingehenden Tilgungszahlungen für weitere Ausleihungen zur Verfügung.

Zur Ergänzung der Tätigkeit der Weltbank auf dem Gebiet der Entwicklungsfinanzierung wurden von Mitgliedern dieser Bank zwei Schwestergesellschaften errichtet, nämlich die *Internationale Entwicklungsorganisation* und die *Internationale Finanz-Corporation.*

Zur Weltbank-Gruppe gehören außerdem das *Internationale Zentrum zur Beilegung von Investitionsstreitigkeiten* (s. V/C/3) und die *Multilaterale Investitions-Garantie-Agentur* (s. XII/5).

8. Internationale Entwicklungsorganisation

Die *Internationale Entwicklungsorganisation* – engl.: *International Development Association (IDA)* – ist wie die Internationale Finanz-Corporation eine Schwestergesellschaft der Weltbank. Sie wurde 1960 mit Sitz in Washington gegründet. Die Mitgliedschaft in der IDA steht allen Staaten offen, die Mitglieder der Weltbank sind. Die Mitglieder der IDA sind in zwei Gruppen eingeteilt: Die reicheren Länder bilden die Gruppe I und die Entwicklungsländer die Gruppe II. Die Organe beider Schwestergesellschaften sind identisch mit denen der Weltbank, die die entsprechenden Funktionen in Personalunion ausüben.

Die IDA gewährt Kredite an arme Entwicklungsländer zu „weichen" Bedingungen, d. h., es werden nur Gebühren, aber keine Zinsen berechnet. Die Eigenmittel der IDA setzen sich aus dem von den Gründungsmitgliedern gemäß ihren Anteilen an der Weltbank gezeichneten Anfangskapital und den späteren Kapitalauffüllungen („replenishments") zusammen, die hauptsächlich von den Gruppe-I-Ländern durchgeführt werden. Darüber hinaus erhält die IDA Kredite sowohl von Mitgliedstaaten als auch von anderen Ländern und – seit 1964 – Zuweisungen aus dem Jahresgewinn der Weltbank. Die Nachfrage nach IDA-Krediten ist jedoch stets größer als die verfügbaren Mittel, so daß die IDA praktisch nur den dringendsten Finanzierungsbedarf der bedürftigen Mitgliedsländer berücksichtigen kann.

9. Internationale Finanz-Corporation

Die *Internationale Finanz-Corporation* – engl.: *International Finance Corporation (IFC)* – wurde 1956 gegründet und hat ihren Sitz ebenfalls in Washington. Den Mitgliedern der Weltbank steht auch die Mitgliedschaft in der IFC offen.

Die IFC hat die Aufgabe, privatwirtschaftliche Projekte in den Mitgliedsländern – soweit es sich um Entwicklungsländer handelt – zu finanzieren. Die Finanzierung erfolgt durch Gewährung langfristiger Kredite und/oder den Erwerb von Beteiligungen an Unternehmen in diesen Ländern. Die Kredite werden zu „harten" (d. h. marktüblichen) Konditionen gewährt. Staatliche Rückzahlungsgarantien sind dabei nicht vorgesehen. Die IFC finanziert ein Vorhaben nie allein, sondern nur unter Mitwirkung weiterer Kapitalgeber, wobei der Mobilisierung von privatem Kapital besondere Bedeutung zukommt.

Zur Durchführung ihrer Aufgaben stehen der IFC eigene und fremde Kapitalquellen zur Verfügung. Die eigenen Mittel setzen sich aus dem von den Mitgliedsländern gezeichneten Kapital und den Gewinnen zusammen. Seit 1964 hat die IFC die Möglichkeit, bis zum vierfachen Betrag ihres Eigenkapitals Kredite bei der Weltbank aufzunehmen. Außerdem erhält sie Kredite von Regierungen einzelner Mitgliedsländer und öffentlich-rechtlichen Körperschaften in diesen Ländern. Die laufend eingehenden Zins- und Tilgungszahlungen stellen eine weitere Geldquelle dar. Schließlich bemüht sich die IFC auch, durch den Verkauf von Darlehensforderungen und Kapitalbeteiligungen Mittel für neue Projekte zu beschaffen.

10. Bank für Internationalen Zahlungsausgleich

Die *Bank für Internationalen Zahlungsausgleich (BIZ)* – engl.: *Bank for International Settlements (BIS)* – wurde 1930 von den Notenbanken Belgiens, Deutschlands, Frankreichs, Großbritanniens und Italiens, einer die Bank von Japan vertretenden Bankengruppe und einer amerikanischen Bankengruppe in Basel gegründet. Der unmittelbare Anlaß der Gründung war der die deutschen Reparationszahlungen betreffende Beschluß der Gläubigerländer Deutschlands auf der Haager Konferenz vom Januar 1930.

Heute gehören der BIZ sämtliche Zentralbanken Europas (außer den Zentralbanken Albaniens und einiger GUS-Staaten) sowie die Zentralbanken der USA, Kanadas, Japans, Australiens und Südafrikas als Mitglieder an. Die BIZ ist ihrer Rechtsform nach eine Aktiengesellschaft, für die allerdings eine Reihe von Sonderregelungen gilt, und gleichzeitig eine internationale Organisation und somit ein Subjekt des Völkerrechts. Das Aktienkapital befindet sich überwiegend in den Händen von Zentralbanken; daneben gibt es aber noch einige private Aktionäre.

Die Organe der BIZ, die ihren Sitz in Genf hat, sind die Generalversammlung, der Verwaltungsrat und das Direktorium. Die Generalversammlung findet einmal jährlich statt. In ihr haben nur die Zentralbanken der Gründerländer und derjenigen Länder, in denen ursprünglich Aktien der Bank gezeichnet wurden, das Stimmrecht. Der Verwaltungsrat, dem die Geschäftsführung obliegt, besteht aus fünf europäischen Notenbankgouverneuren als „Ex-officio-Mitgliedern" und fünf von diesen ernannten Vertretern der Privatwirtschaft. Aus den übrigen Mitgliedstaaten werden drei weitere Notenbankgouverneure in den Verwaltungsrat gewählt. Der Verwaltungsrat wählt aus seiner Mitte einen Vorsitzenden, der gleichzeitig Präsident der Bank ist. An der Spitze des Direktoriums steht ein Generaldirektor.

Die wichtigste Aufgabe der BIZ, die auch als „Bank der Zentralbanken" bezeichnet wird, ist die Förderung der Zusammenarbeit zwischen den Notenbanken. Am Sitz der Bank finden regelmäßige Zusammenkünfte von Notenbankleitern statt. Die Bank stellt auch das Sekretariat für verschiedene Ausschüsse und Expertengruppen. Wichtige Ausschüsse sind z. B. der *Ständige Ausschuß für Euromarktangelegenheiten* und der Ende 1974 durch die Notenbankgouverneure des Zehnerklubs eingesetzte *Ausschuß für Bankenaufsicht (Committee on Banking Regulations and Supervisory Practices)*. Die vom Basler Ausschuß ausgearbeiteten Eigenkapitalnormen für international tätige Banken dienten als Vorlage für die entsprechenden Regelungen in der EG-Solvabilitäts-Richtline und der EG-Eigenmittel-Richtline (siehe XIV/B/4).

Die Tätigkeit der BIZ erstreckt sich auf die ihr übertragenen Aufgaben als Treuhänder und Agent, auf Bankgeschäfte mit Zentralbanken und auf die statistische Erfassung der internationalen Finanzmärkte. Im Rahmen ihres Bankgeschäfts verwaltet die BIZ Einlagen, insbesondere von Zentralbanken, die überwiegend wieder an Zentralbanken ausgeliehen werden. Überschüssige Mittel werden am Markt, vor allem an den Euromärkten, angelegt.

Anhang

Adressenliste

Afrika-Verein e.V.
Neuer Jungfernstieg 21
20354 Hamburg
Tel.: (0 40) 34 30 42
Telefax: (0 40) 35 47 04

AKA Ausfuhrkredit-Gesellschaft mbH
Große Gallusstr. 1–7
60311 Frankfurt am Main
Tel.: (0 69) 2 98 91-00
Telefax: (0 69) 2 98 91-200

Allgemeine Kreditversicherung Aktiengesellschaft
Ernst-Ludwig-Str. 2
Postfach 1209
55116 Mainz
Tel.: (0 61 31) 14 31
Telefax: (0 61 31) 22 47 11

Ausstellungs- und Messe-Ausschuß der deutschen Wirtschaft e.V. AUMA
Lindenstr. 8
50674 Köln
Tel.: (02 21) 2 09 07
Telefax: (02 21) 2 09 07-12

Australien-Neuseeland-Südpazifik-Verein e.V.
Neuer Jungfernstieg 21
20354 Hamburg
Tel.: (0 40) 34 04 15
Telefax: (0 40) 34 18 15

Bundesamt für Ernährung und Forstwirtschaft
Postfach 180203
60083 Frankfurt am Main
Tel.: (0 69) 15 64-0
Telefax: (0 69) 15 64-940, -445

Bundesamt für Wirtschaft (BAW)
Postfach 5171
65726 Eschborn
Tel.: (0 61 96) 4 04-0
Telefax: (0 61 96) 9 42 20

Bundesanstalt für landwirtschaftliche Marktordnung
Postfach 180107
60082 Frankfurt am Main
Tel.: (0 69) 15 64-0
Telefax (0 69) 15 64-790 bis 795

Bundesausfuhramt (BAFA)
Postfach 5160
65726 Eschborn
Tel.: (0 61 96) 9 08-0
Telefax: (0 61 96) 9 08-800

Bundesministerium der Finanzen
Graurheindorferstr. 108
53117 Bonn
Tel.: (02 28) 6 82-0
Telefax: (02 28) 6 82 44 20

Bundesministerium für Ernährung, Landwirtschaft und Forsten (BML)
Rochusstr. 1
53123 Bonn
Tel.: (02 28) 5 29-3 31-0
Telefax: (02 28)5 29-42 62

Bundesministerium für Verkehr
Robert-Schuman-Platz 1
53175 Bonn
Tel.: (02 28) 3 00-0
Telefax: (02 28) 34 28

Bundesministerium für Wirtschaft (BMWi)
Villemombler Str. 76
53123 Bonn
Tel.: (02 28) 6 15-22 17
Telefax: (02 28) 6 15-43 80

Bundesministerium für wirtschaftliche Zusammenarbeit
Karl-Marx-Str. 4
53113 Bonn
Tel.: (02 28) 5 35-0
Telefax: (02 28) 35 00

Bundesstelle für Außenhandels-
information (BfAI)
Agrippastr. 87-93
50676 Köln
Tel.: (02 21) 2 05 57-0
Telefax: (02 21) 20 57-212

C&L Treuarbeit Deutsche
Revision AG
Zweigniederlassung Hamburg
New-York-Ring 13
22297 Hamburg
Tel.: (0 40) 63 78-0
Telefax: (0 40) 63 78-10 30

Deutsche Bundesbank
Wilhelm-Epstein-Str. 14
60431 Frankfurt am Main
Tel.: (0 69) 95 66-1
Telefax: (0 69) 5 60 10 71

Deutscher Industrie- und Handelstag
(DIHT)
Adenauerallee 148
53113 Bonn
Tel.: (02 28) 1 04-0
Telefax: (02 28) 1 04-158

Gerling-Konzern Speziale Kredit-
versicherungs-Aktiengesellschaft
Hohenzollernring 62
50672 Köln
Tel.: (02 21) 14 41
Telefax: (02 21) 1 44-39 70

Hermes Kreditversicherungs-AG
Friedensallee 254
Postfach 50 07 40
22746 Hamburg
Tel.: (0 40) 88 34-0
Telefax: (0 40) 88 34-77 44

Ibero-Amerika-Verein e.V.
Alsterglacis 8
20354 Hamburg
Tel.: (0 40) 41 47 82-02
Telefax: (0 40) 45 79 60

IMAG - Internationaler Messe-
und Ausstellungsdienst GmbH
Postfach 120 709
80033 München
Tel.: (0 89) 5 00 61-0
Telefax: (0 89) 5 02 84 97

Internationale Handelskammer,
Deutsche Gruppe
Kolumbastr. 5
50667 Köln
Tel.: (02 21) 2 57 55 71
Telefax: (02 21) 2 57 55 93

Kreditanstalt für Wiederaufbau
Palmengartenstr. 5–9
60325 Frankfurt am Main
Tel.: (0 69) 74 31-0
Telefax: (0 69) 74 31 29 44

Nah- und Mittelost-Verein e.V.
Mittelweg 151
20148 Hamburg
Tel.: (0 40) 44 02 51
Telefax: (0 40) 41 82 14

NOWEA International GmbH
Postfach 10 10 06
40001 Düsseldorf
Tel.: (02 11) 45 60 02
Telefax: (02 11) 45 60-740

Ostasiatischer Verein e.V.
Neuer Jungfernstieg 21
20354 Hamburg
Tel.: (0 40) 34 04 15
Telefax: (0 40) 34 18 15

Ost- und Mitteleuropa-Verein e.V.
Bergstr. 11
20095 Hamburg
Tel.: (0 40) 33 89 45
Telefax: (0 40) 33 93 71

Statistisches Bundesamt
Gustav-Stresemann-Ring 11
65189 Wiesbaden
Tel.: (06 11) 7 51
Telefax: (06 11) 72 40 00

Literaturverzeichnis

BERNSTORF, C. GRAF VON: Rechtsprobleme im Auslandsgeschäft, Fritz Knapp Verlag, Frankfurt am Main

BREDOW, JENS; Seiffert, Bodo: Incoterms 1990, Economica Verlag, Bonn

BRENNER, HATTO: Erfolgreich exportieren, Verlag für Verwaltungspraxis Franz Rehm, München/ Münster

BRENNER, HATTO; DOBISCH, WALTER J.; DÖRFLER, WERNER: Export-Strategien, expert verlag, Ehningen bei Böblingen

DEUTSCHE BANK AG: Außenwirtschafts-Alphabet

DEUTSCHER WIRTSCHAFTSDIENST: Anschriften für die Außenwirtschaft (Loseblattwerk)

DEUTSCHER WIRTSCHAFTSDIENST: Außenwirtschaftsrecht

DEUTSCHER WIRTSCHAFTSDIENST: Diplomatische Missionen, Konsularische Vertretungen (Loseblattwerk)

DEUTSCHER WIRTSCHAFTSDIENST: Wirtschaftsverkehr mit dem Ausland (Loseblattwerk)

DÜNNWEBER, INGE: Vertrag zur Erstellung einer schlüsselfertigen Industrieanlage im internationalen Wirtschaftsverkehr, Walter de Gruyter & Co., Berlin/New York

ENGELHARD, JOHANN: Exportförderung, Gabler Verlag, Wiesbaden

HANDELSKAMMER HAMBURG (HRSG.): Konsulats- und Mustervorschriften (KuM), Verlag Carl H. Dieckmann, Hamburg

HUBER, EDGAR; SCHÄFER, HANSPETER: Dokumentengeschäft und Zahlungsverkehr im Außenhandel, Fritz Knapp Verlag, Frankfurt am Main

KITTERER, BERND H.-J. (HRSG.): Das Neue Export-Handbuch, Rudolf Haufe Verlag, Freiburg i. B.

KNOTE, ALEXANDER; RUBACH, CHRISTIAN; THEILE, RALF: Instrumente der Außenhandelsfinanzierung, Economica Verlag, Bonn

KUTTNER, KLAUS: Exportfinanzierung, Gabler Verlag, Wiesbaden

PILZ, BURGHARD: UN-Kaufrecht, Economica Verlag, Bonn

QUITTNAT, JOACHIM: Das Recht der Außenhandelsverträge, R. v. Decker's Verlag, Wiesbaden

RUMER, KLAUS: Internationale Kooperationen und Joint Ventures, Gabler Verlag, Wiesbaden

STAHR, GUNTER (HRSG.): Exportpraxis – Handbuch für den deutschen Exporteur (Loseblattsammlung), B. Behr's Verlag, Hamburg

STAHR, GUNTER; ZIEGELMAYER, WOLFGANG: Informationsquellen für den Exportmanager und Auslandsmarktforscher, B. Behr's Verlag, Hamburg

VOGT, H.: Handbuch der Exportfinanzierung, Fritz Knapp Verlag, Frankfurt am Main

Veröffentlichungen der Internationalen Handelskammer
(erhältlich beim Vertriebsdienst der Internationalen Handelskammer, Kolumbastr. 5, 50667 Köln)

Bank Guarantees in International Trade, Publikation Nr. 930
Bills of Exchange (European Countries), Publikation Nr. 476
Countertrade, Offset Contracts, Publikation Nr. 440/7
Eigentumsvorbehalt in 35 Ländern, Publikation Nr. 501
Einheitliche Richtlinien für Inkassi, Publikation Nr. 322
Einheitliche Richtlinien und Gebräuche für Dokumenten-Akkreditive, Publikation Nr. 500
Futures and Options Trading in Commodity Markets, Publikation Nr. 426
ICC Vergleichs- und Schiedsordnung, Publikation Nr. 447
INCOTERMS 1990, Publikation Nr. 460
INCOTERMS 1990 – Wegweiser für die Praxis, Publikation Nr. 460/1
Konzepte für den Güterverkehr in Europa, Publikation Nr. 300/1

Leitfaden für Handelsvertreterverträge, Publikation Nr. 410
Managing Exchange Rate Risks, Publikation Nr. 422
UN-Kaufrecht – Wegweiser für die Praxis, Publikation Nr. 460/2
UNCTAD/ICC Rules for Multimodal Transport Documents, Publikation Nr. 481

Muster von Außenhandelsdokumenten

Internationaler Eisenbahn-Frachtbrief

Luftfrachtbrief

Konnossement

Dokumenteneinreichung/Inkassoauftrag

Import-Akkreditiv

Transportversicherungspolice

Ursprungszeugnis

Warenverkehrsbescheinigung EUR. 1

Einheitspapier

Antrag auf Ausfuhrgenehmigung

Antrag auf Einfuhrgenehmigung

Carnet ATA

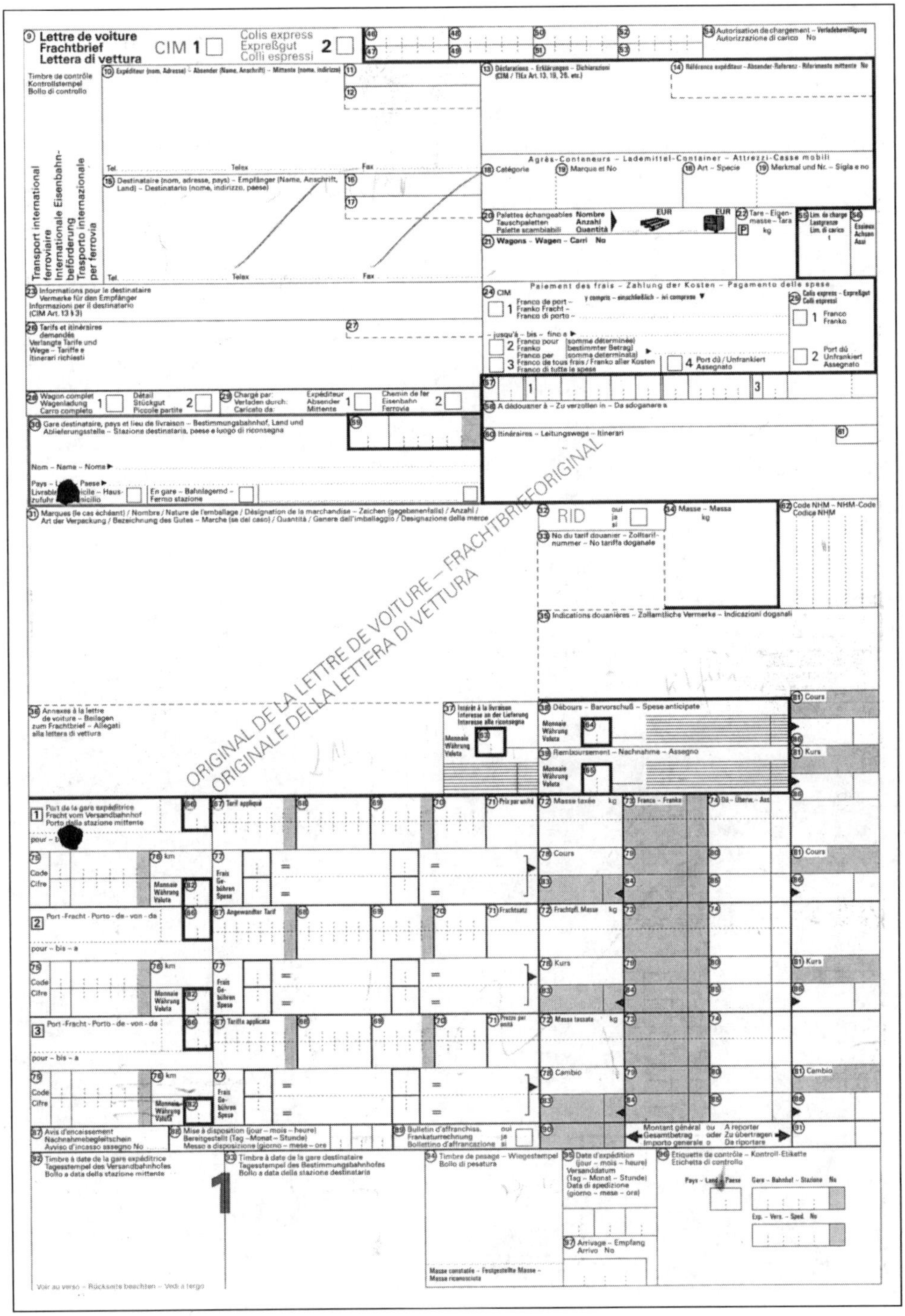

9 Lettre de voiture
Frachtbrief
Lettera di vettura
CIM 1
Colis express
Expreßgut
Colli espressi 2
Autorisation de chargement – Verladebewilligung
Autorizzazione di carico No
Timbre de contrôle
Kontrollstempel
Bollo di controllo
10 Expéditeur (nom, Adresse) – Absender (Name, Anschrift) – Mittente (nome, indirizzo)
13 Déclarations – Erklärungen – Dichiarazioni (CIM / TIEx Art. 13, 19, 26, etc.)
14 Référence expéditeur – Absender-Referenz – Riferimento mittente No
Transport international ferroviaire
Internationale Eisenbahnbeförderung
Trasporto internazionale per ferrovia
Tel. Telex Fax
15 Destinataire (nom, adresse, pays) – Empfänger (Name, Anschrift, Land) – Destinatario (nome, indirizzo, paese)
Agrès-Conteneurs – Lademittel-Container – Attrezzi-Casse mobili
18 Catégorie 19 Marque et No 18 Art – Specie 19 Merkmal und Nr. – Sigla e no
20 Palettes échangeables Nombre
Tauschpaletten Anzahl
Palette scambiabili Quantità
EUR EUR
22 Tare – Eigenmasse – Tara kg
55 Lim. de charge Lastgrenze Lim. di carico t
56 Essieux Achsen Assi
21 Wagons – Wagen – Carri No
Tel. Telex Fax
23 Informations pour le destinataire
Vermerke für den Empfänger
Informazioni per il destinatario
(CIM Art. 13 § 3)
24 CIM
Paiement des frais – Zahlung der Kosten – Pagamento delle spese
1 Franco de port – Franko Fracht – Franco di porto – y compris – einschließlich – ivi compreso
25 Colis express – Expreßgut Colli espressi
1 Franco Franko
26 Tarifs et itinéraires demandés
Verlangte Tarife und Wege – Tariffe e itinerari richiesti
jusqu'à – bis – fino a
2 Franco pour (somme déterminée) – Franko (bestimmter Betrag) – Franco per (somma determinata)
3 Franco de tous frais / Franko aller Kosten – Franco di tutte le spese
4 Port dû / Unfrankiert – Assegnato
2 Port dû Unfrankiert Assegnato
28 Wagon complet – Wagenladung – Carro completo 1
Détail – Stückgut – Piccole partite 2
29 Chargé par: – Verladen durch: – Caricato da: Expéditeur – Absender – Mittente 1 Chemin de fer – Eisenbahn – Ferrovia 2
58 A dédouaner à – Zu verzollen in – Da sdoganare a
30 Gare destinataire, pays et lieu de livraison – Bestimmungsbahnhof, Land und Ablieferungsstelle – Stazione destinataria, paese e luogo di riconsegna
60 Itinéraires – Leitungswege – Itinerari
Nom – Name – Nome
Pays – Land – Paese
Livrable à domicile – Haus-zufuhr – A domicilio
En gare – Bahnlagernd – Fermo stazione
31 Marques (le cas échéant) / Nombre / Nature de l'emballage / Désignation de la marchandise – Zeichen (gegebenenfalls) / Anzahl / Art der Verpackung / Bezeichnung des Gutes – Marche (se del caso) / Quantità / Genere dell'imballaggio / Designazione della merce
32 RID oui ja si
34 Masse – Massa kg
62 Code NHM – NHM-Code Codice NHM
33 No du tarif douanier – Zolltarifnummer – No tariffa doganale
35 Indications douanières – Zollamtliche Vermerke – Indicazioni doganali
ORIGINAL DE LA LETTRE DE VOITURE – FRACHTBRIEFORIGINAL
ORIGINALE DELLA LETTERA DI VETTURA
36 Annexes à la lettre de voiture – Beilagen zum Frachtbrief – Allegati alla lettera di vettura
37 Intérêt à la livraison – Interesse an der Lieferung – Interesse alla riconsegna
Monnaie Währung Valuta
38 Débours – Barvorschuß – Spese anticipate
39 Remboursement – Nachnahme – Assegno
81 Cours
81 Kurs
1 Port de la gare expéditrice – Fracht vom Versandbahnhof – Porto dalla stazione mittente
pour –
67 Tarif appliqué
71 Prix par unité
72 Masse taxée kg
73 Franco – Franko
74 Dû – Überw. – Ass.
75 Code Cifre
76 km
77 Frais Gebühren Spese
78 Cours
2 Port – Fracht – Porto – de – von – da
pour – bis – a
67 Angewandter Tarif
71 Frachtsatz
72 Frachtpfl. Masse kg
78 Kurs
81 Kurs
3 Port – Fracht – Porto – de – von – da
pour – bis – a
67 Tariffa applicata
71 Prezzo per unità
72 Massa tassata kg
78 Cambio
81 Cambio
87 Avis d'encaissement – Nachnahmebegleitschein – Avviso d'incasso assegno No
88 Mise à disposition (jour – mois – heure) – Bereitgestellt (Tag – Monat – Stunde) – Messa a disposizione (giorno – mese – ore)
89 Bulletin d'affranchiss. – Frankaturrechnung – Bollettino d'affrancazione oui ja si
Montant général – Gesamtbetrag – Importo generale ou oder o A reporter – Zu übertragen – Da riportare
92 Timbre à date de la gare expéditrice – Tagesstempel des Versandbahnhofes – Bollo a data della stazione mittente
1
93 Timbre à date de la gare destinataire – Tagesstempel des Bestimmungsbahnhofes – Bollo a data della stazione destinataria
94 Timbre de pesage – Wiegestempel – Bollo di pesatura
95 Date d'expédition (jour – mois – heure) – Versanddatum (Tag – Monat – Stunde) – Data di spedizione (giorno – mese – ore)
96 Etiquette de contrôle – Kontroll-Etikette – Etichetta di controllo
Pays – Land – Paese Gare – Bahnhof – Stazione No
Exp. – Vers. – Sped. No
97 Arrivage – Empfang – Arrivo No
Masse constatée – Festgestellte Masse – Massa riconosciuta
Voir au verso – Rückseite beachten – Vedi a tergo

Internationaler Eisenbahn-Frachtbrief

Shipper's Name and Address

Shipper's Account Number

Not negotiable

Air Waybill*

Lufthansa Cargo

Issued by
Lufthansa Cargo AG,
Langer Kornweg 34i
D-65441 Kelsterbach

Member of International
Air Transport Association

Copies 1, 2 and 3 of this Air Waybill are originals and have the same validity

Consignee's Name and Address

Consignee's Account Number

It is agreed that the goods described herein are accepted in apparent good order and condition (except as noted) for carriage SUBJECT TO THE CONDITIONS OF CONTRACT ON THE REVERSE HEREOF. ALL GOODS MAY BE CARRIED BY ANY OTHER MEANS INCLUDING ROAD OR ANY OTHER CARRIER UNLESS SPECIFIC CONTRARY INSTRUCTIONS ARE GIVEN HEREON BY THE SHIPPER. THE SHIPPER'S ATTENTION IS DRAWN TO THE NOTICE CONCERNING CARRIER'S LIMITATION OF LIABILITY. Shipper may increase such limitation of liability by declaring a higher value for carriage and paying a supplemental charge if required.

Issuing Carrier's Agent Name and City

Accounting Information

Agent's IATA Code | Account No.

Airport of Departure (Addr. of First Carrier) and Requested Routing

To	By First Carrier (Routing and Destination)	To	By	To	By	Currency	CHGS Code	WT/VAL PPD	WT/VAL COLL	Other PPD	Other COLL	Declared Value for Carriage	Declared Value for Customs

Airport of Destination	Flight/Date (For Carrier Use Only)	Flight/Date	Amount of Insurance	INSURANCE — If Carrier offers insurance, and such insurance is requested in accordance with the conditions thereof, indicate amount to be insured in figures in box marked 'Amount of Insurance'

Handling Information

These commodities licensed by USA for ultimate destination .... Diversion contrary to USA law prohibited.

No of Pieces RCP	Gross Weight	kg / lb	Rate Class / Commodity Item No.	Chargeable Weight	Rate / Charge	Total	Nature and Quantity of Goods (incl. Dimensions or Volume)

Prepaid	Weight Charge	Collect
	Valuation Charge	
	Tax	
	Total Other Charges Due Agent	
	Total Other Charges Due Carrier	
Total Prepaid		Total Collect
Currency Conversion Rates		CC Charges in Dest. Currency
For Carrier's Use only at Destination		Charges at Destination

Total Collect Charges

Other Charges

Shipper certifies that the particulars on the face hereof are correct and that **insofar as any part of the consignment contains dangerous goods, such part is properly described by name and is in proper condition for carriage by air according to the applicable Dangerous Goods Regulations.**

....
Signature of Shipper or his Agent

....
Executed on (date) at (place) Signature of Issuing Carrier or its Agent

* Luftfrachtbrief (nicht begebbar) — eine verbindliche Übersetzung dieses Frachtbriefformulars (einschließlich der Vertragsbedingungen) in die deutsche Sprache liegt bei allen Lufthansa Frachtbüros aus.

Luftfrachtbrief

BILL OF LADING

B/L No.

SHIPPER

OUTWARD

REFERENCE No.

CONSIGNEE

BEN LINE

THE BEN LINE STEAMERS LIMITED

NOTIFYING ADDRESS

Managers: Wm. Thomson & Co. Edinburgh

Brokers: Killick Martin & Co. Ltd. London

Agents: Menzell & Co., Schiffsmakler, Hamburg

LOCAL VESSEL FROM

OCEAN VESSEL PORT OF LOADING

PORT OF DISCHARGE PORT OF DESTINATION (IF ON-CARRIAGE) FREIGHT PAYABLE AT NUMBER OF ORIGINAL Bs/L

MARKS AND NUMBERS	NUMBER AND KIND OF PACKAGES: DESCRIPTION OF GOODS	GROSS WEIGHT—KILOS	MEASUREMENT
NUMBER OF PACKAGES (in words)			

ABOVE PARTICULARS DECLARED BY SHIPPER

SHIPPED in apparent good order and condition unless otherwise stated hereon, on board the above ocean vessel (or on board the above local vessel, if named above, for forwarding subject to clause 26 on the reverse side of the Bill of Lading) the packages or pieces of merchandise described above (hereinafter called "the goods") being marked and numbered as above (weight, measurement, quality, contents and value—except for purposes of estimating freight—unknown) for carriage from the above named port of loading or other port or place determined by the Shipowners under the said Clause 26 by the above ocean vessel (or vessel substituted under the said clause 26) on a voyage as described and agreed by clause 6 on the reverse side of this Bill of Lading and discharge, subject always to the exceptions and conditions stated in this Bill of Lading, in like good order and condition from the vessel's tackles (where the vessel's responsibility shall in all circumstances finally cease) at the port of discharge named above or such other port or place as is provided in the said clause 6 or so near thereunto as she may safely get always afloat, for delivery unto the abovementioned consignee or to his or their assigns.

*If the port of destination is named herein the goods shall be forwarded in accordance with clause 27 on the reverse side of this Bill of Lading subject to the terms, conditions and liberties therein or otherwise hereinafter agreed for delivery unto the abovementioned consignee or to his or their assigns.

In accepting this Bill of Lading the Shipper, Consignee, Owner of the goods and/or Holder of this Bill of Lading, expressly accept and agree to all its stipulations, conditions, and exceptions, whether written, printed, stamped or incorporated on the front or back hereof, as fully as if they were all signed by such Shipper, Consignee, Owner or Holder. It shall be given up, duly endorsed, in exchange for delivery order if required.

If the ocean vessel is not owned or chartered by demise to the Shipowners or Line by whom this Bill of Lading is issued (as may be the case notwithstanding anything that appears to the contrary) this Bill of Lading shall take effect only as a contract with the owner or demise charterer, as the case may be, as principal made through the agency of the said Shipowners or Line who act as agents only and shall be under no personal liability whatsoever in respect thereof.

Agents signing this Bill of Lading on behalf of the said Shipowners or Line have only the limited authority at common law of a vessel's Master signing a Bill of Lading.

SUBJECT TO THE EXCEPTIONS AND CONDITIONS STATED OVERLEAF

Printed and Sold by G. W. Dray & Son Ltd., 34 Lime Street, E.C.3, London, England.

In Witness Whereof the number of original Bills of Lading stated above all of this tenor and date has been signed, one of which being accomplished the others to stand void.

PLACE AND DATE OF ISSUE

NON-NEGOTIABLE

AS AGENTS

Konnossement

Einreicher:

Tel.: Sachb./Ref.

An

HYPOBANK
BAYERISCHE HYPOTHEKEN- UND WECHSEL-BANK
AKTIENGESELLSCHAFT

4

Sie empfangen anbei folgende Wechsel und/oder Dokumente mit der Bitte, gemäß den angekreuzten Weisungen zu verfahren:

A ☐ Die Dokumente sind zur Inanspruchnahme des Akkreditivs Nr. der (Bank) zu verwenden.

☐ Die Akkreditivspitze wird nicht mehr in Anspruch genommen.

B ☐ Die Dokumente sind zum Einzug gemäß Ihren Inkassobedingungen bestimmt:

Für Vermerke der Bank

Ihre Akkreditiv-Nummer	Betrag	Fälligkeit

Wechsel/ Quittung	Faktura	Konsulats-Faktura	Zoll-Faktura	Spezifikation	Ursprungs-Zeugnis	Versich.-Pol./Zert.	Konnossement	Duplikat-Frachtbr.	Spediteur-Beschein.	Post-quittung	Luftfracht-brief	Warenverk.-Bescheinigung	

Über die Verladung von — Empfänger

per — am — von — nach

Nur bei Inkassoaufträgen ausfüllen!

Bezogener:

Inkassobank:

Aussendung per: ☐ Luftpost ☐ gewöhnliche Post ☐ Eilboten

Inkassospesen ☐ zuzüglich Ihrer Spesen ☐ zuzüglich der Spesen im Ausland ☐ auf Zahlung der Spesen durch den Bezogenen **darf nicht verzichtet** werden.

Die Dokumente sind auszuliefern:

☐ gegen Zahlung

☐ gegen Akzept

☐ Aufnahme der Dokumente kann bis Ankunft des Schiffes zurückgestellt werden.

☐ Das Akzept soll bei der Inkassobank zum Einzug bei Fälligkeit verbleiben. Verfalldatum des Akzeptes ist uns mitzuteilen.

☐ Das Akzept ist zurückzurufen

☐ Bei Transferschwierigkeiten ist Depot in Landeswährung mit Kursnachschußverpflichtung zu verlangen.

Protestanweisungen:

☐ Kein Wechselprotest

☐ Protest bei Nichtakzeptierung

☐ Protest bei Nichteinlösung

☐ Protest gemäß Entscheidung unseres Vertreters

Bei Schwierigkeiten Nachricht erbeten

☐ per Luftpost ☐ telegrafisch

Vertreter:

Befugnisse (mangels anderer Weisungen nur zur Intervention berechtigt):

Vom Inkassoerlös sind an den Vertreter zu zahlen: — Bankkonto:

Sonstige Weisungen: (Verhalten bei Nichtaufnahme von Dokumenten, insbesondere Einlagerung von Waren, Versicherung)

Wir bitten um Gutschrift nach Eingang des Erlöses auf unser ☐ DM-Kto. ☐ Fremdwährungskonto Nr.

(Ort und Datum) — (Unterschrift des Einreichers)

Für die Ausführung des obigen Auftrages sind die von der Internationalen Handelskammer, Paris, veröffentlichten „Einheitlichen Richtlinien und Gebräuche für die Dokumenten-Akkreditive (Revision 1974) gemäß Publikation Nr. 290" bzw. die „Einheitlichen Richtlinien für Inkassi (Revision 1978) Internationale Handelskammer, Broschüre Nr. 322" maßgebend, soweit diese anwendbar sind. Diese Richtlinien können am Schalter eingesehen werden. Sie werden auf Verlangen auch ausgehändigt.

Art.-Nr. 1108204 1fach Dok.-Einreichung 78220'

Dokumenteneinreichung/Inkassoauftrag

4

DEUTSCHE BANK

AKTIENGESELLSCHAFT

FILIALE MÜNCHEN

Telegramm: DEUTSCHBANK

Dok.-Akkr.
Doc. Credit No. 220/87113
Crédit Doc.

MÜNCHEN, ~~14. November~~ 19..

Einschreiben - Luftpost

A/S Kjøbenhavns Handelsbank

K o p e n h a g e n

DÄNEMARK

Auftrags / By order of / D'ordre de

Firma
Otto M ü l l e r
8000 M ü n c h e n 50

Alpenrosenweg 15

eröffnen wir ein unwiderrufliches Dokumenten-Akkreditiv zu Gunsten von
we open an irrevocable documentary credit in favour of
nous ouvrons un crédit documentaire irrévocable en faveur de
Erik Christiansen
Kopenhagen, Vestergade 1

in Höhe von
for an amount of
pour un montant de
DM 40.800.-- (in Worten: Deutsche Mark vierzigtausendacht-hundert)

benutzbar bei
available with
utilisable chez
Ihnen

gegen folgende Dokumente:
against the following documents:
contre les documents suivants:

- unterzeichnete Handelsfaktura, 3-fach, ausweisend Ware und Lieferungsbedingungen wie unten beschrieben.
- bahnamtlich abgestempelter, nachnahmefreier Duplikatfrachtbrief, adressiert an Spedition Gebrüder Schneider, München 19, Erbachstr. 12, zur Verfügung der Firma Otto Müller, München 50, Alpenrosenweg 15

ausweisend die Verladung von BÜROMÖBELN

- 100 Stück Katalog No. 13 - 261 c à DM 160.--
- 100 Stück Katalog No. 13 - 269 b à DM 120.--
- 100 Stück Katalog No. 19 - 104 à DM 128.--

Preise franko Waggon Abgangsstation

1983 400

Dieses Akkreditiv unterliegt den Einheitlichen Richtlinien und Gebräuchen für Dokumenten-Akkreditive (Revision 1962), Broschüre Nr. 222 der Internationalen Handelskammer.
This credit is subject to Uniform Customs and Practice for Documentary Credits (1962 Revision), International Chamber of Commerce Brochure No. 222.
Le présent crédit est soumis aux Règles et Usances Uniformes relatives aux Crédits Documentaires (version révisée de 1962), Brochure No. 222 de la Chambre de Commerce Internationale.

Teillieferungen
Part shipments
Expéditions partielles
sind gestattet

Letzter Verladetag
Shipment not later than
Expédition jusqu'au
13. Dezember 19..

Dieses Akkreditiv ist gültig bis
This credit is valid until
Ce crédit est valable jusqu'au
17. Dezember 19..

für die Vorlage der Dokumente bei
for presentation of the documents to
pour la présentation des documents chez
Ihnen

Bitte benachrichtigen Sie den Begünstigten
Please advise the beneficiary
Veuillez aviser le bénéficiaire
telefonisch und schriftlich ohne Hinzufügung
Ihre(r) Bestätigung.
your confirmation.
votre confirmation.

Sofern die Bedingungen dieses Akkreditivs genau erfüllt sind,
Provided the terms and conditions of this credit have been complied with
Si les conditions de ce crédit sont remplies exactement
werden wir Ihr Konto bei uns, Wert Tag Ihrer Zahlungen, erkennen.

Den Empfang dieses Schreibens bitten wir uns luftpostlich anzuzeigen.
Dokumente an uns mit erster und zweiter Luftpost erbeten.
Please acknowledge receipt of this letter by airmail.
Please airmail documents to us in two separate sets.
Veuillez nous accuser réception de cette lettre par avion.
Veuillez nous adresser les documents par deux courriers aériens.

Hochachtungsvoll / Yours faithfully, / Vos dévoués

DEUTSCHE BANK
AKTIENGESELLSCHAFT
FILIALE MÜNCHEN

Kontrolle: ____________

Import-Akkreditiv

ALLIANZ
VERSICHERUNGS-AKTIENGESELLSCHAFT

General-Police für die Versicherung von Gütertransporten

Vertretung Nr.: 6/110/0747

Nr. T 720 BSZ / 13060
Bitte bei allen Zuschriften und Zahlungen angeben!

Vers.-Nehmer: Günther & Seitz KG

PLZ, Ort: 7 Stuttgart 60

Str./Haus-Nr. Postfach: Waldstraße 3

Das Versicherungsverhältnis verlängert sich mit dem Ablauf der Vertragszeit stillschweigend um ein Jahr, und weiter von Jahr zu Jahr, wenn es nicht unter Einhaltung einer dreimonatigen Kündigungsfrist vor jedesmaligem Ablauf von einem der beiden Teile schriftlich gekündigt wird.

Vertragsbeginn: 15. August 19.. mittags 12 Uhr
Vertragsende: 15. August 19.. mittags 12 Uhr
Mit dem vorstehend angegebenen Vertragsbeginn erlischt
Vorvers.-Nr.: ./.

Gegenstand der Versicherung: Sämtliche Bezüge und Versendungen von
Werkzeugmaschinen aller Art (z.B. Revolverbohrautomaten, Drehbänke, Fräsmaschinen, Schleifmaschinen), teils aus Guß, teils auch Schweißkonstruktionen, fabrikneu und gebraucht.

Art der Verpackung: Handelsüblich verpackt, auch unverpackt, wenn handelsüblich, jedoch ordnungsgemäß verkeilt, verzurrt und verstrebt.

Beförderungsmittel: Verladen im Raume eines erstklassigen Seeschiffes nicht älter als 15 Jahre, mit einem Binnenschiff, per Eisenbahn, mit Lastkraftwagen oder Flugzeug.

Geltungsbereich: Innerhalb der Bundesrepublik Deutschland einschl. West-Berlin sowie von und nach allen Plätzen der Welt.

Transportversicherungspolice – Vorderseite

Höchstversicherungssummen: (Maxima)

Die höchsten Summen, die der Versicherer auf Grund dieser General-Police durch eine oder mehrere Anmeldungen auf ein und dasselbe Transportmittel oder ein und dasselbe Lager übernimmt, betragen:

a) DM	800.000.--	für ein Seeschiff,
b) DM	350.000.--	für ein Binnenschiff,
c) DM	80.000.--	für einen Eisenbahnzug,
d) DM		für eine Postsendung (vgl. aber § 16 der Besonderen Bedingungen),
e) DM	50.000.--	für einen Lastkraftwagen einschließlich Anhänger,
f) DM	1.000.000.--	für ein Lager (d. h. jedes selbständige feuertechnisch getrennte Risiko),
g) DM	250.000.--	für ein Verkehrsflugzeug.

Vergleiche § 5 der Besonderen Bedingungen!

Vertragsunterlagen:

Dieser General-Police sind als wesentliche Bestandteile die angekreuzten Unterlagen beigefügt:

- ☒ Geschriebene Bedingungen, Ziffer 1–14
- ☒ Prämientarif
- ☒ Besondere Bedingungen, Form. T 1100, Ausgabe: 7. 68
- ☒ Allgemeine Deutsche Binnen-Transportversicherungs-Bedingungen (ADB 1963), Form. T 290, Ausgabe: 1.67
- ☒ Auszug aus den Allgemeinen Deutschen Seeversicherungsbedingungen (ADS) nebst Zusatzbestimmungen zu den ADS für die Güterversicherung (1947), Form. Tr. 405/66
- ☐ Zusatzbestimmungen zu den ADS für die Güterversicherung (1947), Form. T 293, Ausgabe: 8. 65
- ☒ Verzeichnis der Havariekommissare und Zahlstellenagenten (s. § 17 der Besonderen Bedingungen), Form. T 3606, Ausgabe: 6. 69
- ☒ DTV-Klassifikations- und Altersklausel
- ☒ DTV-Kernenergie-Klausel für die Versicherung von Gütertransporten, Form. Tr. 420/66
- ☒ DTV-Kriegsklauseln 1968 für Seetransporte sowie für Lufttransporte im Verkehr mit dem Ausland, Form. Tr. 440/68
- ☒ DTV-Maschinenklausel, Form. Tr. 430/65
- ☒ Export-Schutzklausel, Form. Tr. 421/64
- ☐
- ☐
- ☐

Diese General-Police ist 2 fach ausgefertigt worden.

Stuttgart, den 23. Juli 19.. Stuttgart, den 23. Juli 19..

Unterschriften:

Der Versicherungsnehmer:

STUTTGARTER VEREIN
ZWEIGNIEDERLASSUNG DER
ALLIANZ
VERSICHERUNGS-AKTIENGESELLSCHAFT
7000 Stuttgart 1, Postfach 262, Uhlandstraße 1-7

Transportversicherungspolice – Rückseite

1 Absender - *Consignor* - *Expéditeur-Expedidor*

T 442501

ORIGINAL

2 Empfänger - *Consignee* - *Destinataire* - *Destinatario*

EUROPÄISCHE GEMEINSCHAFT

EUROPEAN COMMUNITY - COMMUNAUTE EUROPEENNE - COMUNIDAD EUROPEA

URSPRUNGSZEUGNIS

CERTIFICATE OF ORIGIN - CERTIFICAT D'ORIGINE - CERTIFICADO DE ORIGEN

3 Ursprungsland - *Country of origin* - *Pays d'origine* - *País de origen*

4 Angaben über die Beförderung - *means of transport* - *expédition* - *expedición*

5 Bemerkungen - *remarks* - *observations* - *observaciones*

6 Laufende Nummer, Zeichen, Nummern, Anzahl und Art der Packstücke; Warenbezeichnung

7 Menge

8 DIE UNTERZEICHNENDE STELLE BESCHEINIGT, DASS DIE OBEN BEZEICHNETEN WAREN IHREN URSPRUNG IN DEM IN FELD 3 GENANNTEN LAND HABEN

The undersigned authority certifies that the goods described above originate in the country shown in box 3

L'autorité soussignée certifie que les marchandises désignées ci-dessus sont originaires du pays figurant dans la case No. 3

La autoridad infrascrita certifica que las mercancías abajo mencionadas son originarias del país que figura en la casilla no. 3

Ort und Datum der Ausstellung; Bezeichnung, Unterschrift und Stempel der zuständigen Stelle

95 Vertrieb: Verlag Carl H. Dieckmann · Fachverlag für den Außenhandel · Postfach 11 20 08, 2000 Hamburg 11 Telefon (040) 36 66 95, 36 66 96, 36 63 20 · Ferngespräche (040) 37 35 40 · Telex 02-13 481 CHD HH

Genehmigt durch Erlaß des Bundesministers der Finanzen vom 22. Mai 1969. III B/8 – Z 1351 – 10. 69.

Ursprungszeugnis

WARENVERKEHRSBESCHEINIGUNG

1. Ausführer/Exporteur (Name, vollständige Anschrift, Staat)

EUR. 1 Nr. T 708940

Vor dem Ausfüllen Anmerkungen auf der Rückseite beachten

2. Bescheinigung für den Präferenzverkehr zwischen

und

(Angabe der betreffenden Staaten, Staatengruppen oder Gebiete)

3. Empfänger (Name, vollständige Anschrift, Staat)
(Ausfüllung freigestellt)

4. Staat, Staatengruppe oder Gebiet, als dessen bzw. deren Ursprungswaren die Waren gelten

5. Bestimmungsstaat, -staatengruppe oder -gebiet

6. Angaben über die Beförderung (Ausfüllung freigestellt)

7. Bemerkungen

8. Laufende Nr.; Zeichen, Nummern, Anzahl und Art der Packstücke [1]; Warenbezeichnung

9. Rohgewicht (kg) oder andere Maße (l, m³, usw.)

10. Rechnungen (Ausfüllung freigestellt)

11. SICHTVERMERK DER ZOLLBEHÖRDE

Die Richtigkeit der Erklärung wird bescheinigt.

Ausfuhrpapier: [2])

Art/Muster .... Nr. ....

vom ....

Zollbehörde: ....

Ausstellender/s Staat/Gebiet: ....

Bundesrepublik Deutschland

....
(Ort und Datum)

....
(Unterschrift)

Stempel

12. ERKLÄRUNG DES AUSFÜHRERS/EXPORTEURS

Der Unterzeichner erklärt, daß die vorgenannten Waren die Voraussetzungen erfüllen, um diese Bescheinigung zu erlangen.

....
(Ort und Datum)

....
(Unterschrift)

1) Bei unverpackten Waren ist die Anzahl der Gegenstände oder »lose geschüttet« anzugeben.

2) In der Bundesrepublik Deutschland vom Ausführer auszufüllen

Warenverkehrsbescheinigung EUR. 1

EUROPÄISCHE GEMEINSCHAFT

1

Exemplar für das Versendungs-/Ausfuhrland

A VERSENDUNGS-/AUSFUHRZOLLSTELLE

1 ANMELDUNG

2 Versender/Ausführer Nr.

3 Vordrucke | 4 Ladelisten

5 Positionen | 6 Packst. insgesamt | 7 Bezugsnummer

8 Empfänger Nr.

9 Verantwortlicher für den Zahlungsverkehr Nr.

10 Erstes Best. Land | 11 Handels-land | 13 G L P

14 Anmelder/Vertreter Nr.

15 Versendungs-/Ausfuhrland | 15 Vers./Ausf.L.Code a b | 17 Bestimm.L.Code a b

16 Ursprungsland | 17 Bestimmungsland

18 Kennzeichen und Staatszugehörigkeit des Beförderungsmittels beim Abgang | 19 Ctr. | 20 Lieferbedingung

21 Kennzeichen und Staatszugehörigkeit des grenzüberschreitenden aktiven Beförderungsmittels | 22 Währung u. in Rechn. gestellter Gesamtbetr. | 23 Umrechnungskurs | 24 Art des Geschäfts

25 Verkehrszweig an der Grenze | 26 Inländischer Verkehrszweig | 27 Ladeort | 28 Finanz- und Bankangaben

29 Ausgangszollstelle | 30 Warenort

1

31 Packstücke und Warenbezeichnung | Zeichen und Nummern – Container Nr. – Anzahl und Art | 32 Positions Nr. | 33 Warennummer

34 Urspr.land Code a b | 35 Rohmasse (kg)

37 VERFAHREN | 38 Eigenmasse (kg) | 39 Kontingent

40 Summarische Anmeldung/Vorpapier

41 Besondere Maßeinheit

44 Besondere Vermerke/Vorgelegte Unterlagen/Bescheinigungen u. Genehmigungen | Code B.V.

46 Statistischer Wert

47 Abgabenberechnung | Art | Bemessungsgrundlage | Satz | Betrag | ZA

Summe

48 Zahlungsaufschub | 49 Bezeichnung des Lagers

B ANGABEN FÜR VERBUCHUNGSZWECKE

50 Hauptverpflichteter Nr.

Unterschrift

C ABGANGSZOLLSTELLE

vertreten durch

Ort und Datum

51 Vorgesehene Grenzübergangsstellen (und Land)

52 Sicherheit nicht gültig für | Code | 53 Bestimmungszollstelle (und Land)

D PRÜFUNG DURCH DIE ABGANGSZOLLSTELLE

Stempel

Ergebnis

Angebrachte Verschlüsse Anzahl

Zeichen

Frist (letzter Tag)

Unterschrift

54 Ort und Datum

Unterschrift und Name des Anmelders/Vertreters

Einheitspapier

Stand 1. 10. 1993

Bitte nicht knicken, heften, stempeln oder sonstige Beschriftungen anbringen!

Vor dem Ausfüllen Merkblatt beachten! Füllen Sie den Vordruck bitte vollständig, deutlich (mit Schreibmaschine 10 Zeichen pro Zoll) und zeilengerecht aus. Das Formular wird maschinell gelesen.

1 **Antrag auf Ausfuhrgenehmigung**
(§ 17 Abs. 1a der Außenwirtschaftsverordnung)
Anlage A5a zur AWV

Bundesausfuhramt
Frankfurter Str. 29–35
65760 Eschborn

1 Antragsnummer: 2497147

2 Antragsdatum: TT MM JJ

A5a/1

3 Anzahl beigefügter Antragsblätter: A5a/2 | A5a/W | A5a/3 | A5a/4 | A5a/5

4 Art der beantragten Ausfuhrgenehmigung

5 IC/EVE – Nummer

Staatsauftrag

KWKG-Genehmigung – Nummer – Datum: TT MM JJ

6 Sonstige Anlagen zum Antrag – Anzahl

Hinweis: Die Angaben in diesem Antrag werden aufgrund von § 17 AWV erhoben. Die Antragsdaten dürfen gem. § 45 Außenwirtschaftsgesetz vom BAFA gespeichert und an andere für die Überwachung des Außenwirtschaftsverkehrs zuständigen Behörden weitergegeben werden.

7 Ansprechpartner beim Antragsteller – Durchwahl Ansprechpartner – Auftragsnummer/Aktenzeichen des Antragstellers

8 Antragsteller, Name/Firma – noch Name/Firma

Straße – Postfach

Antragsteller

Zollnummer des Antragstellers – keine Zollnummer

Postleitzahl/Ort – Telefon – Telex/Telefax/Teletext

9 Name/Firma

Empfänger

Firmennummer – identisch mit Käufer

noch Name/Firma – Straße – Postfach

Telefon – Telex/Telefax/Teletext – Postleitzahl – Ort

Branche/Aktivität des Empfängers – Länder Nr. – Bestimmungsland

a) Werden die Waren/Unterlagen vom Empfänger bearbeitet/verarbeitet, gebraucht/verbraucht? Ja / Nein / Nicht bekannt

b) Werden die Waren/Unterlagen vom Empfänger unverändert weitergeleitet? Ja / Nein / Nicht bekannt

c) Werden die Waren/Unterlagen vom Empfänger nach Bearbeitung/Verarbeitung oder Gebrauch weitergeliefert? Ja / Nein / Nicht bekannt

d) Handelt es sich bei dem Empfänger um ein mit dem Antragsteller verbundenes Unternehmen? Besteht sonst eine maßgeblichen Einfluß gewährende personelle, vertragliche oder finanzielle Verbindung? Ja / Nein / Nicht bekannt

e) Handelt es sich bei dem Empfänger um eine Einrichtung des Militärs oder der Polizei? Ja / Nein / Nicht bekannt

f) Ablauf der Lieferfrist am TT MM JJ

Falls b) und oder c) mit Ja beantwortet werden, bitte in Feld 17 oder auf gesondertem Blatt angeben, an wen, in welche Länder und zu welchem Verwendungszweck weitergeliefert werden soll, soweit dies bekannt ist.

10 **Angaben zu den beantragten Waren** (ggf. weitere Blätter A5a/W verwenden). Bitte jeweils ankreuzen, ob es sich um Waren, Technologieunterlagen oder Fertigungsunterlagen handelt.
Bei Anträgen nach § 5c AWV ist zudem das Blatt A5a/4 beizufügen.

Lfd. Nr. – Ware ja – Fertigungsunterlagen ja – Technologieunterlagen ja

Warenbeschreibung

Typ/Modell/Programmname/Werkstoff-Nr./... (übliche Handelsbezeichnung) – Hersteller

Warenbezeichnung (übliche Handelsbezeichnung der Ware)

Noch Warenbezeichnung

Maßeinheit – Menge – Nr. der Ausfuhrliste – Warennummer nach WVzAHStat – Wert/Einheit in DM – Gesamtwert in DM

Angabe der Verwendung der Waren beim Empfänger (Feld 9)

Noch Verwendung

11 **Art der Ausfuhr** und sonstige Angaben

endgültige Ausfuhr – Wiederausfuhr nach vorhergehender Einfuhr – vorübergehende einmalige Ausfuhr – vorübergehende wiederholte Ausfuhr – Kundendienstlieferung – Mängelrüge – Ersatzteillieferung → (Bitte Antragsnummer der Genehmigung angeben, mit der die Ware geliefert wurde, für welche die Ersatzteile bestimmt sind.) ← Sonstiges

Zweck der vorübergehenden Ausfuhr – Dauer von TT MM JJ – bis TT MM JJ

12 **Erklärung des Antragstellers:** Ich (Wir) habe(n) die auf Antragsblatt A5a/2 in den dortigen Feldern 15 und 16 gestellten Fragen zur Kenntnis genommen. Die Fragen in Feld 15 sind mit „Nein"/„Nicht bekannt" und die Fragen in Feld 16b mit „Nein" zu beantworten (falls nicht, bitte Fragen auf Blatt A5a/2 beantworten). Ich (Wir), der (die) in Feld 8 genannte(n) Antragsteller beantrage(n) als Ausführer die Erteilung einer Ausfuhrgenehmigung für die Ausfuhr der in dem Antrag konkretisierten Waren. Ich (Wir) versichere(n), daß alle in diesem Antrag gemachten Angaben unter Beachtung des Merkblattes zu diesem Antrag richtig, vollständig und wahrheitsgemäß abgegeben wurden. Alle Fragen wurden nach bestem Wissen wahrheitsgemäß beantwortet.

Gemäß den Grundsätzen der Bundesregierung zur Prüfung der Zuverlässigkeit von Exporteuren von Kriegswaffen und rüstungsrelevanten Gütern vom 29. November 1990 (BAnz. S. 6406), ergänzt am 30. Januar 1991 (BAnz. S. 545) ist für die hier beantragte Ausfuhr der auf beigefügtem/n Antragsblatt/-blättern A5a/W genanten Waren die Bestellung eines Ausfuhrverantwortlichen

nicht erforderlich ☐ erforderlich ☐ (Soweit ein Ausfuhrverantwortlicher zu bestellen ist, muß dem Antrag das Formblatt A5a/3 beigefügt werden).

Unterschrift des Antragstellers / Bevollmächtigten – Firmenstempel

Bestell-Nr. 501 WILHELM KÖHLER VERLAG Minden · Frankfurt/M · Hamburg · Bonn · Leipzig · Berlin

Antrag auf Ausfuhrgenehmigung

Name und Anschrift des Antragstellers:

Auf der 2. u. 3. Ausfertigung durchschreiben

Anlage E 3 zur AWV

I. Antrag auf Einfuhrgenehmigung
(§ 30 Abs. 1 der Außenwirtschaftsverordnung)

Ausschreibungs- oder Verfahrens- } Nr.

1. Ausfertigung
Für Einführer
zur Einfuhrabfertigung

Beruf oder Gewerbe des Antragstellers

Fernruf / Fernschreiber

1. Benennung der Ware(n) mit ihrer handelsüblichen Bezeichnung

2. Benennung der Ware(n) nach dem Warenverzeichnis für die Außenhandelsstatistik

3. Nr(n). des Warenverzeichnisses für die Außenhandelsstatistik

4. Zuständigkeitsbereich

5.*) Preis für die handelsübliche Einheit

6. Gesamtwert: a) in DM

b) in ausländischer Währung *)

7. Menge: in handelsüblichen Einheiten

8. Ursprungsland

9. Einkaufsland

10. Versendungsland

11. Zahlung bis: vorgesehener Endtermin

12. Lieferung bis: vorgesehener Endtermin

13. Besondere Angaben:

Ort und Tag

*) Auszufüllen, wenn bereits bekannt

Firmenstempel und Unterschrift

II. Einfuhrgenehmigung
(§ 30 Abs. 1 der Außenwirtschaftsverordnung)

Nicht übertragbar!

Nr. { Ausschreibungs- oder Verfahrens- } Nr. Lfd. Nr. je Ausschreibung oder Verfahren

1. Dem Antragsteller wird genehmigt,

Benennung der Ware(n) und Nr(n). nach dem Warenverzeichnis für die Außenhandelsstatistik

bis zum **Betrage im Gegenwert von DM** bis **zur Menge von**

in Worten:

einzuführen, wenn Einkaufs-, Ursprungs- und Versendungsland die unter den Nrn. 8 bis 10 des Antrags angegebenen Länder sind.

2. Die Einfuhrgenehmigung wird am **ungültig,** wenn die Einfuhrabfertigung bis dahin nicht beantragt ist.

3. Bedingungen, Auflagen, Widerrufsvorbehalt:

Rechtsbehelfsbelehrung ist beigefügt.

4. Diese Einfuhrgenehmigung befreit nur von der Einfuhrbeschränkung des Außenwirtschaftsgesetzes und der auf Grund dieses Gesetzes erlassenen Rechtsverordnungen. Andere Verbote und Beschränkungen bleiben unberührt.

Dienstsiegel

Ort und Tag

Im Auftrag

Unterschrift

Die Gültigkeit der Einfuhrgenehmigung für die Einfuhrabfertigung wird verlängert bis zum

Dienstsiegel

Ort und Tag

Im Auftrag

Unterschrift

Antrag auf Einfuhrgenehmigung

Issuing Association / Association émettrice / *Ausgebender Verband* .... DEUTSCHER INDUSTRIE- UND HANDELSTAG, BONN .... Issuing Association / Association émettrice / *Ausgebender Verband*

INTERNATIONAL GUARANTEE CHAIN / CHAINE DE GARANTIE INTERNATIONALE / *INTERNATIONALE BÜRGSCHAFTSKETTE* .... B.I.C.C. .... INTERNATIONAL GUARANTEE CHAIN / CHAINE DE GARANTIE INTERNATIONALE / *INTERNATIONALE BÜRGSCHAFTSKETTE*

CARNET DE PASSAGES EN DOUANE FOR TEMPORARY ADMISSION

CARNET DE PASSAGES EN DOUANE POUR L'ADMISSION TEMPORAIRE

CARNET FÜR DIE VORÜBERGEHENDE EINFUHR

CUSTOMS CONVENTION ON THE A.T.A. CARNET FOR THE TEMPORARY ADMISSION OF GOODS

CONVENTION DOUANIERE SUR LE CARNET A.T.A. POUR L'ADMISSION TEMPORAIRE DE MARCHANDISES

ZOLLÜBEREINKOMMEN ÜBER DAS CARNET A.T.A. FÜR DIE VORÜBERGEHENDE EINFUHR VON WAREN

(Before completing the Carnet, please read Notes on cover page 3)

(Avant de remplir le carnet, lire la notice en page 3 de la couverture)

(Bitte erst die Anleitung auf Seite 3 des Umschlagblattes lesen, dann das Carnet ausfüllen)

TO BE RETURNED TO OFFICE OF ISSUE AFTER USE

NACH VERWENDUNG AN DIE AUSGEBENDE KAMMER ZURÜCKGEBEN

A. HOLDER AND ADDRESS / Titulaire et adresse / *Inhaber und Anschrift*	**FOR ISSUING ASSOCIATION USE** / Réservé à l'Association émettrice / *Vom ausgebenden Verband auszufüllen* **FRONT COVER** / Couverture / *Vorderes Umschlagblatt* **(a) A.T.A. CARNET No.** / Carnet A.T.A. No. / *Carnet A.T.A. Nr.* **DE**
B. REPRESENTED BY * / Représenté par * / *Vertreten durch **	**(b) ISSUED BY** / Délivré par / *Ausgegeben durch* **Industrie- und Handelskammer für München und Oberbayern**
C. INTENDED USE / Utilisation prévue des marchandises / *Beabsichtigte Verwendung der Waren*	**(c) VALID UNTIL** / Valable jusqu'au / *Gültig bis* / / **year** / année / *Jahr* — **month** / mois / *Monat* — **day (inclusive)** / jour (inclus) / *Tag (einschließlich)*

This Carnet may be used in the following countries under the guarantee of the following associations: / Ce carnet est valable dans les pays ci-après, sous la garantie des associations suivantes: / *Dieses Carnet ist in nachstehenden Ländern unter Bürgschaft der folgenden Verbände gültig:*

AUSTRALIA (AU) The State Chamber of Commerce & Industry, Melbourne.
AUSTRIA (AT) Bundeskammer der gewerblichen Wirtschaft, Vienna.
BELGIUM (BE) Fédération Nationale des Chambres de Commerce et d'Industrie de Belgique, Brussels.
BULGARIA (BG) The Bulgarian Chamber of Commerce and Industry, Sofia.
CANADA (CA) The Canadian Chamber of Commerce, Montreal, Quebec.
COTE D'IVOIRE (CI) Chambre de Commerce de la Côte d'Ivoire, Abidjan.
CYPRUS (CY) Cyprus Chamber of Commerce & Industry, Nicosia.
CZECHOSLOVAKIA (CS) Ceskoslovenska Obchodni a Prumyslova Komora, Praha.
DENMARK (DK) Danish Chamber of Commerce, Copenhagen.
FINLAND (FI) The Central Chamber of Commerce of Finland, Helsinki.
FRANCE (FR) Chambre de Commerce et d'Industrie de Paris, Paris.
GERMANY (DE) Deutscher Industrie- und Handelstag, Bonn.
GIBRALTAR (GI) Gibraltar Chamber of Commerce, Gibraltar.
GREECE (GR) The Athens Chamber of Commerce and Industry, Athens.
HONG KONG (HK) The Hong Kong General Chamber of Commerce.
HUNGARY (HU) Magyar Kereskedelmi Kamara, Budapest.
ICELAND (IS) Iceland Chamber of Commerce (Verzlunarrad Islands) Reykjavik.
INDIA (IN) Federation of Indian Chambers of Commerce and Industry, New Delhi.
IRELAND (IE) The Dublin Chamber of Commerce, Dublin.
ISRAEL (IL) Tel-Aviv Yaffo Chamber of Commerce, Tel-Aviv.
ITALY (IT) Unione Italiana delle Camere di Commercio Industria e Agricoltura, Rome.
JAPAN (JP) The Japan Chamber of Commerce & Industry, Tokyo.
KOREA (KR) The Korea Chamber of Commerce & Industry, Seoul.
LUXEMBOURG (LU) Fédération Nationale des Chambres de Commerce et d'Industrie de Belgique, Brussels.
MALAYSIA (MY) Malaysian International Chamber of Commerce and Industray, Kuala Lumpur.
MALTA (MT) The Malta Chamber of Commerce, Valetta.
MAURITIUS (MU) The Mauritius Chamber of Commerce and Industry, Port Louis.
NETHERLANDS (NL) Kamer van Koophandel en Fabriken voor's- Gravenhage, The Hague.
NEW ZEALAND (NZ) The Wellington Chamber of Commerce, Wellington.
NORWAY (NO) Oslo Chamber of Commerce, Oslo.
POLAND (PL) Polish Chamber of Foreign Trade, Warsaw.
PORTUGAL (PT) Associacao Comercial de Lisboa, Lisbon.
ROMANIA (RO) Romanian Chamber of Commerce and Industry, Bucarest.
SENEGAL (SN) Chambre de Commerce et d'Industrie de la Région de Dakar, Dakar.
SINGAPORE (SG) The Singapore International Chamber of Commerce, Singapore.
SOUTH AFRICA (ZA) The Association of Chambers of Commerce of South Africa, Johannesburg.
SPAIN (ES) Consejo Superior de las Cameras Oficiales de Comercio Industria y Navegacion de Espana, Madrid.
SRI LANKA (LK) Sri Lanka National Council of the International Chamber of Commerce, Colombo.
SWEDEN (SE) The Stockholm Chamber of Commerce, Stockholm.
SWITZERLAND (CH) Alliance des Chambres de Commerce Suisses, Geneva.
TURKEY (TR) Union of Chambers of Commerce, Industry, Maritime Commerce and Commodity Exchanges of Turkey, Ankara
UNITED KINGDOM (GB) The London Chamber of Commerce & Industry, London.
UNITED STATES OF AMERICA (US) U. S. Council for International Business, New York.
YUGOSLAVIA (YU) The Yugoslav Federal Economic Chamber, Belgrade.

The holder of this Carnet and his representative will be held responsible for compliance with the laws and regulations of the country of depature and the countries of importation. / A charge pour le titulaire et son représentant de se conformer aux lois et règlements du pays de départ et des pays d'importation. / *Der Carnetinhaber und sein Vertreter haben die Gesetze und sonstigen Vorschriften des Ausgangslandes und der Einfuhrländer zu beachten.*

CERTIFICATE BY CUSTOMS AUTHORITIES / Attestation des autorités douanières / *Bescheinigung der Zollbehörden* **a) Identification marks have been affixed as indicated in column 7 against the following item No(s) of the General List** / Apposé les marques d'identification mentionnées dans la colonne 7 en regard du (des) numéro(s) d'ordre suivant(s) de la liste générale / *Die in Spalte 7 vermerkten Nämlichkeitszeichen wurden an den in der Allgemeinen Liste unter folgende(r)(n) Nummer(n) aufgeführten Waren angebracht.* **b) Goods examined *** / Vérifié les marchandises * / *Die Waren wurden beschaut ** **Yes** / Oui / *Ja* ☐ **No** / Non / *Nein* ☐ **c) Registered under Reference No. *** / Enregistré sous le numéro * / *Eingetragen unter Nr. ** d) **Customs Office** / Bureau de Douane / *Zollamt* — **Place** / Lieu / *Ort* — **Date (year/month/day)** / Date (année/ mois/jour) / *Datum (Jahr/Monat/Tag)* — **Signature and Stamp** / Signature et Timbre / *Unterschrift und Stempel*	**Signature of authorised official and stamp of the Issuing Association** / Signature du délégué et timbre de l'association émettrice / *Unterschrift des Beauftragten und Stempel des ausgebenden Verbandes* / / **Place and Date of Issue (year/month/day)** / Lieu et date d'émission (année/mois/jour) / *Ort und Ausgabedatum (Jahr/Monat/Tag)* **X** .... **X** **Signature of Holder** / Signature du titulaire / *Unterschrift des Inhabers*

* **If applicable** / * S'il y a lieu / * *Soweit zutreffend.*

wk WILHELM KÖHLER VERLAG
Bestell-Nr. 700
4950 Minden 1, Postfach 1130, ☎ 0571/28031, Tx 97812, FAX 0571/28021
6000 Frankfurt/M 1, Telemannstr. 13, ☎ 069/723271+722178, Tx 412659, FAX 069/727296
2000 Hamburg 1, Schauenburgerstr. 6, ☎ 040/324255+327448, Tx 2161542, FAX 040/337723
5300 Bonn 1, Kaiserstr. 15, ☎ 0228/224050, FAX 0228/261640
7050 Leipzig, Gelbkestraße 12, ☎ Leipzig 65157+63586, FAX Leipzig 65496

Carnet ATA – Vorderseite

Identification marks have been affixed as indicated in column 7 against the following items No(s) of the General List: / Apposé les marques d'idetification mentionnées dans la colonne 7, en regard du(des) numéro(s) d'ordre suivant(s) de la liste générale: / *Die in Spalte 7 vermerkten Nämlichkeitszeichen wurden an den in der Allgemeinen Liste unter folgende(r)(n) Nummer(n) aufgeführten Waren angebracht:*

Customs office Bureau de douane *Zollamt*	**Place** Lieu *Ort*	/ / **Date (year/month/day)** Date (année/mois/jour) *Datum (Jahr/Monat/Tag)*	**Signature and Stamp** Signature et Timbre *Unterschrift und Stempel*

Identification marks have been affixed as indicated in column 7 against the following items No(s) of the General List: / Apposé les marques d'idetification mentionnées dans la colonne 7, en regard du(des) numéro(s) d'ordre suivant(s) de la liste générale: / *Die in Spalte 7 vermerkten Nämlichkeitszeichen wurden an den in der Allgemeinen Liste unter folgende(r)(n) Nummer(n) aufgeführten Waren angebracht:*

Customs office Bureau de Douane *Zollamt*	**Place** Lieu *Ort*	/ / **Date (year/month/day)** Date (année/mois/jour) *Datum (Jahr/Monat/Tag)*	**Signature and Stamp** Signature et Timbre *Unterschrift und Stempel*

GENERAL LIST / LISTE GENERALE / ALLGEMEINE LISTE

Item No. No. d'ordre *Lfd. Nr.*	**Trade description of goods and marks and numbers, if any** Désignation commerciale des marchandises et, le cas échéant, marques et numéros *Handelsübliche Warenbezeichnung und gegebenenfalls Zeichen und Nummern*	**Number of Pieces** Nombre de Pièces *Stückzahl*	**Weight or Volume** Poids ou Volume *Gewicht oder Menge*	**Value *** Valeur * *Wert **	**Country of origin **** Pays d'origine ** *Ursprungsland ***	**For Customs Use** Réservé à la douane *Für zollamtliche Vermerke*
1	2	3	4	5	6	7
TOTAL or CARRIED OVER / TOTAL ou A REPORTER / *GESAMTSUMME oder ÜBERTRAG*						

* **Commercial value in country of issue and in its currency, unless stated differently.** / * Valeur commerciale dans le pays d'émission et dans sa monnaie, sauf indication contraire. / * *Handelswert in der Währung des Ausgabelandes, soweit nichts anderes angegeben ist.*

** **Show country of origin if different from country of issue of the Carnet, using ISO country codes.** / ** Indiquer le pays d'origine s'il est différent du pays d'émission du carnet, en utilisante le code international des pays ISO. / ** *Falls vom Ausgabeland des Carnet verschieden, Angabe des Ursprungslandes unter Verwendung des ISO-Ländercodes.*

Carnet ATA – Rückseite

Stichwortverzeichnis

B

C

D

E

F

J

K

O

P

Q

R

S

W

Y

Z